汉译世界学术名著丛书

古代经济

〔英〕M.I.芬利 著

黄洋 译

商务印书馆
创于1897
The Commercial Press

M. I. Finley
THE ANCIENT ECONOMY
Updated
© 1973, 1985 M. I. Finley

© Renewed 1999 Trustees of Darwin College, Cambridge University
Foreword © Ian Morris
Published by Arrangement with University of California Press
根据加利福尼亚大学出版社 1999 年版译出

汉译世界学术名著丛书
出 版 说 明

我馆历来重视移译世界各国学术名著。从20世纪50年代起，更致力于翻译出版马克思主义诞生以前的古典学术著作，同时适当介绍当代具有定评的各派代表作品。我们确信只有用人类创造的全部知识财富来丰富自己的头脑，才能够建成现代化的社会主义社会。这些书籍所蕴藏的思想财富和学术价值，为学人所熟悉，毋需赘述。这些译本过去以单行本印行，难见系统，汇编为丛书，才能相得益彰，蔚为大观，既便于研读查考，又利于文化积累。为此，我们从1981年着手分辑刊行，至2020年已先后分十八辑印行名著800种。现继续编印第十九辑，到2021年出版至850种。今后在积累单本著作的基础上仍将陆续以名著版印行。希望海内外读书界、著译界给我们批评、建议，帮助我们把这套丛书出得更好。

商务印书馆编辑部
2020年7月

摩西·芬利与古代经济史研究[*]
（代译序）

最近四十年里，古希腊罗马经济史研究也许是希腊罗马史中争论最为激烈的领域，用一位论者的话说，"古代经济学成为了一个变化莫测的领域"①。之所以如此，很大程度上是因为摩西·芬利在1973年出版的《古代经济》一书所带来的长久影响。该书无疑是20世纪出版的关于古希腊罗马社会经济史的最重要著作，也奠定了芬利作为20世纪最为伟大的古代史家的地位。1999年，在为纪念该书出版25周年而发行的新版前言中，斯坦福大学古代史教授伊恩·莫里斯评论道，"没有任何一本书对希腊罗马经济史的研究产生了如此巨大的影响"②。芬利的影响，实际上并不在于为理解古希腊罗马经济提供了决定性论断——尽管他的论断吸引了大批的追随者，在很长一段时期也占据了统治地位，而在于他

---

* 原文刊载于《世界历史》，2013年第5期，第123—132页。收入本书时略有改动。

① 大卫·夏普斯："评大卫·谭狄：《武士变身商人：早期希腊市场的力量》"（David M. Schaps, "Review of David W. Tandy, *Warriors into Traders: The Power of the Market in Early Greece*", Berkeley, 1997)，载古典学电子书评期刊《布兰·莫尔古典学评论》（*Bryn Mawr Classical Review*），1998年11月1日，http://ccat.sas.upenn.edu/bmcr/1998/1998-11-01.html。

② 见伊恩·莫里斯为芬利《古代经济》修订版所撰写的"前言"，第 ix 页。

激发了一代又一代学者持续不断的激烈争论,并左右了争论的问题意识。或者说,他的理论成为几乎所有争论的出发点。

要完全理解芬利这部具有里程碑意义的著作及其产生的深远影响,我们需要对古希腊罗马经济史研究的学术史以及芬利的学术背景和路径进行一番系统的梳理。本文的目的即在于从这两个方面入手,进行较为系统的梳理和评述,以期揭示芬利对古代经济史研究以及整个古代史研究的突破性贡献,并且阐明芬利是通过什么样的学术路径取得这样的成就的。需要说明的是,本文的论述部分基于国外学者大量的相关评论,但笔者对芬利《古代经济》的思想渊源的解读及其学术成就的看法和其他论者并非完全相同。笔者希望,这一点将随着本文的展开而变得明显。①

相对而言,古希腊罗马经济史研究是个晚近开辟的学术领域。尽管德国著名古史学家奥古斯特·伯克早在1817年即已出版过一部关于雅典公共经济的两卷本著作,②但作为一个领域

---

① 国内学者中,王敦书、周爱平所撰"一代古史名家 M. I. Finley 和他的史学方法"(《史学理论研究》,1988年第3期)最早介绍了芬利的史学贡献。晏绍祥的相关论述对芬利的古代经济史研究进行过梳理和评论,见其"20世纪的古代希腊经济史研究",载《史学理论研究》,1998年第4期,第100—113页,及其为芬利《古代世界的政治》中译本(商务印书馆2012年版)所做的前言"芬利与古典世界历史研究"。但两文视角均与本文不同。另外,黄洋、晏绍祥:《希腊史研究入门》,北京大学出版社2009年版,第171—172页对芬利的学术背景和路径也有简略介绍。最近王三三"芬利的古代社会经济模式及其影响"(《史学史研究》,2013年第1期,第90—98页)一文对芬利的古代经济模式及其相关学术思想做了有益的探讨。国外学者中,奥斯汀和维达尔-那格《古代希腊经济社会史导论》(M. M. Austin & P. Vidal-Naquet, *Economic and Social History of Ancient Greece: An Introduction*, Berkeley: University of California Press, 1977年英文版;1972年法文版),第一章对古代希腊罗马社会经济史研究的学术史进行了最为精到的评述。

② 奥古斯特·伯克:《雅典的公共财政》(Philipp August Böckh, *Die Staatshaushaltung der Athener*, Berlin: Realschulbuchhandlung, 1817)。

的古希腊罗马经济史,实际上肇始于19世纪末期有关古代经济特征的争论。其时一些德国经济学家试图总结欧洲历史上不同时期的经济特征,以便解释现代欧洲资本主义经济是如何演进而来的。1893年,经济学家卡尔·比歇尔出版了《国民经济的起源》一书,按进化的模式把人类经济活动划分为三个阶段,即"封闭的家庭经济"(geschlossene Hauswirtschaft)、"城市经济"(Stadtwirtschaft)和"国民经济"(Volkswirtschaft),分别对应于古代、中世纪和现代社会的经济活动。① 在德国,比歇尔的影响显然很大,到1906年,他的这部著作已经出版了第5版。但比歇尔关于古代经济的论断遭到古代史家们的强烈批评,他们相信,他从根本上低估了古希腊罗马经济的发展。这其中的代表是著名古代史家爱德华·迈耶。他在1895年发表近60页的长文,批驳比歇尔的观点。② 另一位古代史家尤里乌斯·贝洛赫也于1899年撰文讨论古代的"大工业"③,矛头显然是针对卡尔·比

---

① 卡尔·比歇尔:《国民经济的起源》(Karl Bücher, *Die Entstehung der Volkswirtschaft*, Tübingen: Verlag der H. Laupp' schen Buchhandlung)。

② 爱德华·迈耶:"古代世界的经济发展"(Eduard Meyer, "Die wirtschaftliche Entwicklung des Altertums"),载《国民经济与统计年鉴》(*Jahrbücher für Nationalökonomie und Statistik*),第9卷(第64期)(1895年),第696—750页。

③ 卡尔·尤里乌斯·贝洛赫:"古代世界的大工业"(Karl Julius Beloch, "Die Großindustrie im Altertum"),载《社会科学杂志》(*Zeitschrift für Sozialwissenschaft*),第2期(1899年),第18—26页。参见扬·佩西尔卡:"古代希腊经济的两个模式:19世纪和20世纪初古代史解释的'现代化'"(Jan Pecírka, "Zwei Modelle der altgriechischen Wirtschaft: Der 'Modernismus' bei der interpretation der antiken Geschichte im 19. und beginnenden 20. Jh."),载《经济史年鉴》(*Jahrbücher für Wirtschaftsgeschichte*),1988年,第61—70页。亦参见爱德华·威尔:"四分之三个世纪的古希腊经济研究"(Édouard Will, "Trois quart de siècle de recherches sur l'économie grecque antique"),载《年鉴杂志》(*Annales. Histoire, Sciences Sociales*),第9卷(1954年),第7—22页。

歇尔的。在这些古代史家看来,古代社会的市场、贸易均已十分发达。早在公元前8世纪,古代希腊的工商业已开始迅猛发展,资本主义式的生产和交换方式不断扩张,以市场为中心的商品经济即已形成。古代社会的经济和近代社会已经没有根本性的差别。迈耶毫不迟疑地得出结论说:"在希腊史上,(公元前)7世纪和(前)6世纪就相当于近代欧洲的14、15世纪,而(公元前)5世纪则相当于16世纪。"① 因此他们认为,一个"现代的"经济模式能更为真实地反映古代社会的经济生活。在其最为拿手的希腊史领域,迈耶借助于当时欧洲时兴的经济概念如资本主义、市场和贸易等等,着手建立了一个解释古代经济的"现代化"模式。

面对古代史家的批评和对他不懂古代经济的指责,比歇尔在1901年发表一篇题为"论希腊经济史"的长文,一一反驳了迈耶和贝洛赫。② 而在此前,当《国民经济与统计年鉴》杂志请他撰文回击迈耶时,他甚至不屑回击,因为在他看来,迈耶"几乎完全不理解经济的基本要素"③。即便如此,古代史家们的观点还是占

---

① 参见奥斯汀和维达尔-那格:《古代希腊经济社会史》,第4—5页,引文见第5页。

② 比歇尔:"论希腊经济史"("Zur Griechischen Wirtschaftsgeschichte"),载《A. 夏弗尔70周岁纪念文集》(*Festgabe für A. Schäffle zur siebenzigsten Wiederkehr seines Geburtstages*, Tübingen: Verlag der H. Laupp'schen Buchhandlung, 1901),第193—254页。比歇尔和迈耶这场论战的主要文献收录在芬利编:《比歇尔-迈耶之争》(M. I. Finley, The Bücher-Meyer Controversy, New York: Arno Press, 1979)中。

③ 见芬利:"从古朗热到马克斯·韦伯及其后的古代城市研究"(M. I. Finley, "The Ancient City: From Fustel de Coulanges to Max Weber and Beyond"),原载《社会与历史比较研究》(*Comparative Studies in Society and History*),第19期(1977年),第305—327页,收入芬利:《古代希腊的经济与社会》(*Economy and Society in Ancient Greece*, London: Chatto and Windus, 1981),第3—23页。

了上风。这对于古希腊史的总体解释也产生了深远影响,因为伴随着希腊经济的"现代化"模式,他们提出工商业奴隶主取代了旧有的以土地占有为基础的贵族集团。也因此,雅典民主政治被看成是工商业奴隶主阶级主导的民主政治。他们也许没有想到的是,在遥远的中国,他们的这一希腊史解释模式在很长时间里为人们深信不疑,主导了我国的古希腊史教学与研究长达半个世纪之久。

正是19世纪末德国这场关于古代社会经济特征的激烈争论,开辟了古希腊罗马经济史这一研究领域。然而,它也因此一开始就将研究引入了歧途。这在于争论的双方都从一个简单的设定前提出发,即将经济方式的发展看成是一个线性的发展模式,从而将问题简单化为两个极端的选择,分歧不过在于选取这一线性发展模式中的哪一点罢了。[①]后来的学者发现他们受到这种思维的左右,而不得不在这两个模式之间进行选择,所谓的"原始主义"与"现代主义"之争主导了古代经济史研究。

这样一来,古代希腊罗马经济史研究走入了死胡同,直到马

[①] 参见奥斯汀和维达尔-那格:《古代希腊经济社会史》,第5页。实际上,迈耶对希腊经济史的"现代化"解释并非纯粹出于对史料的理解,也同他对当时德国社会与经济现实的关注密不可分。在对希腊史其他方面的论述中,他同样表露出了对德国社会的关怀。例如,他对伯罗奔尼撒战争的起因的分析就像是在描述19世纪下半期德国和欧洲的国际关系。在他的笔下,雅典的政治家伯里克利和普鲁士的铁血宰相俾斯麦是完全可以进行比较的,是十分相似的人物。参见迈耶:《古代史研究》(*Forschungen zur Alten Geschichte,* 2Bde., Halle, 1899),第296—333页;芬利:《古代史:史料和模式》(M. I. Finley, *Ancient History: Evidence and Model,* London: Chatto and Windus, 1985),第86页。

克斯·韦伯提出新的问题,才有了转机。应当说明的是,韦伯以其社会学研究著称于世,但他的早期学术生涯是从古代史研究开始的。他的老师包括最伟大的罗马史家提奥多·蒙森和中世纪土地制度史的权威奥古斯特·迈曾(August Meitzen),他撰写的博士论文是有关中世纪贸易制度的,而他所出版的第一部著作是1891年问世的关于罗马农业史的研究。[1]蒙森对此大加赞赏,专门写了一篇长达50页的书评。1896年,韦伯发表题为"古典文明衰落的社会原因"的就职演讲。其中他显然已经注意到比歇尔和迈耶的争论,并且看起来采取了一种调和的立场,一方面赞同比歇尔有关家庭经济的论断,一方面又认为在家庭经济或者说自然经济之上,还存在贸易经济。但在根本上他似乎更倾向于比歇尔的观点。[2]1909年,韦伯发表其在古代史领域的代表作"古代社会的农业状况",对古代罗马(也包括希腊、埃及、两河流域和以色列)经济进行了社会学分析,提出古代经济

---

[1] 韦伯:《罗马农业史及其在公法和私法方面的意义》(*Die romische Agrargeschichte in ihrer Bedeutung für das Staats- und Privatrecht*, Stuttgart: Verlag von Ferdinad Enke, 1891)。

[2] 韦伯:"古典文明衰落的社会原因"("Die sozialen Gründe des Untergangs der antiken Kultur"),载《真理》(*Die Wahrheit*, Bd. 3, H. 63, Stuttgart, 1896),第57—77页,收入韦伯:《社会经济史文集》(*Gesammelte Aufsätze zur Sozial- Wirtschaftsgeschichte*, Tübingen: Verlag Mohr, 1924),第289—311页,中译本收入马克斯·韦伯:《民族国家与经济政策》,甘阳编选,生活·读书·新知三联书店1997年版。参见约翰·拉夫:"马克斯·韦伯与古代资本主义理论"(John Love, "Max Weber and the Theory of Ancient Capitalism",载《过去与现在》(*Past and Present*),第25期(1986年),第152—172页,尤见第161页;又见其《古代世界与资本主义:马克斯·韦伯与罗马文明的社会学基础》(*Antiquity and Capitalism: Max Weber and the Sociological Foundations of Roman Civilization*, London and New York: Routledge, 1991),第25—26页。

摩西·芬利与古代经济史研究（代译序）

和现代资本主义有着根本性不同。①概括起来说，韦伯此书和之前相关论著的基本论点在于，通过军事征服而获取包括战利品及奴隶劳动力在内的财富是罗马经济的重要方式，贵族阶级主要投身政治和军事活动，其社会等级观念妨碍他们从事以市场为中心的谋利活动。从本质上说，他们不是企业家，而是依靠由奴隶耕作的庄园提供经济支持的食利者。奴隶是劳动力的重要组成部分，使得古代社会的劳动力不具有现代资本主义的市场特征。在韦伯死后，他关于城市研究的专论②于1921年得以发表。该文对古代中世纪城市进行了比较分析，提出中世纪城市是"生产者城市"，城市的政治结构以生产和市场的管理为核心；而古典世界的城市则是"消费者城市"，它首要的功能是作为政治和军事中心，而非生产中心，主要依靠其政治权力优势从周围农村地区获取日常消费品。

需要说明的是，韦伯对于古代和中世纪城市特征的分析采用了他提出的"理想类型"方式。就是说，和后来的学者一样，韦伯肯定也很清楚，无论是古代城市还是中世纪城市，都呈现出多样

---

① 韦伯："古代社会的农业状况"（"Agrarverhältnisse im Altertum"），载《政治科学简明词典》（*Handwörterbuch der Staatswissenschaften*, Band 1, Jena 1909, 3. Auflage），第52—188页，收入韦伯：《社会经济史文集》，第1—288页。其英文版题为《古代文明的农业社会学》（*The Agrarian Sociology of Ancient Civilizations*, London: New Left Books, 1976）。芬利注意到，这一标题在很大程度上曲解了韦伯著作的宗旨，而具有误导性。

② 韦伯"城市"（"Die Stadt"）一文长达152页，最初发表于《社会科学和社会政治学论集》（*Archiv für Sozialwissenschaft und Sozialpolitik*），第XLVII卷（1921年），第621—772页，后收入《经济与社会》，见商务印书馆1997年中译本，下卷，第9章，第7节。参见芬利："从古朗热到马克斯·韦伯及其后的古代城市研究"，该文仍是对韦伯观点的最精到概括。

形态。但这并不妨碍我们总结它们之间的总体差异,从而归纳出各自的典型特征,亦即"理想类型"①。无论如何,韦伯关于古代经济和古代城市的论述实际上提供了一个新的视角,即试图将古代经济纳入其政治与社会制度框架中加以考察,而非从政治和社会结构中剥离出来,单纯考察它发展到了什么阶段。这就意味着,韦伯的论述突破了"原始主义"和"现代主义"之争的框架。他的这种学术理路为古代史家哈泽布鲁克所接受。后者在1928年和1931年分别出版《古代希腊的国家与贸易》及《至波斯战争止的希腊经济与社会史》,②主要讨论古代希腊政治与经济之间的关系。他提出,城邦并没有任何现代意义的经济政策,即没有鼓励市场和贸易的政策。它所关注的是确保粮食等必需品的供应;公民群体把持了拥有土地的特权,从事手工业和商业的人主要是没有公民权的外邦人以及奴隶。从这个意义上说,公民是消费者,而不是生产者。③

然而除了哈泽布鲁克以外,韦伯所开辟的新路径并没有受到古代史家们的关注,以至于有历史学家曾经评论说,尽管韦伯1909年发表的《古代社会的农业状况》是"对古代世界经济与社会发展最具原创性、最为大胆,也最生动的描述",但"有关古代世界的这些专门学科却我行我素,就好像马克斯·韦伯从来

---

① 在《经济与社会》中,韦伯关于城市这一节的另一个标题是"城市的类型"。

② 约翰内斯·哈泽布鲁克:《古代希腊的国家与贸易》(Johannes Haseboeck, *Staat und Handel im alten Griechenland*, Tübingen: Verlag Mohr, 1928);《至波斯战争止的希腊经济与社会史》(*Griechische Wirtschafts- und Gesellschaftsgeschichte bis zur den Perserkriegen*, Tübingen: Verlag Mohr, 1931)。

③ 参见奥斯汀和维达尔-那格:《古代希腊经济社会史》,第6—7页。

没有存在过"。① 迈耶的"现代化"模式仍然主导了对古希腊罗马经济生活的理解,并在俄罗斯出生的杰出古代史家罗斯托夫采夫的笔下得到了最为系统的阐述。后者在1926年和1941年分别出版《罗马帝国社会经济史》和《希腊化世界社会经济史》两部巨著,对罗马帝国和希腊化世界的经济生活面貌做了全景式扫描。②在这两部伟大的著作中,罗斯托夫采夫大量运用现代经济学语汇诸如"资产阶级"、"资本主义"乃至"工业化"来分析古代经济。在《希腊化世界社会经济史》中,他提出资产阶级业已"形成希腊化城市的脊梁","经济生活组织中的所有创新趋向于我们有保留地可以称之为'资本主义'的东西",而且很快从希腊化世界扩张到了西部的罗马世界。③在《罗马帝国社会经济史》中,罗斯托夫采夫更是建构了一个解释罗马帝国历史的宏大结构:意大利资产阶级和无产阶级联合起来,在野心政治家和军事首领的领导下,推翻了元老和骑士贵族的霸权,导致了罗马共和国的崩溃。奥古斯都元首政治标志这两个阶级的胜利。奥古斯都之后的帝国政府旨在建立一个以全帝国境内城市资产阶级为

---

① A. 霍斯:"马克斯·韦伯对希腊罗马古代社会历史的重要性"(A. Heuss, "Max Webers Bedeutung für die Geschichte des griechisch-römischen Altertums"),载《历史杂志》(*Historische Zeitschrift*),第201期(1965年),第529—556页。引文转引自芬利:"马克斯·韦伯与希腊城邦"(M. I. Finley, "Max Weber and the Greek City-State"),载芬利:《古代历史:证据与模式》,第88页。

② 罗斯托夫采夫:《罗马帝国社会经济史》(M. Rostovtzeff, *The Social and Economic History of the Roman Empire*, 2 Vol., Oxford: Oxford University Press, 1926年初版, 1957年第2版);《希腊化世界社会经济史》(*The Social and Economic History of the Hellenistic World*, 3 Vol., Oxford: Oxford University Press, 1941)。

③ 引文分别见《希腊化世界社会经济史》,第2卷,第1119、1303页。

基础的国家,"这个强大的中产阶级形成了国家的脊梁"。但即便如此,这个中产阶级还是不足以支撑一个庞大的世界性帝国。帝国贵族、官僚阶级和资产阶级不得不依靠农民和城市无产阶级的劳动,从而激化了资产阶级和下层民众的矛盾和对立,最终导致了公元3世纪的危机。下层阶级的斗争得到皇帝支持,资产阶级和贵族阶级被消灭。因此公元4—5世纪的帝国政权是适应新的社会结构而产生的"东方专制主义",它以军队、强大的官僚阶层和农民大众为基础。和这种社会结构的变化相对应的是经济结构的变化。共和国后期的"封建资本主义"随着元老和骑士阶层(大地主和大商人)的消灭而瓦解,代之而起的是承继从希腊化世界、在帝国前期蓬勃发展的城市资本主义。帝国范围的城市化导致了"商业、工业与农业空前迅猛和令人惊叹的发展"。然而由于资产阶级追求安宁而消极的生活,将大量财富投入到获取土地上,依靠剥削下层劳动阶级,勃兴的城市资本主义由此衰落。另一方面,帝国政府并没有积极支持经济发展的政策,亦未采取措施提高劳动人民的经济生活水平,致使这个庞大的消费者群体失去消费能力。这两个因素交相作用,最终导致了城市资本主义的崩溃。这样一来,"帝国前期欣欣向荣的(经济)生活到帝国后期堕落为原始的和半野蛮的(经济)生活"[1]。

当然,在对于古代经济的描述中,罗斯托夫采夫考虑到了各种复杂因素,并非一味地强调资本主义的主导性,因而将他的观

---

[1] 参见罗斯托夫采夫:《罗马帝国社会经济史》,"前言",第XI—XV页作者对该书主要观点的概括。

点完全看作是对立于"原始主义"的"现代主义"有失偏颇。[①]但他以近代社会的社会经济结构为参照,并且采用关于现代资本主义的语汇来理解古代希腊罗马社会与经济,则是确凿无疑的。而且在讨论希腊化时期时他甚至说,"这个时期和现代世界经济生活的差别仅仅是数量上的,而非质量上的"[②]。还必须注意到,罗斯托夫采夫对罗马帝国社会经济史的描述尚有另外一面,即它受到了作者政治倾向的影响。作为一个自由主义者,他对俄罗斯资产阶级深怀同情之心,而对于俄国"十月革命"则怀反对之意。因而革命爆发后,他就逃离了俄国,经过颠簸流亡之后定居美国,从1925年起担任耶鲁大学的古代史教授。俄国革命使这位流亡历史学家找到了灵感,从而成就了他学术生涯中最伟大的主题。在他看来,亚历山大征服东方之后,希腊人在希腊化世界各地建立起成百上千的城市,资本主义经济蓬勃发展,城市资产阶级日益扩大,整个社会呈现一片欣欣向荣的景象。及至罗马征服地中海世界,奥古斯都重新建立起和平秩序,同样的景象又重现于罗马帝国治下。但农民阶级对于城市资产阶级的憎恨,加之帝国皇帝的严酷统治,最终导致了方兴未艾的城市资产

[①] 理查德·萨勒尔正确地指出,把罗斯托夫采夫和芬利对立起来,看成是"现代主义"和"原始主义"的最大代表是错误的,见其"构建关于古代经济增长之争论的框架"(Richard Saller, "Framing the Debate over Growth in the Ancient Economy"),载瓦尔特·谢德尔和希塔·冯·瑞登主编:《古代经济》(Walter Sheidel & Sitta von Reden eds., *The Ancient Economy*, London: Routledge, 2002),第251—269页;又载 J. G. 曼宁和伊恩·莫里斯主编:《古代经济:史料与模式》(J. G. Manning and Ian Morris eds., *The Ancient Economy: Evidence and Models*, Stanford: Stanford University Press, 2005),第223—238页。但这并不意味着他们之间不存在理解上的根本性不同。这一点在本文后面的论述中将变得明晰。

[②] 罗斯托夫采夫:《希腊化世界社会经济史》,第3卷,第335页注1。

阶级的衰落，进而导致了罗马帝国的衰亡。不难看出，这幅画面中映透出十月革命前后俄国社会的影子。因而著名史学史家莫米利亚诺指出，在罗斯托夫采夫眼中，"是公元3世纪的'红军'摧毁了皇帝统治下的罗马国家，正如同20世纪的红军摧毁了沙皇俄国一样"①。

不难看出，尽管罗斯托夫采夫和韦伯的分析与结论大相径庭，但是两人的出发点却有着惊人的一致，都是怀着对于现代资产阶级的深厚情感和现代资本主义的坚定信念来看待古代社会的。所不同的是，韦伯试图说明在德国和西欧业已成长起来的资产阶级的历史独特性，而罗斯托夫采夫目睹的却是俄国年幼的资产阶级受到摧残，因而他对古代世界资产阶级的研究实际上表达了对俄国资产阶级的同情之意。

自罗斯托夫采夫之后直到20世纪60年代，古代希腊罗马经济史研究没有再取得实质性突破。1973年芬利出版《古代经济》一书，从根本上改变了这一领域的面貌。这本正文不足200页的小书，是作者在担任世界著名的萨瑟尔讲席教授期间所做的萨瑟尔系列讲座（Sather Lectures）基础上写成的。②初看起来，

---

① 莫米利亚诺：“罗斯托夫采夫”（A. D. Momigliano, "M. I. Rostovtzeff"），载莫米利亚诺：《现代学术研究》（*Studies on Modern Scholarship*, Berkeley: University of California Press, 1994），第32—43页，引文见第40页。

② 萨瑟尔讲席教授（Sather Professor）是加州大学伯克利分校古典学系设立的著名讲席教授席位，始于1914年。每年加州大学在全世界范围内邀请一位杰出的古典学家担任该年萨瑟尔讲席教授，其主要职责是围绕一个主题做一系列公开学术讲座，通常在稍后结集由加州大学出版社出版。萨瑟尔讲席教授是世界上最为著名的古典学讲席之一，今年已聘至第107任。

它并不像一本专门的经济史著作,其主要篇章的标题包括"等级与地位"、"主人与奴隶"、"地主与农民"、"城镇与乡村"、"国家与经济",但却不包括经济史家们经常讨论的主题如"市场"、"贸易"、经济结构等。之所以如此,是因为作者认为古代社会的经济活动和现代社会有着根本性不同,不能用分析现代经济的概念和范畴来理解和分析古代经济。因此在题为"古代人及其经济"的第1章,芬利指出,"经济"和"经济学"是18世纪后期创造的现代概念,用以解释现代社会经济活动的特征和规律。而无论是在古代希腊还是古代罗马,都没有类似意义的概念和语汇。虽然英文中的"经济"一词源出于古希腊语中的οἰκονομία(oeconomia),但这个希腊语词的原意是"家政",这正好说明了古代人和现代人观念的巨大差异。在芬利看来,古代人的经济活动和其他社会活动是密不可分、相互影响的,这也是为什么古代思想家和理论家都没有对经济进行专门分析的原因。因此,要理解古代希腊罗马经济(以下按学界惯常说法称"古代经济"),就必须抛弃理解现代经济的概念范畴和框架,而建立特定的、适合于理解古代经济的概念范畴和框架。[①]在第2章,芬利即着手建立理解古代经济的核心概念,即"等级与地位"。他提出,在古代希腊罗马,贵族或者说上层阶级首要的考虑是维护或者进一步提高其优越的政治与社会地位:"对于古代世界的富人——眼下我们只讨论他们——而言,职业以外的社会划分范畴在任何分析中都更为重要。"就是说,在贵族或者上层阶级的经济行为

[①] 芬利:《古代经济》,第27页。

中,社会地位以及与之相应的意识形态总是一个重要因素。用芬利自己的话说,古代社会的经济模式"会给予身份地位这一因素相当大的考量"[①]。由此芬利指出了古代社会和现代资本主义社会中人们经济行为的一个根本性不同:前者首要考虑的是地位问题,后者主要考虑利润最大化问题。在接下来的章节中,芬利又从劳动力、土地财产、城乡经济关系以及国家与经济的关系方面,进一步论述了古代社会的经济特征。就劳动力而言(第3章),希腊罗马社会是典型的奴隶社会,奴隶劳动普遍用于经济活动的各个领域。但古希腊罗马社会并未对劳动力的价值做出区分,既未区分技术工、熟练工和非熟练工的劳动力价值,亦未区分奴隶和自由人的劳动力价值,而且在自由人和奴隶之间也不存在劳动力竞争。奴隶受到蔑视,并非因为其劳动力价值的低下,而是因为其社会地位低下。就土地财产而言(第4章),古代希腊和罗马人口的绝大部分都以农业为生,而且两个社会都把土地财产看成是和较高社会与政治地位联系在一起的。因此富人更倾向于青睐和投资土地财产,但这种投资并非建立在韦伯意义上的经济理性基础之上。就城乡经济关系而言(第5章),古代希腊罗马的城市是消费者城市,而不同于中世纪的生产者城市。就国家与经济的关系而言(第六章),古代国家首要关心的是保障供给,而从未实施过现代意义的促进经济发展的政策。对芬利来说,所有这些都反映了古代经济的一个根本特征,那就是古代社会的经济活动和现代资本主义社会不同,不是一个遵循自身规律和法则的相对独立的活动领域,

---

[①] 引文分别见芬利:《古代经济》,第45、60页。

而是"嵌合"（embedded）在政治与社会活动之中的,因而遵循的是不同的观念和行为规范。"嵌合"的模式也就成为芬利独创的解释古代经济的模式。

芬利的研究开辟了古代经济史的新路径,使之走出了"原始主义"与"现代主义"之争的死胡同。很快,芬利的观点即被学者们冠以"芬利模式",成为主导古代经济史研究的新范式。就在《古代经济》出版十周年之后,古罗马社会经济史家霍普金斯即已称之为"新的正统观点"（new orthodoxy）①。要完全理解芬利模式何以能够建立起来,并且成为一个新范式,我们需要考察他的学术与知识背景,以及他所处时代历史学的新取向。

和大多数古希腊罗马史研究者不同,芬利并非出身于传统的古典学或者古代史学科,而是有着深厚的社会科学背景。他取得的第一个学位是雪城大学心理学学士,之后他在哥伦比亚大学谋得罗马法研究助手的职位,同时开始攻读历史学硕士学位,期间还在法兰克福学派的社会研究所兼过职。1948年,他在拉格斯大学取得教职。从这时起到1953年,他参加了卡尔·波兰尼在哥伦比亚大学开办的经济史讨论班。芬利成长的这个时期,正是社会科学产生巨大影响的时期,这在他的教育中打下了烙印。芬利后来回忆说:

在30年代早期作为哥伦比亚大学的研究生,我接受的

---

① 见凯斯·霍普金斯为彼得·甘瑟、凯斯·霍普金斯及魏特克主编的《古代经济中的贸易》(Peter Garnsey, Keith Hopkins and C. R. Whittaker eds., *Trade in the Ancient Economy*, Cambridge: Cambridge University Press, 1983)所作的"导言",第 xi 页。

教育是韦伯和马克思,是法律史领域的吉尔克和梅特兰,是查尔斯·比尔德和皮朗以及马克·布洛赫。①

也是在这个时期,社会科学方法大举进入历史学领域,并在20世纪中期以后取得了主导地位。芬利是这一潮流的引领者,开创性地将社会科学方法带入了古代史研究之中,也是古希腊罗马史研究中社会科学方法的大师。在笔者看来,真正奠定芬利作为20世纪最伟大的古代社会经济史家地位的学术贡献正在于此。早在1954年,芬利就尝试运用社会学和人类学的概念和方法,勾勒出荷马史诗所描述的希腊社会的面貌。在此之前,尚没有历史学家严肃地把荷马史诗看成历史资料,全面描绘过它所反映的社会情况。②这部标题为《奥德修斯的世界》的小书成为荷马社会研究的开创之作,至今仍是早期希腊史研究的经典,在很大程度上归功于芬利对社会科学方法恰到好处的利用,尤其是对法国社会学家毛斯的礼物交换理论的借鉴。③《古代经济》一书同样借鉴了社会科学的概念和方法,但却有着复杂的来源。首先,芬利模式的核心概念"嵌合"实际上来自于卡尔·波兰尼。波兰尼是出生于匈牙利的学者,其研究兴趣涉及社会学、人类学、经济学和历史学。他在1944年出版《大转型》一书而声名

---

① 芬利:《古代希腊的经济与社会》,引文引自编者布伦特·肖(Brent D. Shaw)和理查德·萨勒尔(Richard Saller)为本书撰写的"导言",第 x 页。

② 芬利:《奥德修斯的世界》(M. I. Finley, *The World of Odysseus*, New York: The New York Review of Books, 2002;1954年初版,1977年修订版)。

③ 芬利本人认可了这一点。见《奥德修斯的世界》,附录一:"奥德修斯的世界再探",第151页。

鹊起,三年后受聘哥伦比亚大学,开办经济史讨论班,后来的许多学者都参加过讨论班并深受影响。《大转型》一书是对自由主义经济理论和资本主义市场经济的深刻批评,这奠定了波兰尼在学术史和思想史上的地位。他认为,产生于工业革命的市场经济主导的结果,是20世纪前期世界大战的悲剧和经济体系的崩溃(即大萧条),所谓"自我调节的市场"不是人类社会的根本出路,"它意味着社会的运行附属于市场。不是经济嵌合在社会关系之中,相反是社会关系嵌合在经济体系之中"[①]。就是说,在波兰尼看来,自由主义经济理论所标榜的市场经济绑架了社会,使得社会也不得不按照市场经济的规则运行,最终扭曲人类社会,导致严重的社会矛盾。他提出的一个著名论断是,资本主义经济体系是"脱嵌"(disembedded)于社会之外的,而在前资本主义社会,经济是"嵌合"(embedded)于社会之中的。关于后者,波兰尼写道:

> 最近历史学和人类学研究的一个突出发现是,一般而言,人类的经济是从属于其社会关系的。他们的行为不是为了确保其占有物品这种个体利益,而是为了确保其社会地位、社会声望和社会资源。只是在物品有益于这个目的时,他们才看重物品本身。生产和分配过程都不是和附加于物品占有的特定经济利益相关联的。但是这个过程的每一个步骤都导向一系列社会利益,这后一因素最终确保采取的是必要的步骤。这种社会利益在一个小规模渔猎社会和一个

[①] 波兰尼:《大转型》(Karl Polanyi, *The Great Transformation: The Political and Economic Origins of Our Time*, Boston: Beacon Press, 2001;1944年初版),第60页。

庞大专制社会中会十分不同，但无论是在何种情形之下，经济体系都是在非经济动机之上运行的。①

之后在主编的《早期帝国中的贸易与市场》一书中，他进一步阐述道：

> 但是人类学家、社会学家和历史学家在研究人类社会中经济所处的位置时，面临的是大量不同于市场的制度，人们的生计嵌合于这些制度之中。其问题不能用为了一种特定经济形式——它依赖于特定市场因素的存在——而设计的分析方法来处理。②

就是说，在前资本主义社会中，人们的经济活动主要并不受市场驱使，而是受制于各种社会关系和社会利益。换言之，经济活动"嵌合"在社会关系及其制度之中。因为如此，我们不能用为分析市场经济而发展出来的方法来分析前资本主义社会的经济。

不难看出，波兰尼的理论和分析对芬利产生了巨大影响。③ 实

---

① 波兰尼：《大转型》，第48页。
② 卡尔·波兰尼、孔拉德·阿伦斯伯格和哈里·佩尔森主编：《早期帝国中的贸易与市场：历史与理论中的经济体》（Karl Polanyi, Conrad M. Arensberg and Harry W. Pearson eds., *Trade and Market in the Early Empires: Economies in History and Theory*, Glencoe, Illinois, 1957），第245页。
③ 早在芬利的《古代经济》出版之前，汉弗雷斯即已注意到波兰尼对芬利的影响。见其"历史、经济学与人类学：卡尔·波兰尼的著述"（S. C. Humphreys, "History, Economics, and Anthropology: The Work of Karl Polanyi"），载《历史与理论》（*History and Theory*），第8期（1969年），第165—212页。

际上在笔者看来,芬利的基本思想来自于波兰尼:古代经济和现代资本主义经济存在着根本性不同,为了分析现代市场经济体系而发展起来的现代经济学架构和方法不适用于分析古代经济。我们需要建构一个分析古代经济的新的框架,将影响甚至主导古代人经济行为的非经济因素(波兰尼所说的"非经济动机")纳入到这个分析框架之中。芬利思想的另一个来源是马克斯·韦伯。如前文所述,韦伯已经指出,政治和军事手段是古代社会获取财富的重要方式。这就意味着,需要将政治和军事因素也纳入到古代经济的分析之中。波兰尼的观点与此有近似之处。实际上,波兰尼和韦伯的思想有相似的一面,两者都认为现代资本主义社会和前资本主义社会有着根本性不同,都认为古代经济植根于其政治与社会制度之中。[①]芬利曾专门撰文评价韦伯关于古代城市的论断,以此表明他对韦伯思想的重视。[②]在《古代经济》中,芬利借用韦伯的"地位"(status)概念,以之作为分析古代经济框架的核心概念。在他看来,"一个带有相当心理因素的绝妙的模糊词语"[③]是理解古代人经济行为的关键。另一个受到韦伯启发的方面是模式的运用。芬利宣称,自己力图建立一个理解从公元前1000年至公元500年、时间跨度达1500年的经济活动模式,对此论者多有批评,认为他忽视了古代希腊罗马世界不同地区、不同时期经济活动的差异性。实际上芬利对此并非没有清醒

---

① 除援引韦伯关于原始经济的论述(见《大转型》,第48、281—282页)外,波兰尼并没有提及韦伯的其他思想。但似乎有理由认为,波兰尼是熟悉韦伯的学说并受到其影响的。参见伊恩·莫里斯为芬利《古代经济》所作的"前言",第xiii—xvi页。

② 即芬利于1977年发表的"从古朗热到马克斯·韦伯及其后的古代城市研究"一文和1985年发表的"马克斯·韦伯与希腊城邦"一文。

③ 芬利:《古代经济》,第51页。

认识，但他相信，一个模式虽然不一定能涵盖史料反映的所有情形，但却最有助于我们抓住主要特征。在回应论者的批评时芬利说道：

> 对古代经济的任何分析若要宣称并不仅仅是对互不关联的数据的古物学式的罗列，就必定要运用模式（韦伯的理想类型）。有学者将模式定义为"关于现实的简单化了的结构，它以概括的形式呈现出可能的重要关系。模式是高度主观性的近似，它并不包括所有相关联的观察资料和测量数据，但正因为如此，它隐去了偶然的细节，使得现实的根本性方面显现出来"。或者如同韦伯所写的："从其观念的纯粹性而言，在现实中无法用经验的方法发现这种思想上的建构。它是个乌托邦。历史研究面临的任务是确定在每个案例中，这种理想建构在多大程度上近似或是背离现实，例如某座城市的经济结构在多大程度上应归类为'城市经济'。"①

在此韦伯的影响跃然纸上。芬利曾在私下里说，对他思想影响最大的是韦伯。② 然而这并不意味着他是个彻头彻尾的韦伯主义者。实际上他非常善于根据不同的研究对象，恰到好处地运用社会科学的概念与方法。在分析古代希腊罗马城邦政治时，他就抛弃了韦伯的社会地位概念，转而使用"阶级"这一概念和近似于马克思主义的阶级分析方法，但他明确反对动辄给这一

---

① 见芬利为《古代经济》第 2 版（1985 年）所作的后记"进一步的思考"，第 182 页。

② 见莫里斯为《古代经济》修订版所作的"序言"，第 xxxiii 页注 10。

方法贴上马克思主义标签的做法：

> 因此，至此我有意讨论了亚里士多德的"重要真理"并使用了他的术语，以反击时下把每一种运用阶级观念的政治分析都贴上马克思主义标签的坏习惯。它无视这样一种方法具有悠久历史，自亚里士多德始即以这样或那样的形式存在于西方的政治分析之中。①

这段颇值得回味的话一语道破了西方学术界的强烈意识形态倾向，使芬利觉得必须为自己采用阶级分析方法而辩护，同时似乎是在强调作者和马克思主义保持了距离。

至此我们大体厘清了芬利学术思想的渊源及其古代经济史研究的社会科学路径。他对社会科学概念和方法的创造性运用，极大地启发和刺激了古代经济史研究。在《古代经济》出版之后，古代经济史研究就成了古希腊罗马史领域一个持续的热点。学者们纷纷对他的模式做出回应，探索新的路径和新的解释。然而，芬利的著作非但没有终结有关古代经济特征的争论，反而激起了更为激烈的争论，以至于霍普金斯感叹道："古代经济是一个学术战场。"② 和之前"原始主义"与"现代主义"之争不同，现在争论的核心问题是，古代经济是如芬利所说，"嵌合"在

---

① 芬利：《古代世界的政治》（M. I. Finley, *Politics in the Ancient World*, Cambridge: Cambridge University Press, 1983），第9—10页。中文版见"汉译世界学术名著丛书"之《古代世界的政治》，晏绍祥、黄洋译，商务印书馆2013年版。

② 凯斯·霍普金斯，前引文，第 ix 页。

社会之中，还是和现代经济一样，已从社会关系及其制度中"脱嵌"出来。学界借用波兰尼的概念，通常将这两种针锋相对的立场称为"实质主义"（Substantivist）和"形式主义"（Formalist）立场。虽然经常有学者把它们和"原始主义"及"现代主义"立场对应起来，甚至有学者把芬利归入"原始主义"阵营，但它们争论的其实是不同性质的问题。正如论者指出的，称芬利为"原始主义者"是从根本上误读了芬利的核心观点。① 部分持"形式主义"立场的学者试图以更为翔实的个案研究，质疑芬利的"实质主义"模式。例如1992年爱德华·科恩所著《雅典经济与社会：银行业的视角》即提出，公元前4世纪的雅典社会是以市场为主导的：

> 公元前4世纪的雅典十分不同。雅典人通过市场过程来运作，其间不相关联的个人——他们常常仅是在这个城市短暂停留，有时甚至是在国外操控——通过商业交易谋取金钱利润。这种交易不仅"脱嵌"于社会，而且理论家们在其著述中、诉讼人在其法庭案件中把它看成是威胁到通过社会与家庭处理生产与消费这种传统方式的。②

---

① 参见理查德·萨勒尔："构建关于古代经济增长之争论的框架"，尤见第251—257页；莫里斯为芬利《古代经济》修订版所作的"前言"，第xxvi页以后。将芬利归入"原始主义"阵营的学者常常把芬利和在他之前担任剑桥大学古代史讲席教授的琼斯（A. H. M. Jones）相提并论，认为他们解释古代经济的模式是"琼斯–芬利模式"。笔者则认为，这恰恰是误读芬利的结果。琼斯强调农业的重要性，而否认贸易在古代经济中扮演过重要角色。但他并未提出芬利那样的系统解释古代经济的模式。

② 爱德华·科恩：《雅典经济与社会：银行业的视角》（Edward E. Cohen, *Athenian Economy and Society: A Banking Perspective*, Princeton: Princeton University Press, 1992），第4页。

科恩实际上意图通过对公元前4世纪雅典银行业的研究,全面否定芬利的"嵌合"模式。然而他所集中讨论的是银行业的规模与发达程度,并没有能深入分析雅典银行业与社会的关系,而且实际上把芬利的"实质主义"立场和"原始主义"立场混为一团,因此并不构成对芬利模式的有力挑战。① 在此之前多米尼克·拉什邦所著《经济理性主义和公元3世纪埃及的农村社会》,则构成了一个意味更为深远的挑战。该书通过对公元3世纪罗马治下埃及一个农庄留存下来的详细经营账目等档案材料进行实证分析,指出农庄生产是以市场为导向的,而且其管理也严格考虑成本问题。因此他提出,指导农庄生产的是一种理性的经济行为,旨在谋取利润的最大化。这就意味着,古代人的经济行为非但不是原始的,而且是理性的。这一挑战背后实际上隐含着更为根本性的争论,即围绕马克斯·韦伯经济理性主义命题的争论。韦伯的学术以阐述现代性为核心。在对现代性的经济侧面的阐述中,他提出以市场为手段、以谋求利润最大化为目的的经济活动是现代西欧资本主义的特征,这种经济理性主义是现代西欧社会的一个独特发展。以韦伯的观点来看,所谓"经济的人"(the economic man)是现代人的代名词。和韦伯以及波兰尼一样,芬利深信现代社会和前现代社会有着根本性的不同,其古代经济模式其实是建构在这样一种认识之上的。然而仅就经济行为而言,古代人(或者非资本主义社会中的人)是否和现代人有

---

① 伊恩·莫里斯:"《古代经济》出版20年之后的雅典经济"(Ian Morris, "The Athenian Economy Twenty Years after *The Ancient Economy*"),载《古典语文学》(*Classical Philology*),第89卷(1994年),第351—366页。

着本质不同，他们是否已有谋求利润最大化的清晰观念和行为，这仍然是值得深究的一个问题。对芬利模式提出质疑的部分学者，在深层意义上其实是对韦伯命题的质疑，是对区别于传统社会的现代性的质疑。从这个角度又可以看出，古代经济史研究实际上包含着对历史和现实的双重关怀。

无论如何，古代经济史家们发现，他们陷入了一个困境：任何人要试图对古代经济进行有意义的分析，就不得不面对芬利的宏大模式，要么赞成它，要么反对它，抑或是试图修正它。除此以外似乎没有更好的路径。迄今为止，绝大部分试图质疑，甚至推翻芬利模式的努力都成效有限，因为芬利建立的是一个分析与理解古代经济的总体框架与模式，而质疑者多以个案研究为基础。霍普金斯在批评以例外的个案质疑或是推翻总体模式时所说可谓一语中的：

> 我现在认为只能以其他方式合理地推翻一个好的模式，例如证明其假设性框架的构思是错误的；或者更好的方法是，证明一个替代性模式可以更为精确和更具说服力地涵盖更多史料，而更少不确定的部分。①

不过我们也可以想见，正如库恩所言，既有的范式总是会受到挑

---

① 凯斯·霍普金斯："罗马、税收、租金与贸易"（Keith Hopkins, "Rome, Taxes, Rents and Trade"），载《古代：古代史杂志》（*Kodai: Journal of Ancient History*），第 6/7 期（1995/1996 年），第 41—75 页，收入瓦尔特·谢德尔和希塔·冯·瑞登主编：《古代经济》，第 190—230 页，引文见第 195 页。霍普金斯本人在此文及之前的系列论文里阐述了公元 1—2 世纪罗马经济"有限增长"的模式，但只能看作是对芬利模式的修正，而非替代。

战,也终究会被新的范式所取代。近些年来真正试图挑战、并且取芬利模式而代之的是法国古代史家阿兰·布赫松。他在2007年和2008年出版两卷本著作《希腊城邦的经济》,2016年出版经修订和扩充的英文版《古代希腊经济的形成:城邦的制度、市场与增长》,旗帜鲜明地提出,研究和衡量经济增长是经济史的核心问题,他的核心目的即在于分析古代希腊经济的增长。要研究经济增长,当然就不可避免地需要使用现代经济学的方法,正如作者所说:

> 尤其是,考虑经济增长也意味着考虑增长的要素:劳动力、资本和技术。通过采取这一视角,经济史家得益于通常所称的经济学提供的一系列工具、概念和假设……[1]

这就意味着,他采取的方法完全是现代经济学的方法,这恰恰是芬利反对的。也就是说,他和芬利对古代经济的理解完全不同。对于芬利的模式,他也直接提出了批评和挑战:

> 将资本主义世界的"理性"和其他社会的"非理性"对立起来,只不过反映了一种进化论的偏见。分析前资本主义社会的经济是可能的,也是合理的,尤其是古代经济,它不是马克

---

[1] 阿兰·布赫松:《古代希腊经济的形成:城邦的制度、市场与增长》(Alain Bresson, *The Making of the Ancient Greek Economy: Institutions, Markets and Growth in the City-States*, Princeton University Press, 2016),第 XXII 页。该书法文版见 *L'économie de la Grèce des cités*, Paris: Armand Colin, 2 Vol., 2007 and 2008。

斯·韦伯和摩西·芬利描绘的原始而非理性的世界。古代世界特定的经济制度无论如何并不是"非理性的",对其研究不能和其他制度(政治、宗教、血缘)分割开来。只不过它回应了不同于我们世界的制约。①

从这样的理解出发,他尝试利用新制度经济学的方法,建构一个分析古代希腊经济增长的框架,并且得出结论说,从古风时代到希腊化时期,希腊经济经历了前工业化社会中罕见的正增长。

布赫松对芬利的批评其实有失公允,因为芬利的意思并不是说古代经济是"原始而非理性的",他所试图论述的只不过是,古代人的经济理性不同于现代人的经济理性,而且由于条件限制,古代社会并未形成统一的市场,大宗货物的远距离陆路贸易也不可能。即便如此,布赫松的分析框架还是构成了迄今为止对芬利模式的最大挑战,但它是否能够最终取代芬利的框架,还需要时间的证明。在此之前,古代经济史研究者仍然不得不面对《古代经济》一书,用一个学者的话说,仍然不得不在芬利的陪伴下,度过一个个"不眠之夜"。②

黄洋

2020年3月24日

---

① 阿兰·布赫松:《古代希腊经济的形成:城邦的制度、市场与增长》,第27页。
② 语见 S. 伊萨格尔和 J. E. 斯基德加德:《古代希腊农业导论》(S. Isager and J. E. Skydsgaard, *Ancient Greek Agriculture: An Introduction*, London: Routledge, 1992),第121页。

献给

剑桥大学古典学系

以及

加州大学伯克利分校古典学系

目　录

修订版序 …………………………………………… 1
前言 ………………………………………………… 35
第二版前言 ………………………………………… 37
大事年表 …………………………………………… 39
地图：2世纪的罗马帝国 ………………………… 40–41

第1章　古代人及其经济 ………………………… 41
第2章　等级与地位 ……………………………… 61
第3章　主人与奴隶 ……………………………… 92
第4章　地主与农民 ……………………………… 129
第5章　城镇与乡村 ……………………………… 161
第6章　国家与经济 ……………………………… 191
第7章　进一步的思考（1984年）………………… 221

缩略语与标题简称 ………………………………… 255
注释 ………………………………………………… 258
索引 ………………………………………………… 313
译后记 ……………………………………………… 329

修订版序

引言

历史学家们热爱纪念日。加州大学出版社出版摩西·芬利的《古代经济》至今已25年了。该书基于他1972年在伯克利所做的第43季萨瑟尔系列讲座。20世纪里没有任何一本书对希腊罗马经济史研究产生如此巨大的影响,因此出版社为新一代读者重版这一经典著作,是再合适不过了。在这篇导读中,我想向新读者介绍该书,帮助读者理解它的思想根源,它如何推动了古代经济的研究,以及它的论点如何经受了四分之一个世纪的细致审视。

古代经济史是一个相对较新的领域。早在1817年,奥古斯特·伯克(August Böckh)就出版了一本研究雅典政治经济的巨著,然而要到很晚的时候经济问题才进入古典学术的主流。1893年,卡尔·比歇尔(Karl Bücher)将一个影响很大的一般经济进化理论运用于欧洲历史,提出希腊和罗马以非常简单、小规模、封闭的家庭经济为特征,其目的在于自给自足,仅仅和其他家庭进行非常有限的交换。中世纪见证了更大规模的城市经济的兴起,而16世纪则见证了融为一体的国民经济的兴起。

一些专业古代史家，最为引人注目的是爱德华·迈耶（Eduard Meyer），对这一理论感到义愤，坚持说比歇尔完全错了：实际上古代经济和近代世界的经济非常相似，只不过规模更小而已。迈耶宣称"希腊历史上的公元前7世纪和前6世纪对应于近代世界的14世纪和15世纪，而公元前5世纪则对应于16世纪"[1]。

x　　只有当学者们对应该问什么样的问题达成一致的时候，学术争论才能够发生。上述争论后来被称为原始派对现代派的争论。指出它的讨论过于狭窄，仅仅限制在了一个单一问题上，即在从自给自足的家庭到当代工业化国家这一连续体中，希腊和罗马处于什么位置，这并不是对参与争论的学者的批评。在19世纪90年代，德国古典学家们认为这是一个真正的和重要的问题；而且在20世纪前半期，其他国家的学者们也参与了进来。总体上，他们得出结论说：第一，这的确是要回答的最为重要的问题，第二，现代派占了上风。1933年，在美国从事研究的俄罗斯人、那个时代最为伟大的古代经济史家米哈伊尔·罗斯托夫采夫甚至回应了迈耶，论述说"到希腊化时期古代世界的经济和现代经济只有量的不同，没有质的差别"。直至20世纪50年代情况大致如此。[2]

　　学术研究并非通过在众所接受的框架内逐渐积累细节而改变方向，而是倾向于以突然迸发的形式改变方向。如同所有研究论题，原始派和现代派之争忽视了大量的现象。学术史学者发现，当学者们（常常是新进入该领域或者处于该领域边缘的学者）开始感到"常态科学"不能解释的异常现象累积到如此高的程度，以至于因袭的模式更为有害而非有益时，才倾向于发生思想的革命。一些学者回应的方式不是对旧的问题做出新的解答，而是彻底抛弃旧的问题,提出看起来更为迫切的新问题。这就是托马斯·库恩所称的"范式转换"(paradigm shift)。³

这样的转换很少,(如果确有的话)是一个天才对抗误入歧途的世界而产生的结果。它通常开始于一群学者。如果他们关注的问题是确凿的,并且足够好地展示出来,他们能够向其他学者传递他们对于主流观点的疑虑。革命一旦开始,学者们就会争先恐后地筹划新的研究计划,以回答现在看起来重要的问题。旧有的问题可能完全遭到遗忘。芬利最初在很大程度上是一个边缘人物,他在20世纪50年代和抱有相似想法的学者(尤其是哥伦比亚大学的卡尔·波兰尼和剑桥大学的琼斯 [A. H. M. Jones])一道提出了新的问题。他并不是凭空创造出"芬利模式"的。但是到20世纪70年代,他是重新思考古代社会经济史的核心人物,而且《古代经济》一书巩固了新的体系。它在根本上重新界定了争论的条件。

芬利的古代史

芬利是以奇怪的方式进入古代史领域的。⁴他是个奇才,1929年年方十七的时候便取得了公法硕士学位。这个时期,古典历史学家一般通过语文学训练而学习他们的技艺,但是芬利在获得法律学位之后,是通过在哥伦比亚大学担任罗马法研究助理而进入这一领域的。接着他在哥伦比亚大学历史学系注册攻读博士学位。他深深涉足20世纪30年代纽约热烈的知识生活,在《社会科学百科全书》和法兰克福学派的社会研究所担任非全职工作。在那里,他作为一个历史学者小试牛刀,开始研究德国流亡学者们对黑格尔、马克思和韦伯的批评。

和许多同时代人一样,芬利的学术计划被第二次世界大战所打乱。他为战时救济机构工作了一段时间,在1947年重新回到古代史领域。他对社会科学的兴趣使得他在古典学圈子里显得奇怪,他本人充分意识到了这一点。[5] 1948年,他在拉格斯大学获得了教职。此时他仍未完成博士学业,但是在新泽西州教书意味着他可以和哥伦比亚大学保持联系。此后的五年里,他经常到那里参加卡尔·波兰尼的经济史研讨班。

波兰尼是匈牙利移民,因为在1944年出版《大转型》一书而声名鹊起。他对经济学、社会学、人类学和历史学都怀有浓厚的兴趣,因此很难简单地将他归入大学里设立的系科。他在1946年获得哥伦比亚大学的教职后,创建了一个多学科的小组,探讨他的一些观点的意义。在《大转型》中,波兰尼提出,资本主义和共产主义并非仅有的管理复杂现代经济的方式。新古典经济学理论并未产生一成不变的规律。相反,其归纳只能适用于某一特定类型的现代社会。而他相信,这一类型的现代社会能够用一个伦理上更为可取、结合社会主义和基督教的体系所取代。[6]

波兰尼论证说,在1800年之前的西欧(以及在此之后很长时间里的世界其他地方),经济活动并不是由其自身规律所支配的独立生活领域。相反,生产和交换嵌合(embedded)在其他制度和看法之中。波兰尼从未否定在早先的社会中存在很强的利润动机,但是他坚持认为,利润是达到其他目的的手段,它本身并非目的。他论述说,商品和服务通过互惠关系和再分配的机制而非通过非人格的市场进行流通。社会关系而非抽象的供求规律决定价值。这些关系使得在大多数社会,经济学理论中追求利润最大化的孤立行为者的理性选择并不适用。他把自己的模式称之为"实质论",用以区别于常见的经济"形式论",后者相信,经济领域一直独立存在于社会关系之外。

波兰尼创建哥伦比亚大学研讨班,是因为他意识到,他的政治主张依赖于历史学和人类学阐述。他提出,因为脱嵌的（disembedded）、决定价格的市场是相对晚近的发展,所以应该有可能将经济市场重新嵌合进其他社会关系,使得利润从属于更为人性的关怀。他接受,"在人类历史上,市场不止一次在整合经济中起到重要作用",甚至提出亚里士多德时代的雅典即是如此。[7]但是最为重要的一点是,早期的市场——即使是雅典的市场——"从未在整个领土范围运行,其全面性也远远不及19世纪西方的市场"。[8]虽然雅典仅仅是波兰尼探讨的许多历史案例之一,但对他而言却十分重要,因为从19世纪90年代起,绝大部分古代史家都认为古典雅典的经济和现代经济十分相似,即使其规模要小些。波兰尼反驳现代派的学者,宣称希腊经济和现代资本主义几无共同之处；但他也反驳原始派的学者,宣称这并非经济活动的规模所致,而是因为经济利益从属于或者融进了政治、荣誉和战争的利益。从这一视角而言,原始派和现代派关于古代经济处于从简单到复杂连续体之中的什么位置之争就毫无意义。

芬利对波兰尼关于希腊的解释持重要的保留意见,[9]不过我们几乎不能怀疑,哥伦比亚的研讨班对他的看法产生了巨大影响。然而古代史家有时让波兰尼的影响掩盖了一点,即波兰尼和芬利均受到现代社会学之父马克斯·韦伯思想的影响。波兰尼很少引证韦伯,但是芬利早在1935年就提到韦伯,并且在学位论文的参考文献中就列举了其《古代的农业社会学》(但并未列举波兰尼的任何著述)。芬利在后来的著述中阐明了自己受到韦伯的影响。[10]

韦伯和波兰尼的政治观点非常不同,[11]但是他们在一些主要问题上的看法一致。韦伯认为社会学的任务是理解现代性,并且和波兰尼一样,将现代社会经济制度和思想的历史根源置于最重要位置。波兰尼和韦伯也不约而同地认为需要做比较研究。韦伯著述讨论的对象包括中国、印度、宗教改革时期的欧洲以及罗马帝国;波兰尼讨论过的则有达荷美(Dahomey)*、古代近东和古典时代的雅典。而且他们得出的结论并非很不相同。对韦伯而言,分析非现代社会的最重要范畴是"地位"。他解释道:

"地位"(*ständische Lage*)意味着就正面的和负面的特权而言对社会评价的有效要求;它通常基于

一、生活方式,因此

二、正式教育,这可以是:

1. 经验训练,或者
2. 理性的教学,以及相应的行为形式

---

* 今贝宁。——译者

三、世袭的或职业的特权

实际上,其表达是通过

1. 通婚,

2. 共餐,可能还有

3. 对特许的获取方式的垄断性利用,或者对某些类型的获取的憎恶,

4. 其他类型的地位常规(传统)。

地位可以基于明确的或者模糊的阶级位置。然而,它并非仅仅由阶级所决定:金钱和企业家的位置本身并不是获取地位的资格,不过却可以导致特定地位;而且缺乏财产本身也并不意味着失去地位,不过这可以是一个失去地位的原因……

一个"地位群体"意味着诸多个人,他们在更大社会群体中成功地要求获得

一、特别的社会评价,并且可能还有

二、地位垄断

地位群体可能因下列原因形成:

一、在第一种情况下,凭借其自身的生活方式,尤其是职业的类型:即"自封的"或是职业的地位群体。

二、在第二种情况下,通过世袭的魅力,凭借成功宣称其高贵血统:即世袭地位群体,或者

三、通过垄断性利用政治或者僧侣统治权力,即政治和僧侣统治地位群体。[12]

地位群体在本质上是不固定的,易于受到挑战和重新解释。它是

今天社会学家所说的竞争的类别。在竞争的过程中,新的群体不断产生,而旧的群体不断被重新定义。韦伯注意到,"在这种情况下,其等级划分完全是习惯性的,主要基于侵占"。然而他进一步说道:"只要某一社会等级分层事实上'长期存在',并且凭借经济力量的稳定分配而达到稳定,它就能较容易地获得合法的特权,无论是积极的还是消极的。"[13] 在雅典和罗马,男性公民完成了从"自封的"地位群体向合法定义的等级的过渡。他们拥有重要的特权,诸如排外的通婚权、对土地的控制、对政治权利的垄断、法律保护不受剥削(尤其是债务奴隶制),偶尔还包括共餐。这样一来,他们也创造了其他等级,这些等级主要根据其缺乏的特权来界定,尤其是他们视为其依附者的妇女、动产奴隶、被释奴,还有外邦人。

韦伯认为,古代人首要的是"政治人"(*homo politicus*),他们对经济和利润的兴趣主要视其为一种手段,用于促使他们的城邦——他们把它想象成"武士的行会"——取得政治和军事成功,提升他们自己在其中起领导作用的能力。而现代人则是"经济人"(*homo oeconomicus*),在任何情况下都追求收益。[14] 希腊和罗马与中世纪欧洲有何不同,这是令人感兴趣之处。无论是好是坏,后者的地位结构创造了"经济人"成长起来的空间,但前者的地位结构则没有。而这是需要解释的问题。

韦伯将地位群体和阶级群体相对照。他解释道:

在我们的术语中,"阶级"(不同于"地位群体")并非共同体,它仅仅代表可能的而且是经常的社会行动的基础。在下列情况下我们可以说存在阶级:第一,其生活机遇中共有特定的因果关系成分的一群人,条件是,第二,这一成分完全表现在物资占有和收入机会的经济利益方面,以及第三,它是在商品和劳动力的市场条件下表现出来的。这就是"**阶级的情形**"。[15]

他进一步充实了这一类型学,说道:

> 阶级概念的普遍含义一直是:市场中的这一类机遇是为个人命运提供共同条件的决定性时刻。在这个意义上,阶级情形最终是市场情形……根据我们的术语,创造"阶级"的因素毫不含糊地是经济利益,而且事实上,仅仅是在存在市场情况下的经济利益。[16]

韦伯总结说:

> 至于**地位等级**的一般效果,只能陈述一个后果,但是这是一个非常重要的后果:对市场自由发展的妨碍……市场受到限制,并且赤裸裸的财产本身的力量——它是阶级形成的印记——则被推回到了次要位置……如同在古代世界以及中世纪的所有政治共同体中那样,在地位分层强烈渗透社会的地方,我们永远不能谈论我们今天所理解的真正的自由市场竞争。[17]

韦伯提出,市场关系以其独具特色的现代理性形式,在19世纪开始主宰欧洲部分地区,使得阶级比地位更为重要,并且创造了能够不断以阶级为基础采取行动的情形。和波兰尼一样,他相信在以前的社会中,市场和阶级没有起到这同样的作用。

到第一次世界大战之时,韦伯实际上使得原始派和现代派之争不可信了,但是古代史家们根本没有阅读他的著述。一个例外是约翰内斯·哈泽布鲁克(Johannes Hasebroek)。但他关于希腊经济的两本著作还是被人们草率地置之不理。[18] 在很大程度上,芬利在20世纪50—70年代之间充当先锋的范式转换可以称之为新韦伯范式的复兴。

在《古代雅典土地与信贷研究》一书中,芬利和韦伯、哈泽布鲁克及波兰尼一样,提出尽管雅典经济体量很大而且复杂,但是它不能称为市场经济。为了证明其观点,他搜集了抵押界碑(*horoi*)的铭文资料。举凡界碑铭文记录有抵押原因,则均是为了消费而非生产。雅典人抵押田产,以便借钱用于婚礼和葬礼,而非用于筹集投资资金。因此,他们的经济活动是受到了地位关注的驱使,而且几乎没有理性的、节约化的社会心态的痕迹,而韦伯和波兰尼都把后者看成是资本主义关系的前提条件。芬利提出,雅典没有真正的土地市场,只有一些富人为了炫耀性消费而筹集金钱。他还得出结论说,雅典也没有真正的信贷市场。雅典人典型的借钱方式是通过"群体"借贷(*eranos*),它是和"朋友"(*philoi*)群体订立契约的,通常也不涉及支付利息。一位好公民理应帮助朋友,并且在任何情况下都不从另一位公民的不幸中获利。雅典人想要致富,但是对地位的考虑总是主宰了市场获利。尽管芬利没有使用再分配这一术语,但是他关于雅典经济的看法和波兰尼的再分配模式是一致的。[19]

到1953年,芬利也许觉得他对雅典经济的非市场性运作提供了充分的论述,因为随后他转向试图解释这一社会体系的来源。很快他撰写了第二本书,即后来成为经典的《奥德修斯的世界》。

在其中他明确借用了波兰尼的分类。他提出,迈锡尼时代的再分配型经济在公元前1200年左右崩溃,之后英雄时代的礼物经济出现了。和古典时代雅典的体系一样,礼尚往来是相互打交道的基础,但是在荷马时代(芬利定年在公元前900年前后),礼物交换并没有创造统一的、同质性的男性公民群体,而是竞争性的,起到了产生等级的作用。那些英雄是工于心计的超人,他们在一个霍布斯意义上的全面战争中,不仅和共同的敌人作斗争,而且相互之间也进行斗争,从而形成复杂的政治联盟、礼物、还礼和婚姻网络,其中武力才是决定因素,而弱小的代价是灭亡。[20]

到1954年,芬利因自己及妻子和激进分子的政治联系而在拉格斯大学承受了很大压力。作为韦伯社会学严肃的追随者,芬利真要是共产党员的话,是很奇怪的,但他和妻子玛丽还是决定移民英国。他在剑桥大学以琼斯为首的古典学学科谋得一个职位。琼斯非常重视社会史,甚至马克思主义。在这个更抱有同情态度的氛围中,芬利着手回答他对"荷马史诗"的解读所提出的新问题:希腊社会是如何从英雄时代等级制的互惠转向古典时代公民城邦平均主义的互惠的呢?1959年,他发表了一系列论文中的第一篇,这些论文给出的答案是奴隶制。[21]

韦伯曾经提出,债务危机是古代世界真正的阶级冲突可能出现的少数情形之一。[22]芬利追随了这一观点,提出古风时代对债务奴隶制的抵制导致的社会革命,例如公元前594年雅典的梭伦改革,摧毁了荷马社会地位分层的制度。穷人通过暴力和暴力威胁的方式,拒绝因为债务而被贬低到依附富人家庭的地位,从而产生了作为平等者共同体的城邦的思想。男人(引人注目的是,芬利的论述中没有注意到妇女）分为两个对立的群体。一个是自由公民群体，他们进行互惠交换，将剥削转嫁到另一个群体头上，那就是进口的动产奴隶。经济的决定因素由地位考量所决定。只有受人尊重的财富来源是可接受的，这就排除了对公民同伴的直接剥削，而且抑制了决定土地、劳动力和信贷价格的市场的发展。只有外来者应该受到剥削，在虽然极端但却常见的情况下，通过把外来者的肉体作为动产奴隶商品化来予以剥削。

因此如同韦伯、哈泽布鲁克和波兰尼曾经注意到的，古代经济史是历史社会学家而非经济学家研究的主题。芬利追随韦伯，将古代世界的历史看成是建构地位群体的历史。他提出，我们可以概括从公元前1000年到公元500年的这一整个时期，前提是要按照

（一个）高度纲要性的古代社会模式。它从一个地位分成诸多个等级的社会转向一个地位集中于两极即奴隶和自由人的社会。这一转变在因为显然的原因最为引起我们注意的社会最接近完成。然后在罗马帝国，这一转变反转过来了。古代社会逐渐回到一个地位的连续体，进而转向我们所称的中世纪世界。[23]

九年之后，《古代经济》用一本书的篇幅对这一模式进行了阐述。

《古代经济》

《古代经济》一书是典型的芬利风格的。其文风是发散性的，可读性强且引人入胜。芬利并不炫耀其学识，无论是独立专

题还是在比较方面。他精心挑选古代事例,并且避免展开理论分析。对于习惯于传统古典学研究——援引大量二手文献,对古代文本的特定段落作细致分析——的读者来说,或者是对于社会科学领域——其中常规的做法是明确阐明主题——的读者来说,这确实可能是(用肖和萨勒尔的话说)"非常规的,令人迷惑的,甚至令人沮丧的"[24]。在芬利的论著中要找到总结其主要结论的一两句话,是出了名的困难。《古代经济》中有这类的段落,但是初读者很难从行云流水的书写中轻易找出它。

芬利著作的核心论点是,我们能够建立一个单一的古代经济的连贯模式,用以归纳从公元前1000年到公元500年希腊罗马人统治的整个地中海世界的重要特征。但是这个世界不包括古代"近东",至少不包括它被纳入马其顿诸王国以及随后纳入罗马帝国之前的时期。芬利认为,在这一巨大时空范围内的经济组织存在多样性,但是如同在其所有的论著中一样,他坚持认为"我们应该专注于主导的类型,典型的行为模式"(第29页*)。这一模式只能是定性的,而非定量的,乃是因为古人没有保留可用的统计数据;但是这一事实并不重要。古人没有能收集系统的数据并不仅仅是我们面临的一个观察的问题,也并不是他们智识缺陷的证据,而是古人并不把经济活动看成独立生活成分的迹象。简言之,古代经济是"嵌合的"。

芬利模式的分析核心是地位。在第2章中,他解释了为什么作为概念类型,我们应该选取等级和地位,而非阶级。他关于地

---

* 此为原书页码,即本书边码。余同。——译者

位的定义不出所料地低调。在讨论罗马帝国的富有奴隶和被释奴时,他说"为了这样的区分,我提议使用'地位'一词,一个带有相当心理因素的绝妙的模糊词语",并且补充说希腊人和罗马人"理所当然属于纵横交错的不同范畴的成员"(第51页)。在本书从头至尾,他都在韦伯的意义上使用这些概念,但是他宁愿通过列举的事例而非描述正式的社会学类型,让他赋予的意义逐渐显现出来。第2章的大部分专注于西塞罗有关地位和财富的思想,这很好地说明了芬利的方法。在这一章的末尾,芬利解释道:"我之所以选择西塞罗时期的罗马进行特别分析,恰恰是因为,在这个时期,以地位为基础的模式看起来最接近于瓦解。然而它并没有瓦解,它扭曲了,它改变了,在某些方面扩大了选择,但不是在所有方面。而且我们可以看到,扩大选择的方面在逻辑上仍然遵循受到威胁和保护的价值观。"(第61页)在此我们所了解的是非常韦伯式的观点:在雅典和罗马,"公民精英中没有足够的人愿意经营经济中的这些分支。但如果没有这些分支,他们和他们的社会又都不能按照习惯的方式生存。……他们缺乏意愿。就是说,作为一个群体来说,他们被压倒性的价值观所抑制了(无论少数人的反应如何)。"(第60页)

在本书的其余部分,芬利详细论证其模式的三个关键方面。首先是乡村生活(分成非自由劳动力和农民两章),然后是城市的地位,最后是经济在政治中的位置。在这些章节中芬利的看法非常清晰地显现了出来。古代社会经济史首要的是乡村史、农民史。不过在两个关键的个案中,"真正"奴隶制经济的产生使得自由公民群体的出现成为可能。它们分别是公元前600年左右之后的希腊和公元前200年左右之后的罗马,两者都终结于公元200年之后。这是一个家庭居于首要地位的世界,几乎所有人都试图达到经济自给自足。贸易规模一般较小,并且在短距离内进行。大部分财富获取自地租和对税收机器的控制。商人和手工业者罕有成功,而当他们获得成功的时候,也热衷于将钱财投资于土地。出现过经济变化,尤其是在罗马帝国,土地日益稳步集中于少数人手中。随之而来的是自由人和奴隶之间的界限日益模糊。然而少有值得一提的经济增长。当然也有例外,例如像罗马、亚历山大里亚和安条克这样的超级大城市,还有规模小些的城市,即古典时代的雅典。这些城市总是需要进口谷物以便养活其公民,而且也容纳了大量的非农业群体。但它们是例外情况。即便是在罗马帝国盛期,真正的城镇人口从未超过农村人口的二十分之一。把希腊-罗马文明称为城市文明是错误的,尽管其统治阶级无疑是属于城市的。他们对乡村没有表现出多少兴趣,只要他们能够从中获取足够粮食足矣,而且很少有(如果真有过的话)我们能够称为国家经济政策的东西。

这个模式对我们解决原始派和现代派之争的旧有问题没有什么帮助。我们不能确定希腊和罗马是在从简单到复杂经济的连续体的什么位置,因为其经济并不属于这样一个连续体。它在性质上不同。如同韦伯曾经预见到的,古代经济不同于中世纪经济,它并不包含"经济人"生长的种子:和波兰尼对雅典有些混乱的论述相反,并没有使经济脱嵌、使阶级和市场压倒地位的力量。芬利所描述的古代经济是个运转正常的、一致的体系,它之所以终结,并非因为其内部矛盾,而是罗马社会结构和边境日益增加的压力这一外源性力量之间的相

互作用所致:"如果我们愿意这么说的话,这是古代世界走向终结的经济解释。"(第176页)

如果我们把《古代经济》和芬利的其他论著放在一起阅读,古代公民地位结构的五个后果赫然显现出来。第一,如同韦伯一样,对芬利而言,希腊罗马地位观念的最重要一面是它对土地、劳动力和资本市场的发展起到了抑制作用,因而对技术和贸易的发展也起了抑制作用。德谟斯梯尼和西塞罗对于适当行为的观念十分不同,但是两者的态度都起到使经济活动嵌入更广泛的社会关系网络的作用。无论是那位雅典演说家,还是这位罗马演说家,都对认可有偿借贷、大量投资有利可图的远距离贸易,或是根据创造财富的活动定义自己的身份而感到不安。芬利在一篇论文中收集了一大批事例,用以说明古代人未能利用技术发展的商业潜力,并且指出地位结构同样起到抑制作用。[25]

第二,公民地位的成功严重限制了富人说服贫穷公民提供劳动力的机会,导致了"自由和奴隶制携手前进"[26]。芬利论述道,当三种社会事实同时发生时,富人建立大规模动产奴隶制的条件就成熟了。这三个社会事实是土地集中于私人手中,存在需要农产品的外部市场,以及内部劳动力供应的缺乏。他认为古风时代希腊和罗马的社会斗争实现了第三个(否定)条件,以至于古代经济成了世界上最早的奴隶制经济。[27]

第三,公民对地位的重视倾向于甚至将有利可图的活动推到社会边缘。外国人、妇女和奴隶在贸易和金融中起到了非同寻常的突出作用。一些富有公民的财富来自于出售自己庄园里主要由奴隶生产的农产品,或是出售从依附农种植的庄稼中获得的分成抑或是实物地租,但是他们会尽量让非公民代理人进行实际的交易。

第四,希腊人和罗马人倾向于通过法律和政治途径而非通过我们所说的经济渠道追求财富。芬利提出,古代城市是消费者城市,而非生产者城市,它们通过税收、贡赋和地租来剥削农村,而并不向农村消费者出售城市产品。[28]

第五,将剥削推向公民共同体之外的需要和对政治途径的青睐,可能给予了希腊罗马社会奉行战争和帝国主义尤其强有力的社会经济动机,使得这成为自然地获取财富的方式。芬利在最后一部著作中说明,尽管有许多关于战争的研究,但是几乎没有古代史家将战争当作古代社会的结构性特征来研究。[29]

《古代经济》出版25年之后

托马斯·库恩坚持认为,人文学术和社会科学并不经历和自然科学同样的范式转换。在自然科学中,一旦新的框架获得认可,竞争性的理解事物的方式就会因为不能获得经费和学生而迅速被赶出所在领域。过时的东西在科学中没有任何位置。但是在人文学术和社会科学中,旧有模式的倡导者拥有稳固的位置,并不离开。他们的影响在数十年里都很大,结果是,我们一般将他们称为"思想学派"而非"范式"。

芬利著作的影响逐渐扎根下来。毫不出人意料的是,它在剑桥大学的影响最为强烈。甚至在芬利到达那里之前,琼斯已在使经济成为剑桥特别的古代史研究进路的核心。他们在20世纪50年代和

80年代之间培养的学生又接着捍卫这种进路。但是在剑桥大学之外，芬利对英语学术的影响发展得较为缓慢。英国学者喜欢开玩笑说，剑桥通往牛津的旅程比剑桥到世界上任何地方都要远。起初芬利在欧洲大陆激起了最多的兴趣。他对东欧马克思主义学者的兴趣、和他们的联系比绝大部分西方人都要多。从荷兰社会史家到法国和意大利新马克思主义者在内的欧洲大陆古典学家，都发现他的韦伯主义和他们自己的兴趣相当一致。[30]

更为出人意料的是，在一些年里，他的思想对罗马研究者、社会学家和人类学家的影响比对希腊研究者更大，后者的反应更多地并非抵制，而是故意忽视。[31] 不过到1986年芬利去世时，这种情况业已改变，而且早在1983年，凯斯·霍普金斯（Keith Hopkins）就已经谈到"一个新的正统学说……由琼斯和摩西·芬利爵士所策划"[32]。在最近十年里，探讨和深化芬利洞见的论著多得无法在此罗列。

然而在历史学研究中，四分之一个世纪是一个很长的时间。当芬利在20世纪30年代年及弱冠而成为历史学家的时候，美国"新史学家"如查尔斯·比尔德和詹姆士·哈维·鲁滨逊，以及法国年鉴学派学者如吕西安·费弗尔和马克·布洛赫，在一个世纪以来的时间里第一次开始挑战真正的历史乃政治叙事的观念。这些史学家想要分析社会结构和经济力量，甚至想要借鉴社会科学的方法。当芬利在1972年发表其萨瑟尔讲座的时候，这一方法业已肯定是现代史学的主流，而且达到了如此的程度，以至于在20世纪80年代，社会经济史遭到"新文化史家"运动的抨击。后者主要受到文学评论的启发。在一本直接命名为《新文化史》的论文集的导言中,林·亨特解释道,对这些历史学家来说,"经济和社会关系并非先于,亦不决定文化关系。它本身是文化实践和文化生产的领域,无法通过参照经验外在于文化的维度而从演绎上予以解释"[33]。到20世纪90年代,随着20世纪70年代的唯物主义共识土崩瓦解,许多社会经济史家感到他们自己受到围攻。

古代史研究的发展则不同。古代史家仍然主要身居大学历史学系之外,在北美主要栖身古典学系,在欧洲主要栖身古代史系。他们倾向于参加和现代史家不同的学术研讨会,在不同的期刊上发表论文,并且几乎说着不同的语言。迟至20世纪70年代,史学作为语文学之侍女的看法仍然主宰着这个领域。芬利与韦伯、马克思以及功能主义的社会科学的交锋,使得他从研究生时代起,在古典学领域就是突出的少数派。《古代经济》日益增加的影响,比其他一切都更有效地把他三十年来一直在问的问题摆到了大部分古代史家面前。但是吊诡的是,到20世纪80年代这一情况正在发生的时候,那些兴趣最接近于比较文学的古代史家已经在接近新文化史了。

在现代史学的发展中,古代史家实际上跳过了社会经济史主导问题意识的阶段,从语文学和政治史直接过渡到了文化诗学。大多数大学历史学系都包括相当数量的在20世纪70年代和80年代早期聘用的(现已年老的)激进经济社会史家,他们极力反对文化史家,保护自己的地盘。古代经济社会史的缓慢发展,绝大多数古代史专业的规模弱小,以及这一专业的年龄结构——它使得在20世纪70和80年代聘任的教师较少,这些因素结合起来形成的局面是,聘任社会经济史家的古典学系少之又少。

社会经济史家人数较少的结果是，古典学领域向文化史的转向并非是针对社会经济史的，而是针对更为传统的语文学研究的。[34] 总之，20世纪90年代后期对古代社会经济史的兴趣比起其他任何时期都要大。这一情况很可能和古代史家对《古代经济》一书持续不断的兴趣及其出版25周年关系很大。学者们在剑桥、莱顿、利物浦、巴黎和斯坦福分别举行了专题研讨会，预计所有这些成果都会出版。[35] 很难想象，美国史史家们会对诸如福格尔和恩格尔曼《苦难的时代》(Time on the Cross) 这样的经典出版25周年（1999年）做出如此反应，更不用提他们会想要这类书重版了。[36] 正当近现代史中经济史家和文化史家的无法沟通引起关注的时候，比以往更多的古代史家却在回应芬利的观点。

成功的代价（的确，也是最明确的标志）是遭受批评。在20世纪90年代芬利的模式遭到了持续不断的抨击。[37] 他在生前出版的最后一部著作中注意到，"意识形态会发生变化，因此历史书写也经历不断的'转变'"，[38] 所以这并不会出乎他的意料之外。我们可以把对芬利的回应划分为三个宽泛的类型。第一类是经验主义的（empiricist），它和芬利以前的语文学史学有着许多延续性，其拥护者试图证明，芬利关于古代经济的一般模式无法说明公元前1000年到公元500年间希腊罗马世界特定部分的具体情况，或者甚至试图证明，芬利在力图使其模式自圆其说的过程中，出现了事实错误。[39] 经验研究倾向于将具体情形置于最显眼之处，而忽视形式论证以及方法论阐述，将注意力集中于古代世界个人、制度和国家的丰富性、多样性以及不可化约的独特性之上。

尽管这些批评是有价值的，但是它往往缺乏理论性。如同韦伯所解释的,在模式的普遍适用性及其容纳现实情况的能力之间,总是存在反向关系:"理想类型构建得越是明了准确,因此而越是抽象并且在这个意义上越不真实,它就越能更好地行使其形成概念、分类和假说的功能。"[40]最好的理想类型有助于凸显现实的某些特征,使我们得以简化和把握数量庞大的经验细节。为了不同的目的,我们需要不同的模式。芬利和波兰尼受到激进政治主张的驱使,想要建构非常高层次的模式,以帮助他们思考欧洲古代、中世纪和现代经济之间的差别。绝大多数古代史家似乎更为满足于关于一个时期,或者是一个地区又或者是一座城市的低层次模式。他们的模式能够说明更多的史料,也更少和事实相抵触,在这个意义上说有可能更为真实,但是也可能更少吸引社会科学家和比较研究学者群体的更多兴趣,而芬利、波兰尼和韦伯则做到了这一点。对于什么层次的概括最为适度的决定,是受到我们对古代史的意义的认识所左右的。它可以是哲学性的,审美性的,最终也是政治性的。19世纪中叶的史学家如格罗特和马克思乐于讨论这些问题,但是我们时代的历史学家通常并不关心这些。

科学哲学家理查德·莱文斯(Richard Levins)提出:"并没有一个单一的、最好的万能模式……不可能同时将概括性、真实性和准确性最大化。"[41]由于对这一点缺乏认识,诸多从实证角度对于《古代经济》的批评并不真正有效。话虽如此,对于或多或少对适度的概括层次持同样看法的历史学家群体而言,无疑仍然有实证的理由对模式进行评价。我们对模式的评判,应当看它对于理解史料有多大帮助。到某个节点上———些历史学家比另外的历史学家更早到达这一节点,模式无法容纳的个案数量会达到该模式的害处明显大于益处的程度。芬利对地方史研究者提出了严厉批评,他称之为"穷尽其一"的史学流派,[42]但是当他们开始提出,芬利和20世纪20年代的哈泽布鲁克一样,存在系统的省略和错误时,对芬利的问题而言,这就十分重要了。最为常见的观点是,芬利自始至终低估了古代贸易、工业、钱庄业和其他非农业的经济活动,以至于其实质论,即经济活动嵌合于其他社会关系之中的观念,事实上滑进了赤裸裸的原始论,即古代经济根本上是家庭经济的看法。[43]一些批评者无法区分这两个概念,这使得问题更加模糊,但是这是一个重要的问题,将我们带到了下一个类型的批评。

我的第二和第三类批评取自社会学家马克·格拉诺维特尔(Mark Granovetter)对波兰尼的讨论。他提出,对波兰尼的研究的讨论可分为两类,一类认为它"过度社会化",一类则认为它"社会化不足"。[44]过度社会化的批评者认为,韦伯及其思想继承者们夸大了地位导致的社会"冲突"的总量,从而也夸大了非经济考量——无论怎么定义它——能够压制市场关系的程度。那么,就可以指责芬利太过字面化地理解古代的史料了。西塞罗谈论的也许说明罗马人真正关注的是地位,但是这也许仅仅是掩饰深层经济现实的(虚假意识意义上的)意识形态。建构形式经济模式,或者根据跨文化比较看起来理性的模式,比起从古代人所说入手,可能会更好。而后我们可以探讨为何古代作家在其作品中所说和这些模式并不符合,并且还可以透过字里行间阅读史料,以发现经济现实在哪些地方透过文化的面具显现出来。[45]

那些认为芬利低估了古代经济规模的历史学家倾向于指责他的解释过度社会化。这一看法在罗马研究者中尤其普遍。例如,凯斯·霍普金斯要比芬利多得多地借鉴形式经济学的思想,他用沉船的考古证据来验证自己关于远距离贸易的结论,提出在公元前200年到公元200年间的罗马帝国,出现了相当大的经济增长。大卫·马丁李（David Mattingly）在对罗马统治时期北非的石制榨油机进行调查后得出了差不多同样的结论。他论证说,油料生产的规模要远远超过当地居民的需求,唯一的解释是假定农民和出口市场紧密联系在一起。现在学者们似乎普遍接受,罗马到公元前1世纪发展成为100万人口左右的大城市,它创造的庞大粮食、油料、木材、砖瓦等市场刺激了生产,而且在一定程度上迈向了脱嵌的经济活动。[46]

在希腊史家中,过度社会化的批评的进展要小些,但是他们提出了重要的问题。最为重要的是爱德华·科恩（Edward Cohen）对希腊演说家如何区分显形（phaneros）和隐形（aphanes）经济的讨论,钱庄业和其他金融活动属于后者。富人力图掩饰自己对隐形经济的参与,而隐形经济非常庞大,这和芬利的解释相反。科恩论证说,富有雅典人以这种方式获取了相当一部分的财富,而在这一领域经济从传统的地位关注中脱嵌出来,其中外国人、妇女和奴隶起了大量作用。[47]

如同罗马史领域一样,考古学在此也起到了作用。从20世纪70年代起,对希腊乡村的密集地表调查表明,居住模式在公元前5世纪和公元前4世纪发生了变化。为了解释这一点,同时也为了解释如此多人口如何在如此狭小领土上维持生计,历史学家和考古学家开始拟定一个古典农业的"新模式",其中涉及的为市场生产的成分要远超芬利所见。[48]考虑到地表遗存的残缺,这一模式仍然是非常揣测性的,但是它能够解释许多材料。

无论是希腊研究者还是罗马研究者,无论是考古学家还是文献的仔细阅读者,过度社会化批评者都试图透过史料的字里行间,找到基底的经济结构。无论史料是如何说的,(在一定范围内)我们知道罗马每天需要一定数量的粮食,雅典贵族需要获得一定数量的现金。在拥有这些信息的情况下,我们可以超越文献。

最后,芬利的模式也招致了社会化不足的批评。这一条线的思想受到更为晚近时期的文化史的诸多启发,聚焦于古代文献中的霸权话语以及所涉及的意识形态建构的复杂性。批评者宣称,我们不应从社会分类出发,来看它如何组织了古代文献,而应该在有见识的行为者的话语实践中寻找这种分类是如何产生和受到争议的。[49]

古代经济史研究的这一取向主要局限于希腊研究者[50]以及文学研究者。例如,西塔·冯·里登(Sitta von Reden)批评芬利"完全排除了关于他所分析的制度的含义和局限在意识形态中的'协商',这些制度包括奴隶制、土地所有制、公民权和信贷"[51]。在一定程度上,芬利可能会同情这一说法,尽管他可能会拒斥冯·里登从中所得出的含义。韦伯曾经坚持认为,"对于关乎行动之主观含义的科学,需要把握复杂的含义方能予以解释,而所解释的可理解的行动之实际进程,也正属于这复杂的含义"[52]。同样,芬利提出,"我所说的'古代经济',其合理性在于其共同的文化-心理结构"(第34页)。他将《古代经济》的较大篇幅用于论述希腊人和罗马人将"经济"想象成为地位关系的一个维度,而非单独的生活领域。然而新文化史家们更向前推进了许多。和韦伯一样,芬利总是根据社会分层、经由税收和租金及奴隶制而进行的剥削、农业技术和军事问题这些非话语的现实来解释经济话语。希腊经济话语是更大的社会情况的一部分。然而新文化史家在其分析中将话语本身移到显要位置,以至于经验中文化外的维度开始完全消失。

例如,在《民主雅典的大众与精英》(*Mass and Elite in Democratic Athens*)中,乔西亚·欧伯尔(Josiah Ober)在很大程度上追随芬利,确定关于雅典民主政治最重要的问题是,它如何在两个世纪里避免内部冲突,并且在没有精英统治集团的情况下它如何运作。然而,欧伯尔的回答却非常不同。他迅速跳过了芬利强调的帝国主义和奴隶制,转而专注于政治话语。他提出在公元前4世纪的雅典,"公共演说不仅体现了社会矛盾,它还是解决矛盾的首要工具"[53]。他从这一点上进行概括,提出在古代雅典,"话语是社会实践的一个方面,并且因此不仅反映信念,而且产生社会和政治现实"[54]。演说是"雅典普通人和精英不断沟通的最为重要的形式",并且"人民之所以统治,并不是因为他们的'主权',而是因为他们控制了雅典社会中象征世界的重要方面"。[55]

欧伯尔论述说,那些总体上富有的诉讼者在总体上贫穷的审判员面前炫耀他们的争斗,因而将自己暴露在许多危险之中。结果是,那些撰写这些文本的人并不仅仅扭曲现实,他们还依据情况建构不同的替代性现实。诉讼者试图将审判员引到共有的虚构之中,以便演说者能够和审判员建立认同纽带。他们并不仅仅鼓捣细节,而是像演员那样进入戏剧的角色。欧伯尔提出,"看戏的公民'学会了'悬置他们的不信……这种'训练'有助于审判员接受精英诉讼者对于自己的情形以及他们和雅典大众之关系的表述。演说者和听众合谋制造和接受关于社会地位的戏剧性虚构,是维持雅典社会平衡的一个重要因素"[56]。我们能够辨认雅典文化中信念和价值的冲突,但是认为我们能够看穿对现实的言辞建构,厘清经济"真正"如何运作,则是一个巨大错误。在更晚近的研究中,一些希腊史家和文学批评家(其间的分界迅速模糊起来)将这一观点推广到一般相信的哪怕是最具"经济"特征的范畴,例如钱币和粮食,把它们解释为关于含义的斗争中的因素,而希腊人正是通过这样的斗争创造他们的城邦的。[57]

结 论

在出版四分之一个世纪之后,《古代经济》仍然稳固地处于争论的中心。芬利决定性地表明,语文学的和经验主义的历史学无法把握古代的经济现象。学者们仍然在以这种方式从事大量出色的研究,但是总体而言这些研究更多是关于19世纪90年代的争论的,而非关于新的正统学说的。《古代经济》处于决定论、经济学方法和后现代文学性探讨的中途。社会化不足和过度社会化的批评者若要取得进展的话,都必须严肃对待芬利的著作。

韦伯相信,真正的社会学理解需要两类研究,一类偏向于形成抽象的理想类型,另一类则偏向于将模式和有关人们的实际行为和信念的证据相对照。[58]理想的是，同一学者会在不同时间进行这两类研究。其结果会是在概括性的结构和个体行动者的经验之间不断地来回补充，而这恰恰是芬利在《古代经济》中所做的。不可避免的是，新的研究意味着我们需要修正芬利的许多结论，诸如雅典钱庄业的规模，市场在罗马经济中的位置，以及古代世界的经济增长。然而在可以预见的将来，芬利对于希腊和罗马历史富于同情的见解仍然会处在我们讨论的中心。任何有据可依的对这些现象的讨论都不得不从芬利模式出发，它把平等的公民群体及其和大规模动产奴隶的相互关系置于中心位置。对于我们许多在20世纪70年代和80年代开始研究古代史的人来说，阅读《古代经济》是一个具有塑造性的经历。这一新版将同样的机会扩大到新一代的研究者。

伊恩·莫里斯
1998年9月于斯坦福大学

注释

1. 引自Michel Austin和Pierre Vidal-Naquet, *Economic and Social History of Ancient Greece*（修订版，伦敦，1977年），第5页。其第1章提供了这一学术史的最好简述。
2. 原初的论文收录在Moses Finley编 *The Bücher-Meyer Controversy*（纽约，1980年）中。罗斯托夫采夫所言引于S. C. Humphreys, *Anthropology and the Greeks*（伦敦，1978年），第42页。
3. Thomas Kuhn, *The Structure of Sccientific Revolutions*（第2版，芝加哥，1970年）。

4 本部分大量受惠于Brent Shaw和Richard Saller编Moses Finley, *Economy and Society in Ancient Greece*（伦敦，1981年）中的"Editors' Introduction"，第ix—xxvi页。

5 如同芬利在1947年12月11日致Fritz Heichelheim的信中所体现出来的。收入Brent Shaw, "The Early Development of M. I. Finley's Thought: The Heichelheim Dossier", *Athenaeum*, 第81期（1993年），第183—184页。

6 Karl Polanyi, *The Great Transfromation*（波士顿，1944年），第234页。S. C. Humphreys, *Anthropology and the Greeks*（上文注2），第31—75页对波兰尼的著作及其对古代史家的影响进行了具有洞见的讨论。

7 Karl Polanyi, "Aristotle Discovers the Economy", 载*Trade and Market in the Early Empires*, Karl Polanyi, Conrad Arensberg和Harry Pearson编（格兰科系列，1957年），第64—97页。

8 Karl Polanyi, *The Livelihood of Man*, Harry Pearson编（纽约，1977年），第43页。这部带有错误的书稿完成日期为1951年5月，系作者死后出版。芬利曾试图说服Pearson删除希腊部分的材料。见David Tandy和Walter Neale, "Karl Polanyi's Distinctive Approach to Social Analysis and the Case of Ancient Greece: Ideas, Criticisms, Consequences", 载*From Political Economy to Anthropology*: *Situating Economic Life in Past Societies*, David Tandy和Colin Duncan编（蒙特利尔，1994年），第25页注6。

9 Moses Finley, "Aristotle and Economic Analysis", *Past and Present*, 第47期（1970年），第3—25页，重印于*Studies in Ancient Society*, Finley编（伦敦，1974年）；亦见其*The Use and Abuse of History*（伦敦，1975年），第117页。

10 Polanyi, *Great Transformation*（上文注6），第45—46页；Finley, "*Emporos*, *naukleros*, *and kapelos*: Prolegomena to the Study of Athenian Trade", *Classical Philology*, 第30期（1935年），第320—336页。芬利于1951年完成了自己的博士学位论文，以*Studies in Land and Credit in Ancient Athens, 500—200 B.C.*为题出版（新泽西新布隆斯维克，1952年，纽约1979年重印版；新布隆斯维克1985年重印版）。重要论著的目录见于第304—308页。他后来对韦伯的评论，见"The Ancient City: From Fustel de Coulanges to Max Weber and Beyond", *Comparative Studies in Society and History*, 第19期（1977年），第305—327页，重印于Finley,

Economy and Society（上文注4），第3—23页；*Ancient History: Evidence and Models*（伦敦，1985年），第3、52、60—61、88—108页。在1984年2月的一次谈话中，他告诉我，他认为韦伯对他的思想影响最大，而且他计划在最后的几年里重读韦伯的所有重要著作。

11 对韦伯的最好论述仍然是H. H. Gerth和C. Wright Mills, "Introduction: The Man and His Works", 载其编*From Max Weber: Essays in Sociology*（纽约，1946年），第3—74页；Reinhard Bendix, *Max Weber: An Intellectual Portrait*（纽约，1960年），以及Guenther Roth, "Introduction", 载Max Weber, *Economy and Society*, Guenther Roth和Claus Wittich编（2卷本，纽约，1968年；伯克利，1978年重版；译自1922年德文原版，收集了韦伯早年的许多著述），第xxxiii—cx页。

12 Weber, *Economy and Society*（上文注11），第305—306页。

13 同上书，第933页。

14 同上书，第1354、1359页。

15 同上书，第927页。

16 同上书，第928页。

17 同上书，第937页。

18 Johannes Hasebroek, *Die imperialistische Gedanke im Altertum*（斯图加特，1926年）；*Trade and Politics in Ancient Greece*, L. M. Fraser和D. C. MacGregor英译（伦敦，1933年，译自1928年德文原版）。对Hasebroek的反驳见Paul Cartldge, "Trade and Politics' Revisited: Archaic Greece", 载*Trade in the Ancient Economy*, Peter Garnsey, Keith Hopkins和C. R. Whittaker编（剑桥，1983年），第2—5页。

19 Finley, *Studies in Land and Credit*（上文注10）；"Land, Debt, and the Man of Property in Classical Athens", *Political Science Quarterly* 第68期（1953年），第249—268页，重印于Finley, *Economy and Society*（上文注4），第62—76页。

20 Finley, *The World of Odysseus*（纽约，1954年；1979年修订版）。

21 Finley, "Was Greek Civilization Based on Slave Labour?" *Historia*, 第8期（1959年），第145—164页；"The Servile Statuses of Ancient Greece", *Revue internationale des droits de l'antiquité*, 第3辑第7期（1960年），第165—189页；"Between Slavery and Freedom", *Comparative Studies in Society and History*, 第6期（1964年），第233—249页；"La

servitude pour dettes", *Revue historique de droit français et étranger*, 第4辑第43期(1965年),第159—184页。这些论文重印于Finley, *Economy and Society*(上文注4),第97—166页。
22 Weber, *Economy and Society*(上文注11),第303—304、931页。
23 Finley, "Between Slavery and Freedom"(上文注21),第249页(*Economy and Society*,第132页)。
24 Shaw和Saller, "Editors' Introduction"(上文注4),第xviii页。
25 Finley, "Technical Innovation and Economic Progress in the Ancient World", *Economic History Review*,第2辑第8期(1965年),第29—45页(*Economy and Society*,第176—195页)。
26 Finley, "Was Greek Civilization Based on Slavery Labour?"(上文注21),第164页(*Economy and Society*,第115页)。
27 Finley, "Slavery", *International Encyclopedia of the Social Sciences*(纽约,1968年),14:307—313; *Ancient Slavery and Modern Ideology*(伦敦,1980年),第11—92页及下文第62—94页。
28 Finley, "Ancient City"(上文注10)。
29 Finley, *Ancient History*(上文注10),第67—87页。
30 例如Harry Pleket, "Economic History of the Ancient World and Epigraphy", *Akten des VI. Internationalen Kongresses für griechische und lateinische Epigraphik*(慕尼黑,1972年),第243—257页; Willem Jongman, *The Economy and Society of Pompeii*(阿姆斯特丹,1988年); Pierre Vidal-Naquet, "Économie et société dans la Grèce ancienne: l'oeuvre de Moses Finley", *Archives européenes de sociologie*,第6期(1965年),第111—148页;以及意大利刊物*Opus*第1卷(1982年)和第6—8卷(1987—1989年)对芬利著述的总体讨论。芬利在*Ancient Slavery and Modern Ideology*(上文注27)中对1960年在斯德哥尔摩举行的国际历史学大会的记叙提供了许多信息。
31 我特别要提到Peter Garnsey和Richard Saller, *The Roman Empire*(伦敦,1987年); Dominic Rathbone, *Economic Rationalism and Rural Society in Third-Century A.D. Egypt*(剑桥,1991年); C. R. Whittaker, *Land, City and Trade in the Roman Empire*(奥尔德肖特,1993年); Peter Garnsey, *Famine and Food Supply in the Graeco-Roman World*(剑桥,1988年)及其*Cities, Peasants and Food in Classical Antiquity*

（剑桥，1998年）。至于社会科学家的研究，见Orlando Patterson, *Slavery and Social Death*（马萨诸塞州剑桥，1982年）；Maurice Godelier, *The Mental and the Material*（伦敦，1986年，译自1984年的法文原版）。

32　Keith Hopkins, "Introduction", 载*Trade in the Ancient Economy*, Garnsey等编（上文注18），第xi页。

33　Lynn Hunt, "Introduction", 载*The New Cultural History*, Hunt编（伯克利，1989年），第7页。

34　尤其见Carol Dougherty和Leslie Kurke, "Introduction", 载*Cultural Poetics in Archaic Greece*, Dougherty和Kurke编（剑桥，1993年），第1—12页。

35　巴黎专题研讨会的论文集已发表于*Annales Histoire Sciences Sociales*第50卷（1955年），第947—989页。

36　Robert W. Fogel和Stanley Engerman, *Time on the Cross: The Economics of American Negro Slavery*（2卷本，波士顿，1974年）。Stanley Elkins的论文，载*Slavery: A Problem in American Institutional and Intellectual Life*（第3版，芝加哥，1976年），第267—302页，对美国奴隶制研究中从社会与经济问题向文化问题的转变进行了精彩的论述。

37　在本书第二版"进一步的思考"一章（第177—207页）中，芬利回应了直至1984年的批评。

38　Finley, *Ancient History*（上文注10），第5页。

39　最为人所知的例子是Martin Frederiksen, "Theory, Evidence and the Ancient Economy", *Journal of Roman Studies*, 第65期（1975年），第164—171页。

40　Weber, *Economy and Society*（上文注11），第21页。参见Finley, *Ancient History*（上文注10），第60—61页。

41　Richard Levins, *Evolution in Changing Environments*（普林斯顿，1968年），第7页。

42　Finley, *Ancient History*（上文注10），第61页。

43　见Edmund Burke, "The Economy of Athens in the Classical Period: Some Adjustments to the Primitivist Model", *Transactions of the American Philological Association*, 第123卷（1992年），第199—226页。

44　Mark Granovetter, "Economic Action and Social Structure: The Problem of Embeddedness", *American Journal of Sociology*, 第91期

(1985年),第481—510页。

45　在其论文集 *Economics and the Historian*, Rawski编(伯克利,1996年),第1—59页中,Thomas Rawski对此做了更为细致的解释。

46　Keith Hopkins, "Economic Growth and Towns in Classical Antiquity", 载 *Towns in Societies*, P. Abrams和E. A. Wrigley编(剑桥,1978年),第35—79页;"Taxes and Trade in the Roman Empire", *Journal of Roman Studies*, 第70期(1980年),第101—125页; "Models, Ships and Staples", 载 *Trade and Famine in Classical Antiquity*, P. Garnsey和C. R. Whittaker编, *Proceedings of the Cambridge Philological Society*, 增刊第8卷(剑桥,1983年),第84—109页。Hopkins在 *Trade in the Ancient Economy* 导言第xi—xii页对琼斯-芬利正统观点的敏锐概括几乎完全集中于他所说的"古代经济的细胞式自给自足",而不是芬利的实质论。David Mattingly, *Tripolitania*(牛津,1995年)。关于新的共识,见William Harris编, *The Inscribed Economy*, *Journal of Roman Archaeology*, 增刊第6卷(安娜堡,1993年); Nigel Morley, *Metropolis and Hinterland*(剑桥,1996年)。

47　Edward Cohen, *Athenian Economy and Society: A Banking Perspective*(普林斯顿,1992年)。

48　尤其是Paul Halstead, "Traditional and Ancient Rural Economies in Mediterranean Europe: Plus ça change?" *Journal of Hellenic Studies*, 第107期(1987年),第77—87页; Stephen Hodkinson, "Animal Husbandry in the Greek Polis", 载 *Pastoral Economies in Classical Antiquity*, C. R. Whittaker 主编, *Proceedings of the Cambridge Philological Society*, 增刊第14卷(剑桥,1988年),第35—74页; "Imperialist Democracy and Market-Oriented Pastoral Production in Classical Athens", *Anthropozoologica*, 第16期(1992年),第53—60页; John Cherry, Jack Davis和Eleni Mantzourani, *Landscape Archaeology as Long-Term History*(洛杉矶,1991年),第333—346页; Michael Jameson, Curtis Runnels和Tjeerd van Andel, *A Greek Countryside*(斯坦福,1994年),第383—394页; Victor Hanson, *The Other Greeks*(纽约,1995年)。

49　Roger Chartier, *Cultural History: Between Practices and Representations*(伊萨卡,1988年)是对现代法国史学中这种思想特别好的介绍。

50　然而,也有一些相对应的重要的罗马研究,例如Catherine Edwards, *The*

Politics of Immorality in Ancient Rome（剑桥，1993年）及其 Writing Rome（剑桥，1996年），以及Emily Gowers, The Loaded Table（牛津，1994年）。
51　Sitta von Reden, Exchange in Ancient Greece（伦敦，1995年），第5页。
52　Weber, Economy and Society（上文注11），第9页。
53　Josiah Ober, Mass and Elite in Democratic Athens（普林斯顿，1989年），第308页；Finley, Democracy Ancient and Modern（伦敦，1973年；伦敦1985年第2版）。
54　Josiah Ober, The Athenian Revolution（普林斯顿，1996年），第8页。
55　Ober, Mass and Elite（上文注53），第45、338页。
56　同上书，第153—154页。
57　Sitta von Reden, "Money, Law and Exchange: Coinage in the Greek Polis", Journal of Hellenic Studies, 第117卷（1997年），第154—176页；James Davidson, Courtesans and Fishcakes: The Consuming Passions of Classical Athens（纽约，1997年）; Leslie Kurke, Coins, Bodies, Games, and Gold: The Politics of Meaning in Archaic Greece（普林斯顿，即出）。
58　Weber, Economy and Society（上文注11），第20—21页。

前　言

　　本书的标题可谓准确。尽管它始终关注变化和多样性，而且也注明诸多年代，但它并不是一本人们会称为"经济史"的著作。我保留了1972年冬季我有幸在伯克利所做的萨瑟尔古典学系列讲座（Sather Classical Lectures）的形式与内容，增加了注释，并根据此后一年里进一步研究与思考的结果，做了大量修改与扩充。

　　自从我发表第一篇关于古代经济的论文以来，已有近四十年了。在这些年里，我得益于许多的学者，其中一些在注释里已经提到。在此我仅仅感谢对本书写作给予直接帮助的朋友与同事：迈克尔·克劳福德（Michael Crawford）、彼得·加恩西（Peter Garnsey），尤其是彼得·布伦特（Peter Brunt）阅读了全书的初稿并最为慷慨地给予了建议与批评；让·安德罗（Jean Andreau）、约翰·克鲁克（John Crook）、杰弗里·德·圣克卢瓦（Geoffrey de Ste. Croix）、理查德·邓肯-琼斯（Richard Duncan-Jones）、伊文·加兰（Yvon Garlan）、菲力浦·格里尔森（Philip Grierson）、凯斯·霍普金斯（Keith Hopkins）、利奥·里维特（Leo Rivet）、罗纳尔德·斯特劳德（Ronald Stroud）和查尔斯·威尔森（Charles Wilson）阅读了部分初稿，和我讨论了特定的问题，或者让我利用他们尚未发表的著述；雅克琳娜·加兰(Jacqueline Garlan)为我提供了俄文论文的翻译。我还要感谢我妻子一贯的耐心与帮助。

最后,我很高兴代表我本人和我妻子,感谢伯克利分校古典学系的老前辈W. K. 普里切特(W. K. Pritchett)、萨瑟尔委员会其他成员W. S. 安德森(W. S. Anderson)、T. G. 罗森迈耶尔(T. G. Rosenmeyer)、R. S. 斯特劳德(R. S. Stroud)和他们的夫人,以及其他院系和大学的同行如此优雅的款待。

M. I. 芬利
1973年1月20日于剑桥耶稣学院

第二版前言

在这一版中我重新撰写了篇幅很大的一章"进一步的思考",并且对原文及注释做了大约七十五处更正和改动。

从我完成第一版的撰写到现在过了十一年多一点。在这个相对较短的时间里,有关古代经济史的出版物的数量增长如此迅速,以至于几乎无法全部了解。我愿意认为本书起了部分推动作用。新的研究总体上更为先进,在方法论上和观念上也更为精妙。我力图考虑到更为重要的出版物,但是在引证和参考时仍然相当具有选择性。由于我的基本方法没有多少改变,我的选择也必定反映这一点,无论是在我明确反对的方面,还是在我认为应该对原先的表述进行更正或者调整的方面。

M. I. 芬利
1984年5月于剑桥达尔文学院

大事年表

公元前	约750年	希腊人在西部"殖民运动"的开始
	594年	雅典的梭伦担任执政官
	545—510年	雅典庇西斯特拉图的僭主统治
	509年	罗马共和国建立
	490—479年	希波战争
	431—404年	伯罗奔尼撒战争
	336—323年	亚历山大大帝在位
	304—283/282年	埃及托勒密一世在位
	264—241年	第一次布匿战争
	218—201年	第二次布匿(汉尼拔)战争
	约160年	加图:《论农业》
	133年	提比略·格拉古任保民官
	81—79年	苏拉独裁
	73—71年	斯巴达克斯起义
	58—51年	凯撒在高卢
	37年	瓦罗:《论农事》
	31年	亚克兴之战
公元	约60—65年	科卢美拉:《论农事》
	约61—112年	小普林尼在世

	部分罗马皇帝
14年	奥古斯都卒
14—37年	提比略在位
41—54年	克劳狄在位
54—68年	尼禄在位
69—79年	维斯巴芗在位

81—96年	图密善在位
98—117年	图拉真在位
117—138年	哈德良在位
138—161年	安东尼努斯·皮乌斯在位
161—180年	马可·奥列略在位
180—192年	康茂德在位
212—217年	卡拉卡拉在位
284—305年	戴克里先在位
306—337年	君士坦丁在位
360—363年	尤利安在位
408—450年	提奥多西二世在位
527—565年	查士丁尼在位

第1章　古代人及其经济

1742年，格拉斯哥大学哲学教授、亚当·斯密的导师弗朗西斯·哈切森（Francis Hutcheson）以拉丁文出版了《道德哲学简论》。五年后作者颇不情愿地出版了其英译版（*Short Introduction to Moral Philosophy*），因为他发现"无法阻止本书的翻译"。其第三卷标题为"经济学与政治学原理"（The Principles of Oeconomics and Politics），前三章分别论述婚姻与离婚、父母与子女的责任以及主人与奴隶，但除此以外完全讨论政治。倒是在题为"自然法诸要素"的第二卷中，我们读到关于财产、继承、契约、商品与钱币的价值以及战争法则的论述。这些显然不是属于"经济学"（oeconomics）的内容。

但哈切森既非粗心亦非有悖常情，他处于一个已有两千多年的传统的终点。"经济学"（economics）一词源于古希腊文，由 *oikos*（"家庭"）和词根 *neme*- 复合而成，后者的词源十分复杂，在此意为"规范、管理、组织"。雅典人色诺芬在公元前4世纪中期以前所写的《家政论》（*Oikonomikos*）是哈切森仍然代表的传统的模范著作。该书以苏格拉底对话的形式写成，是为地主所著的指南。其开头是关于美好生活以及财富合理使用的长篇介绍，接着的一部分讨论家长所必备的美德和领导才能及其奴隶的训练和管理，再接着更长的一部分讨论为人妻的美德以及对妻子的教导，最后也是最长的一部分讨论农学（但却是以平实希腊文写的农学，读者无须专业知识）。从根本上说，这是一部伦理学著作。当弗朗西斯·哈切森在其《道德哲学简论》的"经济"部分撰写有关婚姻、父母与子女、主人与奴隶的章节时，他无疑是熟知色诺芬的著作的。在其为"大学学生"所写的前言中，他解释说，如果仔细研究其著作，"它可以使青年更容易理解那些著名且令人钦佩的著作，无论是柏拉图、亚里士多德、色诺芬和西塞罗等古人的，还是格劳修斯、孔柏蓝（Cumberland）、普芬道夫（Puffendorf）、哈林顿（Harrington）等今人的"。然后他还加上了一个迷人的致歉，请读者原谅他没有"令人生厌而且毫无必要地费力"去全部注明"著名作家的确切出处……这是考虑到除了对那些手头有所引之书的人外，并无用处，并且他们也能够通过索引很容易地找出相应的出处"。

但并非总是能够找到相应的出处。例如，哈切森的婚姻与离婚观念就是基督教的（尽管是开明的和自然神论的，并未提及圣礼），和希腊罗马的观念十分不同，而且他不可能在古代文献中找到确切对应于他所定义的关键词语"经济学"（oeconomics），他的定义是"处理家庭中的权利和义务"[1]。无论是古希腊文还是拉丁文中都没有用以表达现代最通常的"家庭"意思的词语，比如我们可能说，"我会和我的家庭一起过圣诞"。拉丁文的"家庭"（*familia*）一词包含一系列含义，意指在 *paterfamilias* 即家长权威之下的所有人——包括自由人和非自由人，或指一个共同祖先的所有后代，或是个人所有的财产，抑或仅仅指个

第1章 古代人及其经济

人所有的奴仆（因此，皇帝的*familia*包括所有为帝室服务的私人奴隶和被释奴，但不包括皇帝的妻子、儿女）。至于古希腊文中的"家庭"（*oikos*），则特别强调财产的一面。希腊人从未觉得有必要使用一个像我们的"家庭"这样一个狭义的概念。家长（*paterfamilias*）不是血缘意义上的父亲，而是户（household）的权威所在，罗马法将其分成三个元素（在此我仅作大概陈述），一为家长对子女（包括收养的子女）和子女的子女以及奴隶的权力（*potestas*），二为对妻子以及儿媳的控制权（*manus*），三为对其财产的所有权（*dominium*）。[2]

这种三重分类正是对于农户的准确描述。家长管理和控制这一单位的人员和财产，并不区分经济行为抑或个人行为或社会行为。这种区分或许存在于抽象的知识分析中，但并不存在于实际生活中。同样的三重分类也是色诺芬撰写其《家政论》的基础，尽管他的意图远远超出农户的层次，而且直至18世纪（而且在许多区域甚至更晚）它都是欧洲社会的基础。

英文中没有用于表示"父权"（*patria potestas*）的词语，但德文中有，即*Hausegewalt*。不过德文中同样没有狭义的"家庭"一词，直至18世纪*Familie*（"家庭"）这个词才开始流行起来。[3]德文的"经济"（*Wirtschaft*）和英文的"经济"（economics）有着十分相似的历史，而且也有相应的文献，一位现代学者巧妙地把它称为"家政学"（*Hausvaterliteratur*）。[4]到1682年沃尔夫·赫尔姆·冯·霍亨伯格出版其《农事奇论或曰贵族式乡村和田园生活》（*Georgica curiosa oder Adeliges Land- und Feldleben*）时，其前言使用*oeconomia*一词，所涵盖的事物范

19

围比起色诺芬的著述更多样且更专门,但关于其主题即家庭(oikos或familia)的根本观念并没有变化。

无论是就其伦理或心理教诲而言,还是就其农学指导和与神明保持正确关系的规诫而言,这些著作都是实用的著述。然而,色诺芬的著述中没有任何一句话用于表述经济学原理,或是提供经济学分析,亦未讨论生产效率、"理性选择"以及庄稼的营销。[5] 罗马的农业指南手册(无疑也包括其效仿的业已散失的希腊文著作)的确偶尔讨论到营销和土壤条件等,但亦从未超出基本的常识性观察(要么就是错误百出或纯粹误导)。瓦罗(Varro)建议(《论农事》,I. 16.3)在靠近城市的农庄种植玫瑰和紫罗兰,但如果农庄远离城市市场,则不可如此,就是一个常识的例子。[6] 熊彼特正确地指出:"粮价便宜和丰收相关这种外行也有的知识显然是前科学时代的,因此要说古书中这样的说法包含了创见是荒谬的。"他继续论述道,一如在其他领域,在经济学中,"绝大部分关于基本事实的陈述只有通过其所承载的上层建筑才获得重要意义,而在缺乏这样的上层建筑时,则仅仅是常识"。[7] "家政学"从未承载一个上层建筑,因此就经济学分析或经济学理论的历史而言,它并无贡献。从弗朗西斯·哈切森的"经济学"概念出发是无法通向亚当·斯密二十四年之后出版的《国富论》的。[8]

从词义学而言,通往《国富论》的道路并非始于oikonomia一词的字面含义,而是始于其表示任何类型的组织和管理的引申含义。因此,在色诺芬之后的一代人中,德谟斯梯尼的政治对手嘲笑他"对城邦事务的'管理'(oikonomiai)毫无用处",两个世纪以后希腊历史学家波利比乌斯重复了这一比喻。[9]在这个词进入拉丁文之后,我们发现昆提良用它来表示一篇诗歌或修辞作品的组织和布局。[10]迟至1736年,弗朗索瓦·魁奈还能将其著述命名为《动物经济论》(*Essai physique sur l'économie animale*),这位魁奈在1758年出版的《经济表》(*Tableau économique*)应该和《国富论》一道被视为我们称之为"经济学"的现代学科的基石。

由于财政收入在国家事务中显得如此重要,偶尔oikonomia也用于表示公共财政收入的管理也就并不令人吃惊。古代希腊人试图进行相关的概括性陈述的唯一例子是伪亚里士多德的《家政论》(*Oikonomikos*)第二卷的开头部分。这五六段话值得注意之处不仅在于它乏味到无可救药的程度,还在于它在所有现存的古代文献中是孤立的。很显然,首先习惯于使用"政治经济学"概念的是法国人,而且直至大约1750年,即连他们也通常用它指代政治学而非经济学。到此时已出现了大量关于贸易、金钱、国民收入和经济政策的著述,而到18世纪后半期"政治经济学"最终获得了其令人熟知的特定含义,即国民财富。更简短的词语"经济学"则是19世纪后期的发明,直至1890年阿尔弗雷德·马歇尔(Alfred Marshall)出版其《经济学原理》(*Principles of Economics*)第一卷之后,它才在这一领域为人所重视。

马歇尔的书名无法翻译成古希腊文或者拉丁文,其所使用的基本概念如劳动力、生产、资本、投资、收益、流通、需求、企业家以及功用也无法转译,至少无法以经济学分析所需要的抽象形式翻译成古希腊文和拉丁文。[11]我之所以强调这一点,并不是想说古代人像莫里哀笔下的茹尔丹一样,出口成诵而不自知,而是想说事实上他们缺乏"经济"的概念,而且更不容置疑的是,他们缺乏共同组成我们所说的"经济"的概念要素。当然,他们也种地,从事贸易,从事制造业,采矿,征税,铸币,存贷钱款,也牟利或者破产,而且他们也在其谈话和著述中讨论这些活动。然而,他们没有做的是在观念上将这些特定的活动结合成一个整体,用帕森斯的话说,形成"一个区分开来的社会亚体系"[12]。因此亚里士多德在确定知识的分类时,没有撰写一部"经济学"。也因此,对于古代"经济学"著述之贫乏和平庸的不断抱怨是因为在根本上误解了这些著述的内容。[13]

于是有必要追问,这是否仅仅是偶然的,是一个知识上的漏洞,是狭义思想史的一个问题,抑或这是古代社会结构造成的结果。让我用两个具体的事例复述这个问题。大卫·休谟对古代作家的阅读广泛而细致,他做过一个重要的(而且在绝大多数时候受到忽视的)观察:"我不记得任何古代作家在任何地方将一个城市的增长归因于一个制造业的建立。据说那时商业繁荣,但它主要是适宜不同土壤和气候的产品的交换。"[14]更晚近的时候,一位名为埃德加·萨林(Edgar Salin)的经济史家把现代的周期性危机和古代的危机加以对比,他把前者称之为"一个理性过程的理性扰乱"(我并不赞同其使用的语言),而总是把后者归因于自然灾难、神明的愤怒或是政治混乱。[15]这仅仅是分析上的区分(或者是分析上的失败),还是他所探讨的社会现实有着根本性的不同呢?

现代经济学家对于如何确切定义他们的领域看法不一,但是我相信除了细微的差别以外,很少人会不同意下面借自埃里克·罗尔(Eric Roll)的说法:"因此,如果我们把经济体系看成是一个相互依赖之多个市场的巨大复合体,那么,经济探究的中心问题就是解释交换过程,或者更具体地说,是解释价格的形成。"[16](当然,这里使用的"市场"一词是抽象的,我禁不住要指出在这个意义上,它无法翻译成古希腊文或拉丁文。)但如果一个社会之组织并非通过"一个相互依赖之多个市场的巨大复合体"来满足其物质需要呢?那么就不能发现或者系统表达经济行为的规律(或者说"统计数据的一致性"),而如果没有这些规律,就不太可能发展出"经济"的概念,而经济学分析也是不可能的。

在1772年出版的《政治经济学断想》(*Meditazioni sull' economia politica*)的前言中,皮埃特罗·维里(Pietro Verri)写道:"在我看来,政治经济学发展成为一门科学的时刻到来了,此前只是缺乏那种方法和那种定理的关联,以便给予它一门科学的形式。"[17]作为一个初步的假设,我认为在古代世界这样一个时刻从未到来,因为古代社会并没有形成一个相互依赖之多个市场的巨大复合体这样的经济体系。我举例用来说明问题的休谟和萨林的言论,是对于制度行为的观察,而非对于思想缺失的观察。在古代世界没有商业周期;甚至在我们看来,也没有哪个城市的增长可以归因于一个制造业的建立;借用托马斯·孟(Thomas Mun)的名作的书名来说,也没有"得自对外贸易的财富",该书为1620—1624年的萧条所激发,其副标题为"我们对外贸易的差额就是我们财富的尺度",而这一著作则属于经济学分析的早期史前史。[18]

或许有人反对说,我武断地把"经济学"局限在对于资本主义体系的分析,而非资本主义或者前资本主义社会也有其经济体系,有其规则与规律性,甚至具有一定程度的可预测性,不管那些社会是否形成关于这些经济体系的观念。对此我予以接受——但不能说是"武断",而且我显然也接受,我们有权利研究这样的经济体系,对古代社会提出古代人自己从未想到过的问题。如果我的导言写得如此冗长,或许过度注重词意,那是因为有一个根本的方法问题。我们所有人——包括外行在内——都熟悉的经济学语言和概念,那些"原理"会使我们误入歧途,无论是阿尔弗雷德的还是保罗·萨缪尔森的。例如在希腊罗马世界,一地的工钱水平和利率在很长时期内都比较稳定(当然激烈的政治冲突和军事征服会导致突然的大幅波动),因此使用"劳动力市场"或者"资金市场"立时就歪曲了当时的情形。[19]出于同样的原因,任何现代的投资模式都不能运用来解释统治古代世界的人们的偏好。

利率保持稳定的例子包括海事贷款,它是最早类型的保险,至少可以追溯到公元前5世纪后期。围绕着这种形式的保险出现了大量的法律原则,但却没有保险计算概念的踪迹,这可以被看成是缺乏统计数据的合理象征,因此也反映了我们试图量化古代经济数据所面临的困难,这是历史学家经常发牢骚的主题。即连古代作家给我们提供的少量数据也可想而知是可疑的:它们要么可能仅仅是猜测,要么可能是例外,所以受到特别提及,而我们并不总是能够加以区分。古典雅典保留下来的关于单块地产的数字仅有五个,分散在长达约一个世纪的时间里,而且其中至少一个数字还得依赖于对文献描绘的这块地产的外形轮廓进行艰难的解释。要根据这仅有的五个数字来分析古典雅典的土地所有情况是令人沮丧的。我们对罗马土地所有情况缺乏准确了解同样令人沮丧。[20]

又或者当修昔底德(《伯罗奔尼撒战争史》,7.27.5)告诉我们在伯罗奔尼撒战争的最后十年里,有两万多个奴隶逃离了阿提卡时,我们事实上了解了什么呢?难道修昔底德在阿提卡和贝奥提亚的边界线上布下了监测网,在十年时间里记录偷越边界的奴隶数量?考虑到现代研究论著非常认真地反复引用他的数字,将它用于计算与结论的基础,这个问题并不是毫无意义的。修昔底德记载的语境表明,他认为这一损失对雅典是沉重的打击。如果是一个现代历史学家,他肯定会接着说明20 000名奴隶在奴隶总人数中的比例是多少。但修昔底德并没有这么做,因为他并不知道总数,而且其他雅典人也不知道。以此而言,20 000这个数字仅仅是个猜测。我们只能希望这是个合理的猜测。我怀疑,我们对斯巴达克斯起义的奴隶数量甚至都不能抱有这样的希望。据说在公元前72年,有12万武装奴隶在他的率领下进军罗马。[21]

但仅仅发牢骚并不够好。即使是在现代经济史中,佛格尔也就计量经济史即"新经济史"提纲挈领地指出:"通常而言,可用的数据总量经常达不到标准统计数据分析所必需的最低限度。在这种情况下,成功的关键性决定因素就是研究者发明特别有效利用数据之方法的能力,即能够找到使人以可用的有限数据解决问题的方法。"[22]对于我们而言,数据的局限是非常大的,以至于任何古代史家都不能模仿佛格尔的研究。后者从铁路并未出现、运河网络增加这一和事实相反的假设出发,研究了19世纪铁路的经济意义。然而我们将要看到,有时我们的确能找到方法，以此把初看起来无可救药的古代数据组织起来。

我们也将看到这样做的危险性。古代史家并未免于当前对于数字的盲目崇拜。他们开始在资料并不确凿的情况下，宣称存在量化证据，或者是错误理解可能从数字中合理地得出的含义。模式、行为方式处于任何像本研究这样的历史研究的核心。怀特海说道："除了先期假设的模式之外，数量什么也不能确定。"[23] 统计数据有助于揭示并说明模式，但有些方面也是不能用量化说明的。[24]

还有另一个危险。在我们成功梳理出一组好的数据后，我们会把这样的知识加于古代人身上，把它看成是他们做出选择和决策的重要成分。"毕竟一个社会并不存在于一个统计数据的世界之中。"[25] 甚至当今社会亦非如此，更不用说古代社会了。因此说到底，我们的问题不在于发明新的、复杂的方法。考虑到可用的材料的局限，我们的方法必须是简明的。我们的问题更多地在于提出正确的问题。而且我要补充说，我们的问题在于抛弃发掘出一两个例子、仿佛就能构成证明这种趣闻逸事式的方法。

至于古代人，其缺乏统计数据就像其缺乏经济分析一样，不能纯粹从思想的层面进行解释。一个社会如果能产生像佩尔格的阿波罗尼奥斯（Apollonius of Perge）论圆锥曲线这样的著述，就有足够的数学知识用于17世纪英国人和荷兰人所说的"政治算术"和我们所说的"统计学"。后者为查尔斯·达弗南特爵士（Sir Charles Davenant）所界定，他在1689年出版的《公共财政收入论》（*Discourse on the Public Revenues*）中，将其定义为"以和政府管理相关的数字说理的艺术"[26]。古代世界并非完全缺乏和政府管理相关的数字。当修昔底德（2.13.3—8）告诉我们伯罗奔尼撒战争爆发时雅典所拥有的重装步兵、骑兵和舰船数量以及储备金数额时，他并非是在猜测。至少所有古代国家保留有其军队的人员名册，而且有些国家——主要是专制国家——还核查人口以征税，并且为了公共（或者王室）财政收入而登记其他信息。[27]然而，以数字说理并非仅仅是清点和记录，在此存在着一个巨大的分别。以数字说理意味着关系和趋势的概念，而如果没有这样的概念，所清点的类别就受到很大局限。同样重要的是，通常数据记录一旦用过之后，就少有被继续保留下来的。因此，除了例外，无论是在公共领域还是在私人领域，古代世界都没有保留下来以时间推移为序列的系列数据。而如果没有这样的系列数据，就不可能以数字说理，不可能有统计学。修昔底德并不能（或者至少没有）提供连续估算伯罗奔尼撒战争过程中人力规模所必需的数据。

在此我所说的并非什么特别新的东西。早在1831年，理查德·琼斯（Richard Jones）质疑说，李嘉图（Ricardo）的租金理论基于一个前提假设，即琼斯所说的"农民的地租"是普遍的租金形式，而历史研究证明这一前提假设是错误的。[28]晚近以来，马克斯·韦伯及其在古代史家中的最重要弟子约翰内斯·哈泽布鲁克有力地论证，以市场为中心的分析不能运用于古代世界；在我们今天，卡尔·波兰尼也有力地论述了这一点，[29]但都没有太大作用。[30]目前研究古代希腊经济的标准英文著作的索引既没有收录"户"（household），也没有收录"家庭"（*oikos*）。[31]约翰·希克斯爵士（Sir John Hicks）提出了一个城邦是"商业经济的第一个阶段"的模式,想当然地认为,"首先,除非利润相当可观,(以油易粮)的贸易不可能开始(着重号为笔者所加)"³²。一位古典学家告诉我们,公元前6世纪,在庇西斯特拉图家族僭主统治下的雅典,"投资于农业发展的政府资本"与"贸易投资资本"相互竞争。³³他们的假设或明述或暗含,但都成为"社会的一个化学原理",它宣称"所有的社会形式都可以客观地分析为数量有限的不变因素"。³⁴如果这一假设证明对古代世界而言是站不住脚的,那么所有由此出发对于经济行为及其指导价值观的分析也都是错误的。因此我认为,我们必须寻求适用于古代经济、但不适用于(或者不一定适用于)我们社会的不同观念和不同模式。

然而,首先我得说明我所说的"古代"的含义。如果是在19世纪,我就无须费力了。彼时源于文艺复兴,将欧洲历史划分为古代、中世纪和现代的观念是为人们普遍接受的说法。而在20世纪,这样的说法受到各种各样的挑战和反对——有认识论上的,也有心理上的和政治上的。然而归根到底,在适当考虑到所有的问题和例外、在认可"历史分期的概念更多地依靠约定而非依靠从普遍接受的证据中获得的推断"³⁵、在赞成抛弃隐含在"黑暗时代"这类词语中的价值判断、在承认中国和印度也具有不可忽视的历史之后,仍然可以说,首先,欧洲文明有其独特的历史,把它作为一个独立的学科加以研究是合理的;³⁶其次,即使对于欧洲历史的大概略有了解,也能清楚明白地感觉到传统上划分的不同时期在性质上的不同(无论在那些时期内还有什么样的不同);³⁷再次,历史和史前史应该属于不同的学科,新石器时代的居民点应该和人类学家研究的当代没有文字的社会一样,属

第1章 古代人及其经济

于另外一个"时期"。

但现在,在获得了大量新的知识之后,仍然把古代近东重要的、开创性的诸文明如苏美尔文明、巴比伦文明和亚述文明、赫梯文明、迦南文明、希伯来文明和腓尼基文明、埃及文明以及波斯文明都排除在"古代史"之外,难道是合理的吗?说这些文明存在于我们现在所说的欧洲之外的亚洲和非洲大陆,或者它们绝大部分所使用的语言不属于印欧语系(事实上赫梯语和波斯语属于印欧语系)并不是合理的理由。但另一方面,强调希腊罗马世界和近东之间的相互借鉴和经济与文化联系并不是把它们包括进来的理由。就像威基伍德青花瓷的出现,并不意味着需要把中国包括进来,作为分析英国工业革命的内在部分。重要的是此两个文明(或者文化复合体)在每一点上都出现根本性不同,包括其社会结构、权力结构(无论是内部还是外部的)、权力结构与宗教之关系、是否存在作为关键人物的书吏。只要指出古希腊语和拉丁语中的"自由"(分别为 *eleutheria* 和 *libertas*)都无法翻译成古代近东的任何语言——包括希伯来语,也无法翻译成远东的任何语言,差不多就足够了。[38]

近东诸经济体为大型宫殿和神庙复合体所主宰,它们拥有大部分可耕地,实际上垄断了任何可称为"工业生产"的东西以及对外贸易(包括城市之间的贸易,并不仅仅是和外国的贸易),并完全通过一个复杂的、官僚的、保留档案的管理方式组织经济、军事、政治与宗教生活,我能想到的描述这种方式的最好词语是广义的"配给"。在亚历山大大帝征服及以后罗马征服兼并大片近东领土以前,所有这些都和希腊罗马世界无关。对那以后的近东式社会我们应该详加分析，但除此以外，假若我把"古代"界定为包括这两个世界的话，讨论任何专题时就都不得不提到互不关联的部分，并使用不同概念和模式。因此排除近东不是武断的，尽管坦白地说，除了传统和习惯用法以外，仍然将"古代"这一术语专用于希腊罗马世界并不易辩护。

我不想过于简单化。在近东存在私有土地，由私人耕作，在城镇中也有独立的手工业者和小商贩。现有的史料不允许我们进行量化，但我相信不可能把这些人提升为经济的主导模式，而希腊罗马世界从根本上说正是一个私有制的世界——无论是拥有几英亩地还是像罗马元老和皇帝那样拥有巨大领地，一个私人进行贸易、私人从事生产的世界。这两个世界都有处于次要地位的、不典型的、边缘的人群，诸如对美索不达米亚和埃及定居于河谷的居民形成长期威胁的游牧群体，也许还包括叙利亚沿海的腓尼基诸城市，无疑也包括希腊的斯巴达人。而且，弗里吉亚人（Phrygians）、米底人（Medes）和波斯人亦非巴比伦人和埃及人，而罗马帝国政府在一些方面变得和埃及托勒密王朝以及之前的法老那样专制，不过并非在所有方面。我们必须集中于主导的类型，典型的行为模式。³⁹

当然希腊罗马世界是个抽象的概念，并不易于在时空上予以确定。非常大约地说，我们讨论的是公元前1000年至公元500年之间的时期。① 在一开始，这个"世界"局限在巴尔干半岛的一

---

① 若以重要事件来衡量，无论是公元前1000年还是公元500年都没有意义。公元前1000年标志着希腊"黑暗时期"的开端，我认为荷马史诗反映了这个时期的情况。

个小角落以及爱琴海东岸的少数小据点。它逐渐地、断断续续地向四周扩张,直至公元117年图拉真皇帝死去的时刻,罗马帝国扩展到从大西洋到高加索山边缘绵延3000英里的广大地方。它北起不列颠和莱茵河一线,南至撒哈拉沙漠边缘到波斯湾的一线,不算不列颠在内,其南北相距大约1750英里。在那个时刻,帝国的面积也许达到175万平方英里,约相当于今美国领土面积的一半。

这是个令人惊叹的数字,但要充分理解人类活动的规模,我们尚需进行更为仔细的分析。吉本敏锐地指出,在罗马帝国的鼎盛时期,其军队不比路易十四的军队规模更大,而"后者的王国仅限于罗马帝国的一个行省"[40]。但军队并不必定反映总人口的规模。吉本本人在一个注释中解释说,必须"记住法国仍然为那种非同寻常的努力所累"。不过我们从中明白了一件事,即无论付出多少代价,罗马帝国也无法做出能与之相比的努力。对于希腊罗马世界人口的高峰,我们最好的估计是,在公元1世纪初,其人口达到5000万—6000万,大约相当于今天英国或者意大利的人口,或者说加利福尼亚州人口的三倍。[41]这些人口分布并不均匀,不仅区域之间如此,城乡之间亦是如此。而且在城市人口中,一方面有五到六个行政中心人口庞大,例如罗马、亚历山大里亚和迦太基;另一方面是为数不少、主要集中于东部地区的10万人级城市以及成百上千的小镇——我们用"城市"这个令人自豪的标签为它们增光。在此前的时代,著名而强大的斯巴达的成年男性人口从未超过9000人,而且其历史的大部分时期连这个人口都达不到,记住这点是有益的。

人口分布的一个方面需要进一步审视。在其历史的大部分时期,希腊罗马世界为地中海——罗马人称之为"我们的大海"(mare nostrum)——所维系在一起,这已是常识了。几乎所有大城市距离海岸都不过几英里之遥,包括雅典、叙拉古、库列涅(Cyrene)、罗马、亚历山大里亚、安条克(Antioch)和君士坦丁堡。在很长的时期内,位于这一狭长地带以外的一切都是边缘的,那里的土地仅用于获取皮革、粮食、金属和奴隶,用于掠夺,用于驻守,但只能为蛮族人居住,而不能为希腊人和罗马人居住。"我们居于地球的一小部分,"柏拉图写道,"东起法希斯(Phasis,位于黑海东岸),西至赫拉克利斯的天柱(直布罗陀海峡),像蚂蚁和青蛙围绕一个池塘那样,生活在大海的周围。"(《斐多》,109B)

地中海地区形成了一个单一的"气候区",[42]其特征为冬季多雨,夏季长时间干旱,土质疏松,大部分实行旱作,这与古代近东经济在很大程度上依赖于灌溉农业的情况相反。这个地区相对易于居住,室外活动较多;土壤最好的沿海平原和大片内陆高原生产大量必需的谷物和牧草,蔬菜和水果,尤其是葡萄和橄榄,也有适于放养小型动物如绵羊、猪和山羊的牧场,但总体上不适于放养牛群。橄榄无处不有,作为食用油、最好的肥皂和照明用燃料的主要来源,它是了解地中海地区生活方式的基本线索。即使在干旱的夏季,橄榄树也生长茂盛;但尽管无须密集的劳动力,它却需要精心维护和很长的生长周期,因为要生长10—12年后才结出果实。因此它是定居生活的象征——以寿命长久而闻名,而地中海地区并不适宜于游牧民族生存。

第1章 古代人及其经济

另一方面，无论是橄榄种植还是旱地农作一般都不需要使得尼罗河、底格里斯河和幼发拉底河、印度河和黄河这些大河流域文明成为可能的复杂社会组织。灌溉农业更有生产力，更为可靠，也更有利于形成密集的人口。罗马帝国境内主要的灌溉农业中心埃及的人口除亚历山大里亚以外，在公元1世纪达到750万，并非偶然。[43]这个数字也是我们拥有的少数可能准确反映古代人口数量的数据之一。作为其负面效应，一旦中央权力组织崩溃，大河流域就几乎变成了沙漠一般；而古代旱地农作地区则能够迅速从自然灾害和人为破坏中恢复过来。

当然，在希腊、意大利中部和北部、土耳其中部也有居住区域远离大海，其产品不易运出。但是我对于地中海轴心地区的分析适用于我们所讨论的一千五百年中的前八百年，然后出现了一个重要变化，即希腊罗马世界向内陆，尤其是向北拓展，其规模大到我们必须予以考虑。最终法兰西、比利时、不列颠以及直至多瑙河盆地的中欧地区都被兼并进来，其后果也许还没有受到足够的重视。我们必须考虑的有两个简单事实：其一，这些北方行省处于地中海气候区之外，并且其土壤一般更为黏重；其二，除了那些靠近可通航的河流（在小亚细亚、希腊、意大利大部并不存在，在非洲也只有尼罗河）的地区之外，它们为昂贵的陆上运输成本所阻碍，不能完全分享地中海交通所带来的便利。[44]不仅像罗讷河、索恩河、莱茵河、多瑙河和波河这样的大河干道交通繁忙，许多支流亦是如此，尤其是在高卢。

因此到此为止，我在讨论地中海轴心和地中海气候区时，没有重视这个区域内的多样化程度。现在我必须对此进行说明，但仍然只是初步的。我所说的并非指不言自明的土壤肥力、庄稼作物、是否有重要矿产资源等方面的多样性,而是指社会结构、土地所有制以及劳动力体系方面的多样性。罗马人所置于一个单一帝国体系之下的世界,其历史并非单一的连续不断的历史,而是由大量不同的历史组成的,对此罗马人既不能,也无意抹杀和改变。罗马自身的特殊地位以及意大利的特殊地位——它免于土地税——是个明显的例子。埃及和其他东部行省是又一个例子,它们沿袭了其农民制度,其间没有像意大利和西西里那样奴隶劳动的庄园。我认为无须进一步列举。安德烈·德莱亚热(André Déléage)在其关于戴克里先在全帝国范围内推行的全新税收制度的基础性研究中,已经概括了这样的情况。德莱亚热写道,这一制度"非常复杂",因为它"在帝国的不同部分采取了不同形式",[45]其原因不在皇帝的任性,而在于,如果要行之有效,要能够获得帝国所需要的财政收入,这一税收制度就不得不承认由历史造成的基本土地制度的深刻不同。

那么,使用"古代经济"这个说法是否合理呢?难道不应该像我排除近东的古老社会那样,通过进一步排除而将它分解吗?最近,沃尔班克(Walbank)追随罗斯托夫采夫的观点,称公元1世纪的罗马帝国为"一个单一的经济体",它"为各种各样农产品以及制造品的密集交换——包括四种基本的贸易物即谷物、酒、油和奴隶——所联系在一起"。[46]他进一步说明道,高卢的各行业"在世界市场上迅速成为重要的挑战者",而且"埃及的金属制品畅销各地,甚至在俄罗斯南部和印度都有发现"。[47]同样,罗斯托夫采夫也说"制造物品——日用品而非奢侈品——的交换非常活跃"[48]。

但所有这些都过于含糊，需要更为精细的分析，对这样的一般性概述进行量化，并建构模式。惠勒（Wheeler）讲到过一个提醒我们需要谨慎的故事：在瑞典哥特兰岛上发现了39块赤陶（*terra sigillata*）碎片，分散在大约400平方米的范围之内，但最后发现它们是一个陶碗的碎片。[49] 约公元400年，库列涅（在今利比亚）富有的主教叙内修斯（Synesius）从亚历山大里亚致信其兄弟（《书信集》，52），要他从一个雅典人那里代为购买三个轻便的夏季斗篷，因为叙内修斯听说这个雅典人到了库列涅。他接着说：去年你正是从这个雅典人手上为我代买了几双鞋子，请尽快去买，免得最好的商品都卖光了。这是两个在"世界市场""畅销"的例子。[50] 我引述它们，用意并非在于讽刺，也不是想说古代贸易规模都是如此之小，而是想用具体的事例表明，我们需要对诸如"密集交换"、"非常活跃"、"都有发现"等这些易于误导的含糊表述进行更为具体的说明，更加明确的限定，如果可能的话，进行量化。帝国的都城罗马依赖于从西西里、西班牙、北非和埃及进口的粮食，但在362—363年的饥荒期间，安条克却需要尤利安皇帝的强行干预，从叙利亚北部的两个内陆地区运来粮食：一个在50英里之外，一个则在100英里之外。[51]

如果"世界市场"、"一个单一的经济体"这样的概念要有意义，就必须包含比某些商品的远距离交换多得多的东西；不然中国、印度尼西亚、马来亚半岛和印度也可以属于同一经济体和世界市场。我们必须说明在广大的区域范围，即埃里克·罗尔所说的"相互依赖之多个市场的巨大复合体"中，这经济体的主导性部门——例如在粮食和金属的价格方面——存在相互紧扣的行为与回应关系,但我们无法说明,或者至少没有人进行过说明。[52]一位著名的经济地理学家曾经指出:"在农业社会中,无论是地方性贸易还是远距离贸易都没有扰乱一家一户的生计基础。而另一方面,现代处于中心位置的统治集团的作用则基于劳动力极度的细致分工以及家庭缺乏必需品的自给自足。"[53]但在古代世界这两个基础都不充分存在。

至此我的观点已经十分明了,即我反对使用我前面简短批评的观念和方法。学者们经常引证的少数孤立的模式、意大利北部城市阿雷佐在赤陶生产上短暂垄断的结束、大规模战争和奴隶价格的大体关联性都不能支撑建于它们基础之上的大厦。我所说的"古代经济",其合理性在于另外的方面:在于在其最后的几个世纪里,古代世界是一个单一的政治统一体这个事实,在于其共同的文化-心理结构。至于后者与对其经济的阐述如何相关,我希望在随后的章节中加以证明。

第2章　等级与地位

任何大量阅读古代作家的人最终都会对一个事实感到惊奇，即在一个总体上缺乏统计数据的文化中，却令人奇怪地大量存在着个人财富规模，或至少个人金钱交易的准确数字，人们愿意宣布而且公开宣布这些数字。在《奥德修记》（14.98—104）中，当猪倌尤迈乌斯（Eumaeus）对"陌生人"谈到其离家在外的主人时，他说："20个人加起来也没有如此多的财富。让我告诉你具体数目：他在大陆上有12群牛，以及同样数目的羊群，还有同样多群的猪。"如此等等。在此他没有任何讽刺的痕迹，全然不像萧伯纳笔下的布伦奇里。在《武器与人》的结尾，这位瑞士旅馆经营者宣布："我有9600对床单和毯子，外加2400床鸭绒被。我有10 000副刀叉，还有同样多的调羹……而且我还有三种母语。有哪个保加利亚人能和我相比呢！"尤迈乌斯则全然是以就事论事的方式证明奥德修斯的伟大，正如奥古斯都皇帝本人所撰、准备在死后公布的关于自己统治的记述中所记：我支付了8.6亿塞斯特斯（sesterces）[①]，以购买土地分给退伍老兵；我一共支出了24亿塞斯特斯现金，分别给国库，罗马城的平民和遭

[①] 塞斯特斯为古罗马的钱币单位。——译者

遣散的士兵；还有更多的支出。[1]

古代世界对财富的态度从根本上说是没有争议且并不复杂的。财富是必要的，而且是美好的。它是美好生活所必需的。总体而言这就是全部的态度。奥德修斯告诉菲阿基亚人（Phaeacians）的国王阿尔基努斯（Alcinous），如果必要的话，他愿意等待一年，而不是一晚，以获得允诺给他的许多礼物，因为"如果回到家乡时满载而归，会更为有利，这样我会更为人所尊敬和热爱"（《奥德修记》，11.358—60）。从此时一直到古代世界的结束，人们对财富的态度都是一致的。我只需援引《萨梯利孔》（Satyricon）中的被释奴"英雄"特里马尔乔（Trimalchiao）所说就足以说明这一点了。他对宾客们说道："如果你们不喜欢这种葡萄酒，我就换别的。完全看你们的喜好而定。好在不是我买来的。事实上，今晚你们所喝的葡萄酒全都产自我的一个庄园。我本人还没去过那里，据说它比邻我在特拉基那（Terracina）和塔伦图姆（Tarentum）的两处庄园。现在我想要做的是把西西里归入我的那点土地名下，以便我去非洲时，不用离开我的土地就能从那里起航。"[2]

《萨梯利孔》为尼禄的一位执政官级别的廷臣所撰，这部作品的价值观、态度和含义并不易于评判。它是一部嘲讽和讥笑的作品，但并非什么《爱丽丝梦游仙境》（Alice in Wonderland）。特里马尔乔也许不是一个完全典型的古代人物，但也非完全不典型。[3]在我刚刚引用的那段话中，也许除了所使用的字眼儿"那点土地"（agellae）带有虚假的谦逊之外，其讽刺意味在于归谬法（reductio ad absurdum），即将人们所接受的价值观推向不合理的极端。在两个方面,特里马尔乔所表达的完全是良好的信条,只不过过于夸张而已:他公开为自己的财富感到高兴,并且加以炫耀;而且他同样为自己的自给自足感到高兴,为自己拥有能够生产他所需之一切的庄园感到高兴,无论其需求是多么广泛,欲望是多么膨胀。

当然也有例外。苏格拉底走得如此之远,以至于提出,在他自己的生活方式中,财富既不必要,甚至也不必定有益于达到善的生活。柏拉图则走得更远,至少在《理想国》中是如此。他在其中禁止哲学家兼统治者拥有任何财产(以及拥有人们通常接受的其他物品)。犬儒派哲学家第欧根尼(Diogenes)的大弟子、忒拜的克拉特斯(Crates)是个富人,他自愿放弃了自己的财产,就像罗马帝国后期"圣徒传"里的主角们一样。

人们编纂了理想化简朴生活——哲学式或者田园式生活——的文集,甚至理想化贫穷生活的文集。[4]但对这类文献应加以区别对待。阿普莱尤斯(Apuleius)在公元2世纪中叶说:"贫穷一直是哲学的侍女……审视一下那些有关其记忆得以保留下来的最大流氓恶棍,你会发现他们之中没有穷人……要言之,亘古以来贫穷乃国家之缔造者,文艺之创造者。"(《申辩》,18.2—6)如果不考虑其语境,这段话的意思似乎足够直截了当。然而,其语境并非毫不相关。阿普莱尤斯是罗马在非洲的殖民地马道鲁斯(Madaurus)一位高级官员之子,在海外生活多年,主要从事哲学和修辞术学习。在回到北非之后,他娶了一位比自己年长的富有女性为妻,此人是一位寡居了十四年的妇女。其子控告他以魔法相勾引而得以成婚。具体的控告罪状包括宣称阿普莱尤斯是个为发财而骗婚的穷光蛋。他在我所引的辩护中予以了回应,带着抗辩者常有的前后不一。首先,他争辩说,贫穷有何过错?其次,他继续说道,他事实上是个相当富有的人,他(和他兄长一道)从父亲那里继承了将近200万塞斯特斯,尽管他的旅行和慷慨大方花费了些钱,但绝大部分仍然留了下来。

在另一个场合,则有史家修昔底德归于伯里克利的著名演说:"贫穷亦非障碍,无论一个人多么默默无闻,他都可以有益于自己的城邦。"(《伯罗奔尼撒战争史》,2.37.1)此话同样非常直截了当,但此处伯里克利赞扬的恰恰是雅典例外的特征。古典时期并没有多少希腊城邦允许处于默默无闻状况的穷人在政治生活中起到主动的建设性作用,在古代世界的任何其他时期,连一个这样的国家都没有。即便是在雅典,也几乎不可能看到不太富有的人居于领袖位置,更不用说真正的穷人了。

不过我并不希望否定存在例外的情形。总是存在例外,也许更为重要的是,我前面提到的美化简朴生活的文集并不多。我们关注的应该是占主导地位的意识形态。一个人可以援引柏拉图的话,来"反驳"他人尝试做的有关希腊社会的任何一般性陈述,但这是一种荒谬可笑的和根本上错误的历史方法。毕竟公元前4世纪的希腊人没有废除、甚或质疑一夫一妻制和家庭,尽管《理想国》举出了例证反对这些制度。即便绝大多数希腊罗马作家——我们正是从其著述中了解希腊和罗马意识形态的——都出自上层阶级,或是依附于上层阶级,这也并不构成合理的反驳理由。意识形态从不简单按照阶级之间的分界线进行划分。相反,如果它真发挥一些作用的话,其功能恰恰是跨越这些分界线。而在古代世界,关于富有和贫穷的意识形态的一致性达到了令人吃惊的程度。相比起柏拉图,特里马尔乔是更为真实的代言人。

至迟从智者派哲学家的时代开始,古代道德家就审视了他们社会中所有为人们普遍接受的价值观,包括关于财富的价值观。若说以初步的方式审视的话,则要更早,可追溯到像梭伦和特奥格尼斯(Theognis)这样的诗人。他们审视、争论和意见相持不下的问题不是关于经济的,而是关于财富的个人伦理方面的。这是一个狭小的主题。财富是否是无限的?若使用不当,财富是否仍是好的?从道德上而言,获取财富的方式是否有善恶之分?少数道德家甚至讨论,是否可能在没有财富的情况下,过一种德性的生活?然而从根本上说,"穷人有福"并不属于希腊罗马世界的观念范畴。它最早出现在"福音书"中。无论人们如何解释福音书的这些文本,它都属于另一个世界和另一套价值观。这另一个世界最终形成了一种自相矛盾的意识形态,其中凶猛的贪婪取向伴随着禁欲主义和圣洁的清贫等品质,也伴随着心神不安乃至罪恶感。

"仁爱"(*philanthropia*,字面意思为"爱人类")一词的历史说明了这两种价值观的区别。[5]它最初用于界定神明的一种品质或者神明的仁慈行为,这一含义一直沿用到古代世界末期,在基督教文献和异教文献中均如此。然而很快,"仁爱"就又用于位高权重的人,用于他们的仁慈情感或纯粹的善行和恩惠。当个人或者群体请求君主或者高级官员解除苦难或者给予恩惠时,他们诉诸他的"仁爱"。如果请求成功的话,他们接受到"仁爱之举"(*philanthropon*)。这可以是免债或者免除其他义务,因此而具有金钱价值。但更多的是赦免、避难的权利,或者是申冤。统治者及其代理人是人民的保护者,使他们免受压迫和冤屈,人们则诉诸统治者及其代理人的"仁爱"、好意与正直,这些在根本上都是同义词。[6]公元3世纪一则具有典型意义的逸闻说,当一名战败的角斗士请求在场观看的皇帝卡拉卡拉免他一死时,皇帝说自己没有这个权力,建议他请求胜利者。而胜利者却不敢做出让步,以免他看起来比皇帝"更仁爱"(狄奥·卡修斯:《罗马史》,78.19.4)。此后在古代这个词的含义并无发展。只是后来的时代才纯粹按照金钱概念表达仁爱之意,而将它降格到了给予穷人赠与的层面,降格到了慈善的层面。

当然,古代世界并非完全缺乏现代狭隘意义上的慈善行为。然而一般来说,慷慨大方的对象是社会共同体,而非贫穷的个人或者群体。[7](在此我将对穷亲戚、门客和宠奴的慷慨大方排除在外,把它当作一类不同的情况。)小普林尼的善举在意大利或者帝国西部可能是无出其右的,在这方面是个典型。[8]我们能够援引例外的情形,但也仅仅屈指可数,这是个决定性的事实。在整个古代世界,穷人很少博得同情,完全没有得到怜悯。公元前7世纪的时候,赫西俄德就劝诫说:"给予那些施与者,但不要给予那些并不施与者。"(《劳作与时日》,第355行)而在所有古代作家中,赫西俄德并不仅仅是上层阶级价值观的喉舌。古代世界缺乏的是罪恶意识。一个希腊人或罗马人很容易冒犯神明,有时——尽管不是很经常——我们也看到和罪恶相近的观念。然而在根本上,他们的过错是外在的。因此比如说,纠正过错是

第2章 等级与地位

通过仪式性洁净,或者过错被知识化了。例如在苏格拉底的教诲中,无人有意作恶。所强调的是"行为"这个词语,而非一种只能由神明恩典治愈的罪恶的条件或是状态。因此没有必要维持财富是罪恶、贫穷是邪恶这类相互矛盾的概念。[9]

即便是国家也并没有表现出多少对穷人的关注。著名的例外是罗马城(还有后期的君士坦丁堡),它对穷人的关注是极度政治性的。从盖约·格拉古时期开始,向民众提供粮食就成为政治上必要的事情了,即便后来的皇帝们也无法逃避(当皇帝们再也无法应付的时候,就由教皇们接手了)。如果真有一个反证一般情形的例外的话,那么这个例外就是。直到公元3世纪,拥有公民权的居民都有权受惠,根本无须审查其经济状况。除了这个细微但却绝非不重要的差别,我们不禁要问,在帝国的其他城市有谁经常性地免费提供谷物和猪肉呢?回答是没有人。而且偶尔的慈善尝试也是完全而令人不快的失败,例如皇帝尤利安在安条克遭受严重饥荒时的慈善尝试。图拉真皇帝在意大利建立起了一个有趣而独特的家庭补贴计划,称作 *alimenta* ("粮食补贴"),但他只能在少数城市启动这个计划;而且尽管延续了一个多世纪,若说到计划进一步扩大了,即便是间接的证据也是非常不可靠的。另外还有理由相信,图拉真的主要关注点是提高意大利(但并非帝国境内任何其他地区)的人口出生率。[10]这同样是一个反证一般情况的例外。

如果我们想要了解对待穷人的基本态度,就不应该审视偶尔为之的慈善行为,而应该审视(适用于穷人而不适用于上层阶级地位相同的人之间的)债务法。这样的法律一律严厉而且毫不姑息。

即便债务奴隶制消失了,还不起债的人还是以这样或那样的方式,通过自己被强制的劳动,有时也通过子女的被强制劳动还债。[11]

希腊罗马对财富的态度的基础,是这样一种信念,即自由的必要条件是个人的独立和闲暇。亚里士多德写道:"自由人的条件,是他不生活在他人的束缚之下。"从其语境中可以明显看出,他所说的生活在束缚之下,并不仅仅限于奴隶,而是包括雇工和经济上依赖于他人的其他人。希腊文的用法提供了线索。希腊文中的词语*ploutos*和*penia*通常分别译为"财富"和"贫穷",但事实上有不同的微妙之处,即凡勃伦(Veblen)所说的"剥削和苦役之间的区分"[12]。一个"富人"(*plousios*)是一个足够富有而适宜地以财产的收成为生的人,而一个"穷人"(*penēs*)则不是。后者不必是没有财产的人,甚至不必是真正意义上的穷人:他可能拥有农庄和奴隶,他可能积攒了几百德拉克马*的钱,但他自己还是被迫从事谋生的活动。简言之,"贫穷"(*penia*)意味着被迫劳动的严酷状况,[13]而没有任何资源的赤贫者则通常称为*ptochos*,是个乞者,而非"穷人"。[14]阿里斯托芬幸存下来的最后一部喜剧《财神》中,"贫穷"是个女神(这是喜剧家本人的发明),而且她强烈反对她和"乞讨"(*ptocheia*)是姐妹的说法(第552—554行):"乞者的生活中……一无所有,'穷人'生活节俭,辛勤劳动,没有剩余,但也不会缺乏生活所需。"

无论如何,《财神》是一部最为复杂的作品,不能作为一个赞美"贫穷"的文本加以引证。尽管与乞讨大不相同,但"贫穷"在

---

* 德拉克马(Drachma)是古代希腊主要的钱币单位。——译者

第2章 等级与地位

民众心里仍然带有一种轻蔑的意味,恰如阿普莱尤斯所提到的"贫穷"(*paupertas*)。¹⁵ 对我们而言,它之所以相关,是因为可以作为亚里士多德的说法的注解,而且如果我可以这么说的话,也可以作为对西塞罗一段著名的话的注解。我必须几乎整段援引这段话(《论义务》,I.150—1):

> 至于行业和职业,哪些被认为是自由的,哪些是卑贱的,这多少是公认的看法。首先,那些引起人们憎恶的职业是遭谴的,例如港口税征收者和放债者;所有雇工的职业也都是非自由的和卑贱的,雇用的是他们的劳动,而非他们的技艺;因为在这些情况下工钱即是对他们奴役的认可。那些从商人们那里买进随即又卖出的人也应当被认为是卑贱的,因为他们若不进行欺骗,便不可能有任何获利……所有工匠从事的也都是卑贱的行当,因为作坊里不可能有适合自由人的品质。最不值当的是那些服务于享乐的行当,如同特伦斯所说的"鱼贩、屠夫、厨子、家禽贩、渔夫"。如果乐意的话,还可加上卖香料的、跳舞的,以及各种低级趣味歌舞表演的。
>
> 但是那些需要更高智慧或者带来不少益处的技艺,如医术、建筑术、教育,对于地位相称的人来说,是适宜的。至于买卖,如果是小规模的,应被看作是卑贱的;但若是大规模的,货物丰富,从各处进口,又无欺骗地分卖给许多人,则不应受到指责。① 确实,如果那些从事买卖者满足于或者说

---

① 请注意外贸得到肯定评价,因为它向消费者提供物品,而非——用托马斯·孟的话说——因为它增加了国家财富。

满意于自己的利润,如同他们把货物从海上运到港口那样,再把货物从港口运到庄园,这甚至似乎是值得最高的称赞的。但在一切可以获得收入的事情中,无有比农业更好、更丰硕、更甜美,更适合于自由人者。

有人会马上问道,为什么应该接受西塞罗的说法,认为他比起我之前贴上例外标签的其他道德家如苏格拉底、柏拉图、犬儒派哲学家更具代表性呢?他开场所说"这多少是公认的看法"(*haec fere accepimus*)是一面之词,不能为据。也许更有说服力的是,直至最近,这段话所属的《论义务》一文是历史上在西方最为广泛阅读的伦理学专论之一。在《论牧师的关怀》中,主教伯内特将它推荐给教士们。他写道,西塞罗的《论义务》"给予心灵高贵的方向"。伯内特的这本书出版于1692年,到1821年时已出第14版,"促进基督教知识协会"认定它为任何考虑获得圣职的人所必读。[16]区分哪些作者更能代表特定社会环境,哪些作者不能,这是思想史中熟知的问题。例如是约翰·斯图亚特·密尔或者爱默生还是尼采更具代表性?这就如同是西塞罗还是柏拉图更具代表性的问题一样。"非具代表性的"道德家肯定也提供有关其社会的深刻洞见,但必须以不同的方式阅读他们。就是说,不能直截了当地把他们看成是单纯的报道者。

然而我并不打算沿着这类思路加以论证。相反,我将把西塞罗的这段话看作是一个假说的基础。它是否准确反映了西塞罗时期普遍的行为方式呢?甚至是其他时期的行为方式呢?这是一个如何选择的问题。考虑到即便是鲁滨逊·克鲁苏(Robinson

Crusoe）亦非绝对自由的,一个希腊人或是罗马人可以在多大程度上从各种可能的"职业"范围内自由选择,而不考虑其能力或者财产呢？也许更为准确地说,我们所应该说的经济因素例如收入最大化或者市场考量在选择中占多少权重呢？又更为准确地说,一个富有的希腊人或罗马人又是多么自由呢？因为很显然,鱼贩、工匠和低级趣味歌舞者受到严格限制,只能把闲暇和独立看成是幻想。

最近一项对罗马帝国军队低级军官的研究以下面两句话开头:"可以公认,在帝国社会中,就如同在所有社会中,个人和家庭具有社会升迁的愿望。皇帝的任务是以给予社会最大利益的方式,不妨碍这一愿望,而且尽量满足它。"[17]作为对所有社会或者是一个社会内的所有群体的有效概括,这显而易见是不正确的,而且给予罗马皇帝的作用会是非常难以论证和辩护的。然而除开这些弱点,作者在此向我们展示了一个熟悉的观点,没有论证,没有证明,仅仅是宣称"可以公认"。它反映一种现代"个人主义的"社会行为观点,一位著名的印度学家将它称之为理解印度社会结构的最大障碍:"它是我们对等级制的误解。现代人实际上没有能力完全识别它。首先,他全然没有注意到它。倘使被迫注意到了,则他倾向于将它作为一种附带现象而置之不理。"[18]

在"个人主义"和"等级制"这两个极端之间,希腊罗马世界的经济行为又处于哪一点上呢？这是一个中心问题,值得我们运用明确界定的范畴,加以细心考察。例如,在有些语境下松散地提到阶级是无害的。在我相信其内容是可以理解的时候,我本人就是这样提及"上层阶级"的。然而现在,我需要试图更准确地确定社会情形。

应该注意到,西塞罗的分类并不能准确地定位。他列举的大多数具体工作(employments)是职业(occupations),但并不是所有的:雇工不是职业。农业也不是,它包含了所有人,从贫穷佃农到拥有几百,甚至几千英亩土地却脱离劳动的人。尽管西塞罗本人是个大土地所有者,但是他的"职业"并非农业,而是法律和政治,这两种职业他都没有提到,这可以理解。他是一个极好的例子,可以用来说明在古代世界拥有足够规模的土地标志着"无须任何职业"这一真实情况。[19]这不仅是共和国末期罗马的特定情形,而且古典时代的斯巴达和雅典同样如此。普鲁塔克告诉我们,伯里克利继承了父亲的地产,并且"按照他设想最为简单和严格的方式组织其管理。他整批出售全年的收成,然后从市场上购买所有必需品……每一项开支和收入都仔细计算。为他精确打理这一切的代理人是一个名叫欧昂格洛斯的奴隶,后者要么天赋异禀,要么是伯里克利培养出来的,在田庄管理方面无出其右"。普鲁塔克接着说,伯里克利的儿子和儿媳不满于他的办法,因为"不像其他大户和通常情况下那样宽裕"(《伯里克利传》,16.3—5)。这个例子中的分歧不在如何获取财富,而在如何花费财富。无论是伯里克利还是其不满的儿子都没有表现出对农耕职业的任何兴趣,如同色诺芬在撰写《家政论》时一样。

对于古代世界的富人(plousioi)——眼下我们只讨论他们——而言,职业以外的社会划分范畴在任何分析中都更为重要。我将逐一探讨三种划分:等级(如同法国革命前使用的,德语中称Stand)、阶级和地位。[20] "等级"一词当然来自拉丁文

第2章 等级与地位

ordo，但不出所料的是，罗马人并没有以社会学意义上的精确方式使用这个词，就像我们使用类似的英语概念一样。我不打算亦步亦趋地沿用他们的用法。等级是特定人口中在法律上界定的群体，在一个或多个活动领域如政府、军事、法律、经济、宗教、婚姻等有着正式的特权或者限制，并且与其他等级存在层级关系。就理想状况而言，等级成员是世袭的，就如同最简单和明确的古代例子中，即最早阶段罗马人划分成的两个等级：贵族和平民。但是一个社会如果不是完全停滞的，就不会停留在这个简单的层面，尤其是如果像罗马这样，没有办法更新缺乏男性子嗣的贵族家族的话。

一旦罗马发展到不仅仅是个第伯河边农民和牧人的原始村落，而是开始扩张其领土和权力的时候，如果整个社会不至于遭到暴力破坏的话，既有的两个等级的制度尽管受到法律、宗教和传统的顽强保护，也不得不适应于新的情况。我们从李维和哈利卡纳苏斯的狄奥尼修斯于奥古斯都时期撰写的史书中得知，罗马人自己对共和国前几个世纪的看法的中心主题就是贵族和平民的斗争。在这些记述中，平民获得的"胜利"包括公元前445年废除贵族等级和平民等级之间通婚的禁令，公元前366年的法律给予平民担任国家最高官职两名执政官之一的权利。无须特别的罗马史知识，我们就能觉察到平民中什么人是这类胜利的受益者。这一历史"无法理解，除非存在富有平民"[21]。另一个胜利是废除债务奴隶制（*nexum*），这一次受益者会是贫穷平民，针对的则是贵族和富有平民。

公元前366年之后，有名字记载的贵族大户数量至多为21

户。贵族等级仍然存在了几个世纪,但实际的重要性很快降低到差不多仅剩担任某些祭司职位的特权,加上没有资格担任保民官一职的限制,而"平民"则和该词今天在英语中的意思一样了。原来的贵族和平民对立失去了其有效性。现在最高的等级变成了元老等级。它由元老院成员组成,随着时间的推移,平民逐渐占据了元老的多数。这是个严格意义上的等级,但在法律上不是世袭的,无论事实上达到了何种世袭的程度。公元前2世纪后期又有一个进一步的变化,骑士等级事实上界定为了拥有至少40万塞斯特斯财产的所有非元老阶层的公民。[①]古老的"骑士"(equites)名称不再是字面意义上的含义,尽管将"公共战马"分配给一定数量的精选骑士(1800名或者2400名)的古老仪式仍然保留,而且带有荣誉性意味。即便对于其他骑士——他们现在组成了该等级的大部分——来说,获得这个古老头衔也具有真正社会和心理意义,"它和高级地位及财产登记、古老传统以及面子联系在一起"[22]。

这种分类的纵横交错表明,到公元前2世纪后期,当罗马业已成为帝国,包括了不仅波河以南的整个意大利,而且还有西西里岛、撒丁岛和科西嘉岛、其所辖的西班牙部分、北非、马其顿和希腊的时候,仅仅等级已不足以作为整合的机制。但是与此同时等级的传统是如此之强,而无法被抛弃。事实上这一等级体系的最上层不再是整个元老等级,而是一个核心群体,即"显贵"(nobility,这是他们自己的称呼)。这个群体没有法律上的界定,

---

① 应当注意到这一分类的粗略性:最富有的骑士比最穷的元老拥有更多的财富。

第2章 等级与地位

但事实上主要限制在曾经担任过执政官的贵族家族之内。[23]

显贵不是一个等级,而是我随后将要界定的地位。在奥古斯都统治之下共和国为帝制所取代之后,皇帝在很大程度上重新恢复了等级制度,但是对于我的目的而言,不必进一步追溯罗马历史上的等级制度问题,[24] 只要说明另外一点。至此为止我所说的关于等级的一切都纯然关系到罗马人自己。但是谁是公元前2世纪的罗马人,谁又是奥古斯都时期的罗马人呢?他们既非一个民族也非一个种族,而是正式界定的群体即罗马公民群体的成员。这也可以算是一个等级,不过参照的是外部人群而非内部的人群,因为此一原因而未被罗马人自己分类为等级。① 我们使用的citizen("公民")一词和拉丁文中的 *civis*("公民")以及希腊文中的 *politēs*("公民")一样,和city("城市")一词有着语言学的联系,但其含义的关联要弱得多。因为在希腊、罗马这两个文明形成的几个世纪里,城市是由宗教、传统、亲密关系和政治自治结合在一起的社会,而现代任何城市都无法自称具有同样的结合方式。因此公民权包含了许多活动领域中一系列关联的特权和义务,这些特权和义务是由法律界定而且严格保护起来的。这是严格意义上的等级资格,尤其是当显著数量的"外部人"开始居住其内的时候。[25] 毕竟,罗马公民权是罗马的所谓意大利"同盟者"在公元前91年为之而发动战争的某种东西。奥古斯都记载说(《功德碑》,8.3—4),在公元前8年的人口调查登记

---

① 罗马人有时称为"公民地位"(参见"自由地位"),但是在我使用的分类里,正确的是"等级",而非"地位"。

中有423.3万罗马公民,而在公元14年则有493.7万罗马公民,其中的绝大部分都居住在意大利。而我们估计,这一时期帝国的总人口在5000万到6000万。

希腊等级制的历史没有如此复杂,但在一些重要方面却是相似的。[26]在我看来,其区别可以解释为,首先,在希腊没有大规模扩张,而扩张是致使罗马的情况复杂化的主要因素;其次,在希腊兴起了民主政治,罗马则从未达到这一点。恰恰是在古典时期——就是说公元前500年之后——的民主国家,从等级向地位群体的转变最为彻底。[27]在此之前,有存在等级的足够证据。我们有梭伦对雅典政体进行改革的例证。这一改革传统上定在公元前594年,他将公民群体划分成四个等级,每个等级由固定的最低财产限额界定。[28]但是对于希腊经济的研究而言,最具深远意义的区分、无论在民主政治国家还是寡头政治国家都贯穿古典时期的区分,是在公民和非公民之间,因为土地所有权是公民独有的特权,这是一个普遍的原则,我不知道有任何例外。这一特权偶尔也延伸到个别的非公民居民,但非常少见,而且仅仅是在具有强有力的动机的时候。

让我们考虑一下这一原则在诸如雅典这样的城邦的后果。那里非公民男性居民和公民男性的比例范围在不同时期可能从1比6到1比2.5不等。许多非公民居民从事贸易、生产、放债,其中的一些进入到了最上层的社会圈子,例如叙拉古的克法洛斯(Cephalus)。后来柏拉图将我们所称为《理想国》的对话的场景设置在了他家里(当然是虚构的)。克法洛斯既不能拥有农田,也不能拥有葡萄园和他所居住的房屋。他甚至不能在对方

第 2 章 等级与地位

以土地作为抵押的条件下出借钱款,因为对方无力偿还时,他没有权利收回土地。反过来,需要现金的雅典公民不能轻易从非公民居民手中借钱,尽管后者是主要的放债者。土地和流动资本之间的这道墙是经济中的障碍,但它是法律界定并且强制实施的社会等级的结果,其基础太牢固而不能拆毁。[29]

我所说的梭伦的"等级"通常称为梭伦的"阶级"。当然从原则上说,依据定义,任何分类系统中的成员都属于"阶级"。然而在法律界定的群体和未经法律界定的群体之间,我们需要以某种方式在语言上表达区分。一些学者提出前者为"等级",后者为"阶级"。对此无可争议,除非在特定事例中事实的准确性存在疑问,例如一个人是否属于梭伦的某个等级,或者是否属于罗马的贵族或元老等级。其考查标准是客观的,而至少在我们能够调查的现代社会中,对于一个人是属于中产阶级上层还是中产阶级下层,则一直存在不确定性,即便是由他本人来衡量。[30]

历史学家和社会学家对"阶级"的定义或确定一个人属于哪个阶级的标准,没有多少一致看法。甚至显然是清晰的、毫不含糊的马克思主义阶级概念,实际上也不是没有困难的。人们按照和生产资料的关系而划分成阶级,首先是那些拥有生产资料的人和那些不拥有生产资料的人之间的划分;其次,在前一个群体中,还有那些自己从事劳动的人和那些依靠他人劳动为生的人之间的划分。无论这一划分是否适用于今日之社会,[31]对于古代史家而言总有一个明显的困难,即如果机械地加以解释,则奴隶和自由人雇工会是同一个阶级的成员;同样,最为富有的元老和自己不劳动的小陶器作坊拥有者也会是同一个阶级的成员。

这似乎不是分析古代社会的非常合理的方式。³²

在这一点上资本主义的、市场取向的经济对历史学家的影响力体现得最为强烈。1952年,一本有影响力的讨论罗马骑士等级的著作以《罗马中产阶级》为书名出版(作者是H.希尔),而我们都知道,中产阶级是商人。没有什么比关于骑士等级这个错误概念更为困扰晚期罗马共和国历史的了。他们被随意地称为商人、资本家、新的有钱阶级,这都建立在一个根深蒂固的假设上,即相信在占有土地的贵族阶级和穷人之间,必定有一个强大的资本家阶级。我们业已看到,骑士是一个严格意义上的等级,研究业已证明他们中的绝大部分是土地所有者。的确,他们中有一小部分、但是很重要的部分从事公共合同承包、收税、大规模放债——主要是给行省那些碰到纳税困难的群体,而为罗马国家收税的同样是这些人。我并不低估这些人,但他们既非一个阶级,亦不代表整个骑士等级;既不从事大规模生产和商业,在他们和元老阶层之间亦没有阶级斗争。重要的是要注意到,他们必须提供自己的土地作为获得公共合同的担保。一个仅仅建立在一条有关阶级的错误假设之上的巨大虚假构造在太多的书籍中仍然被当作罗马史。³³

半个世纪以前,格奥尔格·卢卡奇——一个最为正统的马克思主义者——正确地观察到,在前资本主义社会,"地位意识……掩盖了阶级意识"。他所指的意思是,用他自己的话说,"社会构成种姓和等级意味着经济因素不可避免地和政治及宗教因素结合在一起","经济和法律类别客观上和实质上如此交织在一起以至于不可分割"。³⁴简言之,对我们的目的而言,无论是

第 2 章 等级与地位

从马克思主义的立场来说,还是从非马克思主义的立场来说,除了我已经提到的无害但却模糊的"上层(或下层)阶级",阶级都不是一个足够清晰的区分范畴。我们仍需寻找到一个概念,它能包含各色人等,包括斯巴达的"低劣者"(严格上说是公民,但他们丧失了对土地的拥有),罗马共和国后期的显贵,组成早期希腊化时代国王周围统治圈子的"国王之友",[35] 西塞罗所想到的那些从事医术、建筑术和教育的"地位相称的人",[36] 以及特里马尔乔。

特里马尔乔是个前奴隶、被释奴,罗马人认可存在一个"被释奴等级",但是他们意识到这样一个等级实际上没有意义,因而很少提及它。就财富而言,特里马尔乔和元老们属于同一等级,就马克思主义意义上的阶级而言,也是如此;即使就生活方式而言,也是如此,只要我们仅仅考虑他的令人难以企及的奢华和他对某些"元老"价值观的接受,他对大庄园的拥有是"非职业性的",以及他为自己经济上自给自足而感到自豪。但是当我们审视这些之外的因素,看到他作为被释奴被依法排除在一些活动之外,看到他同样被排除在一些社会圈子之外,他却没做出一丁点儿努力挤进去,则他和元老们又不属于同一个等级。有学者中肯地说道,和莫里哀笔下的贵人迷不同,特里马尔乔不是个新贵,因为他从未达到这样的地位。[37]

正是为了这样的区分,我提议使用"地位"一词,一个带有相当心理因素的绝妙的模糊词语。特里马尔乔被和自称为"被释奴元首"(即被释奴中的第一人)的那个庞贝人*相提并论,[38] 而这

---

* 指法比乌斯·欧伯尔(Fabius Eupor)。——译者

就是地位。富有的希腊人和罗马人理所当然属于纵横交错的不同范畴的成员。其中的一些是互补的,例如公民权和土地所有权,但是一些在价值体系和行为模式上会引起紧张和冲突,例如在被释奴和自由人之间。尽管一个等级的地位高于或者低于其他等级,它的内部常常并不是均等的,[39] 如同伯里克利在为雅典穷人拥有惠及城邦的殊荣而感到骄傲时承认的,或至少暗示的;而随之而起的内部紧张关系可能变成公开的反叛,如同公元前63年贫穷的罗马贵族参与喀提林阴谋一样。

我不打算堆砌例子,而这类例子为数众多。我只想停下来说明古代世界最后几个世纪里的发展。罗马的扩张导入了进一步的复杂因素,即地方和国家(即罗马的)身份的区分,尤其是地方公民权和罗马公民权的区分。一个自由人可以拥有一种或是两种公民权,抑或两种都没有。然后罗马皇帝逐渐降低了罗马公民权的门槛,直至也许是在公元212年,卡拉卡拉皇帝将它推广到包括帝国境内的所有自由人,而使之实际上变得毫无意义了。等级则毫无顾忌地大量涌现,其头衔大量使用最高级的词语,比如"最为著名的"(clarissimus)、"最为完美的"(perfectisimmus),等等。[40] 尽管表面上看是相反的,但实际上人们争相获取皇帝的恩宠,以便从一个等级爬上另一个等级,不仅仅是为了荣誉,而且也是为了金钱上的好处。

最后,所有这一切和西塞罗的道德苛评以及古代世界的经济现实这一问题有什么关系呢?传统的回答看起来单调而一致,最近一本研究西塞罗时期被释奴的著作就是如此。它写道,西塞罗"死板的观点"代表了"贵族的偏见"、"势利以及对过去农业生活的怀旧情感"。"实际上情况并不如此。西塞罗无疑用演说赚了钱,即使是间接的;像布鲁图斯这样的元老常常涉足高利贷;就连无可指责的骑士阿提库斯也涉足出书、钱庄和农业生产。"[41] 另一位学者做了一项复杂的研究,论证了同一时期两个主要阿雷佐陶器*生产商是拥有土地的元老家族的可能性,或者是或然性(但仅此而已),以此来证明西塞罗所说毫无意义。[42] 又一位学者则让我们确信,"总而言之,在此一方面元老和富有非元老没有什么区分"[43]。

要是社会经济史真如此简单就好了。西塞罗陈述的是他宣称社会上流行的看法(希腊和罗马文学中充斥着类似观点),而学者们则通过列举少数几个和他的规诫不一致的人,而将他的说法一概排斥掉。这样的论述似乎既不要求精确也不要求准确。诸如"偏见"、"势利"、"双重信念"等词语不应出现在分析之中。农业生产是拥有土地的目的,这很难用来反对西塞罗的看法。我已经提到,西塞罗的分类中省略了辩护术。学者们没有试图进行量化分析,也没有试图进行区分,尽管有相当一些明显可进行区分的地方。

让我们把问题说清楚。无论是在西塞罗时代的罗马还是在任何其他复杂社会,都不是所有人按照公认的原则行事。我们被迫重复这一老生常谈,是因为现在盛行用例外的情况来进行论证的做法。我们也不能认为希腊荷马时代和早期罗马传说时

---

* 指在意大利阿雷佐生产的高品质赤陶,在罗马帝国前几个世纪行销帝国各地。——译者

代的古老价值观一直保存完好，并且在后来的时期仍然具有约束力。但是情况并不必然是要么盛行古老价值观，要么什么价值观都没有。在最终摒弃西塞罗的看法之前，必须要确定是否即使对显贵等级来说，也能完全拥有新的致富的自由，或者人们仍然要根据其身份地位而倾向某些财富来源，无论是依照法律还是依照传统。[44]西塞罗的时代提供了进行验证的最好例子：它是一个政治上崩溃的时代，一个权力斗争最为激烈的时代，其间人们很少遵守规则；一个传统道德行为发生深刻变化的时代，一个价值观和实际做法产生巨大张力的时代。如果我们能够期待在古代世界的任何一个时期发现"现代"风格的经济活动征兆，并因此而发现诸如西塞罗《论义务》中的这类阐述乃空洞大话的话，那就应该就是在这个时期。

我先来讨论借贷和高利贷。和希腊人不同，罗马人从很早就试图用法律控制利率，总体上并非不成功。[45]但是西塞罗时代复杂得反常，那时候开展政治活动的需要以及也是政治因素的炫耀性花费的需要，使得显贵及其他人卷入规模巨大的借贷。竞选贿赂、昂贵的生活方式、铺张浪费的公共赛会以及其他形式的公共捐赠成为政治生涯的必要部分。对于财富集中在土地方面的人来说，流动资产即现金的匮乏所带来的压力增大了。其结果是，许多政治运作包括了复杂的借贷和担保网络。而借钱就产生了政治义务，直至被任命为行省总督而得到补偿。因此在行省中敲诈勒索就成了个人的必然。而且罗马社会的高层在金钱方面一直感到拮据。只有少数人如庞培和克拉苏是如此富有，才大体上不至于为此焦虑。风险也非常大：如果贷方决定在政治上抛弃借方的话,借方的破产会导致灾难。此时可能意味着被驱逐出元老院,还有失去用于抵押的田产。[46]

西塞罗本人曾以6%的利息从职业借贷者手中借过350万塞斯特斯,目的是为了从克拉苏手中购买帕拉丁山丘上一处豪宅。如同他在一封信中解释的,借贷者认为他是一个好的借贷对象,因为他一直是债主权利的保护者。[47]后来西塞罗又从凯撒那里借取了80万塞斯特斯,而当他开始设法进入庞培阵营的时候,这就使他十分尴尬。[48]再后来,到公元前47年或是公元前46年,当凯撒完全控制政局的时候,西塞罗借给这位独裁者的秘书法伯里乌斯(Faberius)一大笔钱(并未明确数额),而事实证明收回这笔钱是一件非常困难而且卑鄙的事。[49]我们不能确定这两笔借贷款是否收取利息,但毫无疑问,克拉苏和凯撒以及其他人都向政治上有用的人无息借贷过。[50]尽管将他们相比较似乎令人反感,但实际上他们证明了亚里士多德所说。后者写道,"不仅回报得到的帮助是一种义务,而且主动帮助他人也是一种义务"(《尼科马可伦理学》,1133a4—5)。

还需要提及另外一件事。在公元前58年和公元前56年间的某个时候,罗马显贵的典范布鲁图斯尚还年轻,他以48%的利率借给塞浦路斯岛上的萨拉米斯城相当一大笔钱。到了布鲁图斯要求偿还的时候,担任西里西亚总督的西塞罗感到伤心,他试图解决此事,将利率限制在法定的12%。[51]这不是西塞罗担任总督期间试图收取的唯一一笔欠罗马人的债务,甚至也不是他试图收取的欠下布鲁图斯的唯一一笔债务。那么他自己所说的"那些引起人们憎恶的职业是遭谴的,例如……借贷者(faeneratores)"

又如何理解呢？难道现实的西塞罗没有嘲讽道德家西塞罗吗？

我相信没有，一旦我们做一个合适的区分的话。西塞罗在任何地方都没有将卑贱的职业视为不必要的。除了在幻想之地以外，在哪里又不必要呢？在他所处的世界中（而且对他个人而言），借贷者和店主、匠人、香料商以及医生一样不可缺少。他关心的问题仅仅是从事者的道德（以及社会）地位。在他向职业借贷者借钱以便购买与自己身份相符的住宅和他贬低这些借贷者之间，并不存在矛盾。布鲁图斯、克拉苏和凯撒则是另一回事。他们出借大笔钱款，但是他们并非借贷者。他们是军人和政治家，这是最符合显贵身份的活动。人们接受，这样的人能够合理地将多余的现金用于借贷，这一业余活动并不会使他们从全职的、高贵的生涯中分心。在西塞罗的时期，还有另外一个优点，即这一类赚钱的事主要是政治性的，是在行省里进行的，付出代价的一方是被击败的和臣服的人们。西塞罗做梦也不会把这些业余借贷者称为"借贷者"的。[52]

"政治上赚钱"的机会怎么夸张也不过分。来自战利品、赔偿金、行省税收、贷款和杂七杂八榨取的金钱大量涌入，其数量在希腊罗马历史上空前巨大，而且在加速增长之中。国家收入无疑受益了，但很可能更多的金钱掌控在私人手中，首先就是显贵手中，然后成比例递减地流入到骑士、士兵，甚至是罗马城的平民手中。[53]我们也不应该忘记内战，因为一些最大宗的财富是通过苏拉宣布公敌名单和没收财产，[54]以及后来奥古斯都战胜安东尼而积聚起来的。不过当这一整个现象被归类为"腐败"和"营私舞弊"时，就造成误解了，但历史学家们仍坚持这么做。[55]在公元前51年和公元前50年的时候西塞罗是诚实的西里西亚总督,以至于到了任期末时他只挣得了这一职位带来的合理的钱财。其数额是220万塞斯特斯,[56]超过60万塞斯特斯这一数字的三倍,而他自己曾经提到(《斯多葛悖论》,49)后一数字,用以说明足以过奢侈生活的年收入。我们面对的是社会中某种结构性的东西。

罗马共和国末期显得与众不同的是积聚财富的规模和执着。在希腊城邦中,即便是到了希腊化时期,信守的原则仍然是,战场指挥官"可以不同方式处置售卖战利品所得……但带回来的一应东西都属于国家"[57]。当然我们不知道具体的比例,而这显然是一个重要的问题。将军肯定获得了可观的财富,有据可依的例子是那些为僭主和外国君主服务的雇佣兵将领。罗马的原则是类似的,但是伴随着罗马在意大利以外的首度征服,即公元前3世纪对迦太基的战争,可以看到一个行为的变化,如果不是法律的变化的话。军队指挥官通过战利品致富等同于元老贵族在意大利囤积被没收和被征服的土地了。[58]

然而,当罗马帝国的相对和平和安宁(以及皇帝的利益)终结了这类可能性的时候,个人改由另一个技巧从战争和行政管理中致富,即以希腊化世界为模式的皇室恩惠。可以说,这是帝国版本的政治致富道路。我们得知,塞内卡的兄弟梅拉(Mela)"克制自己而没有寻求官职,因为他有一个执迷不悟的野心,就是获得执政官的影响力而仍然维持骑士的身份;他也相信获取财富的捷径是担任管理皇帝事务的代理人"(塔西佗:《编年史》,16.17)。塞内卡本人是一名元老,一段时期内担任过皇帝尼禄的老师和亲信幕僚。据信他积聚了三亿塞斯特斯的财富,[59]其中的一些无疑来自于分得尼禄的养弟布里塔尼库斯（Britannicus）被没收的田产。后者在公元55年第14个生日到来前不久死亡，很有可能是遭毒死的。

使上等阶层这种聚敛财富的贪婪渴求更为复杂化的是这样一个事实，即其主要财富为土地财产。因此当他们需要大量现金用于居于高级地位的人的通常花费，例如豪宅以及女性亲属的嫁妆，或者用于政治抱负所必要的同样通常的花费时，他们面临长期的现金短缺，而在那个世界中现金意味着金币和银币，不是别的。这类花费拥有自己的动量，决定了无论何时对于内战中的内部敌人和被征服的或者臣服的人们掠夺的程度。将产生这类收入的军事及政治活动包括进"职业"之中，对于现代人来说可能似乎是符合逻辑的，但是不符合古代的原则，并且西塞罗不提及这些是完全正确的，就如同他将职业借贷者及其元老同伴的借贷活动区分开来一样正确和一致。

他在"需要更高智慧"的职业中省略了将他推到国家领导位置的职业即公法职业，同样是正确的，而并非不坦率。在罗马，律师及法学家在等级体系中占据了一个特别的位置，他们的工作和政治密切联系在一起，并且被认为同样是可敬的。公元前204年的一条法律禁止律师以任何借口向客户收取费用或者是为了追回金钱而诉诸法庭。这样一条法律并不易执行，并且违法的案例时有记载。然而不是在西塞罗的级别，因为共和国时期的大律师和法学家无须收费。"如果西塞罗为客户带来荣耀，之后客户的钱包、朋友和影响随时都能为西塞罗所用"[60]，就像他免息借贷给同僚政治家200万塞斯特斯一样。罗马的其他行业

（我们意义上所说的行业）却并非如此。法学家尤利安（Julian）在公元2世纪规定了如下原则（《学说汇纂》，38.1.27）："如果一名被释奴从事哑剧演员的行业，他不仅必须免费向他的主人提供服务，而且还必须为了后者的朋友的娱乐免费提供服务。同样，一个从事医术的被释奴在他的主人提出要求时，必须免费为主人的朋友提供治疗。"事实上，在古代世界的不同时期和不同地方，医生的地位变化很大。在希腊人中间，医生普遍受到尊敬，在罗马帝国治下也是如此。但是在罗马人中间，医生的来源主要是奴隶、被释奴和外国人，[61]因此尤利安把医生和哑剧演员这样非常低级的职业放在一起考虑，并不是无缘无故的侮辱。

因此总之，事实证明道德家西塞罗并非流行价值观的一个不准确的向导。当我们转向商业和制造——在某些方面这是问题的要害——时，这个观点变得更为困难了。一个否定的观点总是难以证实的。我们必须承认，古代的史料因为不全面和带有偏见而扭曲了；有人通过沉默的合伙关系以及通过奴隶和被释奴代理人规避了西塞罗所说的行为准则。[62]这些是合理的论点，不过却常常降格为不合理的推测：某个学者问道，为什么庇里乌斯港的商务代理人会为希罗德斯·阿提库斯（Herodes Atticus，公元2世纪最为富有和最有权势的雅典人）的妻子竖立雕像呢？他毫无根据地回答说，因为他们是希罗德斯的商务代理人。[63]具有决定性的一点仍然是，相比于相对少数已知的沉默的合伙关系及类似策略的例子，我们不能确定任何一位显耀的骑士"主要是商人"[64]，或者任何一位骑士"本人积极从事谷物贸易或者亲自从事海上商贸"[65]。骑士既是如此，就更不用说元老了。

土地所有者当然关心他们收成的销售（除非土地出租给佃农了）。他们通过其管家操办这些，就像伯里克利的奴隶欧昂格洛斯。至少在意大利，如果其土地包括上好的黏土，制砖和制瓦也获得了农业的地位。因此"实际上制砖业是罗马贵族不那么迟疑地表露与工场利润有联系的唯一行业"[66]。这里同样要做一个区分。当西塞罗在他那段长篇大论结尾说，"但在一切可以获得收入的事情中，无有比农业更好"时，他最没有想到的是生存农业。我们仍然会说到"绅士农民"，却从来不会说"绅士商人"或者"绅士厂主"。不过尽管这是我们语言中遗存到今天的化石，因为农业现在也是一种资本主义企业，但是在人类历史的绝大部分时期，这一区分是根本性的。任何人如果将农业的"绅士身份"和对利润及财富的漠不关心混淆起来，那么他就无法理解过去大部分时期的历史了。从没有人比老加图这位自命的旧有价值观及祖宗法度的鼓吹者更强烈地推荐榨出每一分钱了。

让我们从罗马转向行省中的商贸中心，以此作为检验。卢格杜努姆（Lugdunum，今里昂）本是高卢的一个村庄。公元前43年罗马在这里建立殖民地之后，由于地处罗讷河和萨奥讷河交汇之处，并且转变成了一个主要行政中心，它迅速发展成为高卢最大和最为富有的城市。罗斯托夫采夫对此写道："要认识到"2世纪"高卢工商业的巨大发展"，"只要读一读拉丁铭文《集成》*第12、13卷中的铭文，研究一下令人叹为观止的雕塑和浅浮雕

---

* 《拉丁铭文集成》（*Corpus Inscriptionum Latinarum*）有时简称《集成》（*Corpus*）。——译者

第2章 等级与地位

就足够了……例如里昂的铭文——无论是刻在石头纪念建筑还是刻在各种常用物品上的，尤其是那些提到不同行业公会的铭文，揭示了该城在高卢和整个罗马帝国经济生活中所起的重要作用。里昂不仅是谷物、葡萄酒、油料和木材商贸的重要交易中心，而且也是帝国境内高卢、德意志和不列颠消费的绝大多数物品最大的制造和销售中心"[67]。

这可能冗长了，但是毋庸争议的是这类中心贸易的体量和重要性。不过这并不是争议的问题，所争议的问题是那些主导了贸易以及相关金融活动并从中获利的人的社会地位。琼斯注意到，尽管里昂的商人中的确包括富有的人，但是他们是被释奴和外地人（不只是来自于高卢其他城镇，而且来自于远自叙利亚这样的地方），甚至没有一个说自己的身份是里昂公民的，更不用说是当地的贵族成员了，也更不用说属于帝国贵族阶层了。[68] 有学者对阿尔勒[69]以及最近发掘出来的诺里库姆行省马格达伦斯堡（Magdalensberg）贸易中心[70]进行了类似分析。* 用罗斯托夫采夫的话说，这两地都是重要"交易中心"。当然也有例外，不仅是例外的个人，还有例外的城市，例如罗马的港口城市奥斯提亚（Ostia）、商队之城帕尔米拉（Palmyra），也许阿雷佐在作为赤陶生产中心的短时期内也是如此。但是我相信我无须对用例外的事例进行论证的做法再做评论。只要对铭文材料进行合理分析的话——而在这一点上必要的探讨几乎没有开始，就会立

---

* 阿尔勒（Arles）为法国南部沿海城市；诺里库姆（Noricum）行省为罗马帝国行省，包括今奥地利大部和斯洛文尼亚部分地区。——译者

即证实文献材料和法律文本所说,即在整个罗马历史上职业商人和生产商的社会地位都很低。

同西塞罗时代和帝国时代的罗马,或者甚至是古典时代的雅典相比而言,绝大多数的古代城镇都不那么富庶和复杂,但却更为传统。而即便是它们,也需要有人进口粮食、金属、奴隶和奢侈品,需要有人建造房屋、神庙和道路,需要有人生产大量各类物品。如果大部分这些活动都掌握在社会地位较低或者像富有的雅典外邦人那样的人——他们在社会上受到更多尊敬,但在政治上却是局外人——手中,而我相信史料足以确定是如此的,我们就必须要有一个解释。

雅典城邦通过了一系列带有严厉惩罚条款的法律,以确保进口粮食供应。这对城邦的生存来说至关重要,但是为什么它对于从事谷物贸易的人没有进行立法,而让大部分的谷物贸易掌握在非雅典人手中呢?为什么罗马的元老们将行省税收这一明显十分赚钱而且政治上重要的活动留给骑士等级呢?[71]回答是,他们之所以如此做,是因为公民精英中没有足够的人数愿意经营经济中的这些分支。但如果没有这些分支,他们和他们的社会又都不能按照他们习惯的方式生存。精英群体拥有资源和政治权力,也能够支配大量的人员,但是他们缺乏意愿。就是说,作为一个群体(无论少数人的回应是如何的)来说,他们被压倒性的价值观所抑制了。因此注意到这一点是具有决定意义的,即在从柏拉图到尤维纳尔(Juvenal)的古代作家对被释奴和外邦人的常见指责中,无一例外的主题都是道德上的,而非经济上的。[72]他们因其道德败坏和邪恶方式而受到谴责,但从来都不是作为竞争者,因剥夺了诚实的人的生计而受到谴责的。

换句话说,古代世界经济选择的模式,或者说投资的模式,会给予身份地位这一因素相当大的考量。我并不是说它是唯一的因素,或者对于任一等级或者地位群体中的所有成员来说,它都具有同样分量。我也不知道如何将我所说的转换成等量数字。在任一特定的时候,许多东西决定于从高尚的来源获取足够财富的能力,也决定于花费和消费的压力。我之所以选择西塞罗时期的罗马进行特别分析,恰恰是因为,在这个时期,以地位为基础的模式看起来最接近于瓦解。然而它并没有瓦解,它扭曲了,它改变了,在某些方面扩大了选择,但不是在所有方面。而且我们可以看到,扩大选择的方面在逻辑上仍然遵循受到威胁和保护的价值观。如果甚至在那个非同寻常的时期,这个模式都幸存了下来,那么它在其他时期和区域无疑是稳固的。特里马尔乔仍然是一个真实的代言人。

第 3 章　主人与奴隶

尽管看起来似乎是荒谬的,但在古代身份地位的图景中没有比奴隶制度导致的情况更复杂的了。看起来一切都很简单:奴隶是财产,在买卖、租借、偷盗、自然增加等方面受到财产原则和程序的支配。奥德修斯最喜欢的奴隶、猪倌欧迈俄斯是份财产;公元前4世纪雅典最大钱庄的管事帕西翁(Pasion)也是财产,但他很快就获得了自由,并且最终被给予雅典公民权的荣誉;在臭名昭著的西班牙银矿里劳动的奴隶也是财产;卡利古拉皇帝的奴隶赫利孔(Helicon)也是财产,菲洛(Philo)指名他对亚历山大里亚犹太人群体的遭遇负有主要责任(*Embassy to Gaius*,166—172);公元55年左右出生的斯多葛学派哲学家埃比克泰德(Epictetus)同样是财产,他最初是尼禄一个被释奴兼秘书的奴隶。这使我们踌躇,但是毕竟房屋、田产以及各种不同的财产,其性质也大不相同。奴隶会逃跑、被殴打和打上烙印,但动物也是如此;奴隶和动物都会给他人及其财产造成损失,他们的拥有者对此负责,罗马法将相关的法律程序称之为伤害诉讼。然后我们要讨论奴隶作为财产的两个独特品质:首先,女奴隶能够为男性自由人生养子女,事实也的确如此;其次,在神明眼中,奴隶也是人类,至少在以下程度上而言:谋杀他们需要进行某种形式

第3章 主人与奴隶

的洁净，而且他们自己也参与如洗礼这类的仪式活动。

因此奴隶这个不可消除的双重特性——他既是人也是财产——造成了模棱两可的问题。巴克兰（Buckland）在1908年出版的著作《罗马奴隶法》非常出色地说明了这种模棱两可。巴克兰是个一丝不苟的作者，他将自己的讨论限于帝国时期，而且是限于狭隘意义上的法律原则，然而他写了足足735页，如同他在前言中所写，"法律的任何分支，几乎没有一个可能出现的问题，其解决办法不受这样一个事实影响，即交易的一方是个奴隶"。释放奴隶的做法并非不常见，这一点使得模棱两可的问题进一步复杂化。获得释放的奴隶作为被释奴仍然受到某些限制，不过业已跨越了那个巨大的分界。他们之后养育的子女就是完全自由的，例如诗人贺拉斯就是如此。在罗马，拥有公民身份的奴隶主，其被释奴通过正式的释放行动自动成为公民。这是能够通过严格意义上私人的个人行动获得公民权的唯一情形。不过在希腊被释奴通常不能获得公民权。

然而，尽管我相信这些模棱两可非常严重，它却不是我在开头所说的全部荒谬性。我将用两个特定制度予以进一步说明。其一是斯巴达的黑劳士制度。黑劳士人数众多，比斯巴达公民的人数要多得多。他们为斯巴达公民耕种在拉科尼亚和美塞尼亚的田庄，并且作为他们的奴仆，承担各种不同的任务。希腊人通常将黑劳士称为"奴隶"，但是他们很易于和（比如说雅典的）动产奴隶区分开来，而且这种区别也很重要。他们不是自由人，但也不是斯巴达人的个人财产。他们不能被买卖，不能被释放（除了国家之外）。而且最能说明问题的是，他们是自我繁衍的。

我们看到,在古代世界凡有动产奴隶的地方,那里的奴隶人口不仅是通过生育而且是通过不断地从外部引进予以补充的。但是黑劳士从不如此。因此如果不是在法律意义上而言,那么从事实上而言他们肯定拥有自己的家庭,而且拥有自己的财产,无疑也一代代传承他们的神明崇拜。总体上他们还有所有正常的人类的制度,除了自由以外。一个后果是,和罗马统治之前希腊世界真正的奴隶不同,他们也进行过反抗。另一个后果是,在军事行动吃紧的时候,他们也被强征进斯巴达军队(作为正规的重装步兵,而非仅仅是勤杂人员)。[1]

我的第二个例子是授产(peculium)制度。相比起希腊,罗马的授产制度更为人所知,而且发展得也更为充分。罗马人所说的授产,是指给予某个在法律上无权拥有财产的人的财产(无论何种形式),令其使用、经营以及在有限范围内进行处置。此人要么是奴隶,要么是仍处于父权之下的某个人。在严格的法律上,授产完全是主人或者父亲的自愿授予,这使他对第三方负有不超过授产价值的法律责任,而且他可以在任何时候自由地收回授产。然而实际上,占有者一般可以自主经营,而且如果他是奴隶的话,他能够用获利赎回他的自由;之后如果他愿意,也可以以被释奴身份继续经营,并且将授产传给他的继承人。实际上,从公元前3世纪起,相当一部分城镇商业、金融和工业活动是以这种方式由奴隶和被释奴开展的。在罗马、意大利、帝国境内有罗马人活动的任何地方都是如此。与奴隶管家和管事不同,那些占有授产的人是独立劳动的,不仅是为他们的主人,也是为他们自己劳动。而且如果只要生意超过最小规模,其授产除了

第3章 主人与奴隶

包括现金、店铺、设备和存货外,有可能也会包括其他奴隶。[2]

很明显,尽管家奴、占有授产的奴隶和戴着枷锁在大农庄里劳动的奴隶都属于同一个法律类别,但是法律地位掩盖了他们的经济和社会差别。[3]而且当我们考虑到黑劳士这样的类别的时候,法律地位本身就变得非常难以理解了。希腊人缺乏发达的法律体系,从未认真地试图定义黑劳士的法律地位,最多不过说他们"处在自由人和奴隶之间"(Pollux, *Onomasticon*, 3.83)。可以合理地猜想,倘使罗马人试图进行定义的话,他们也不会成功。罗马的律师们关注的是罗马内部世界,并且日益混杂的帝国世界的社会复杂性令他们迷惑。因此他们不能对帝国后期的所谓隶农(*coloni*)进行分类,[4]而且诉诸像"作为奴仆的真正自由人"(*liber homo bona fide serviens*)和"类似隶农的奴隶"(*servus quasi colonus*)这类荒谬的分类。我们继承了经过中世纪过滤之后的罗马法,并且我们着迷于这样一种观念,即在社会等级的底端、在劳动力队伍中只可能有三类人,即奴隶、农奴和自由雇工。因此黑劳士成了农奴,[5]而占有授产的奴隶首先是作为奴隶加以讨论的。但是在经济上,从社会的结构和运作来说,他们绝大多数是个体工匠、当铺老板、借贷者和店主。尽管他们和与他们对应的自由人有着正式法律地位的差别,但是他们是以同样的方式,在同样的条件下,从事同样的民用生产。这两个群体中的成员都不在亚里士多德和西塞罗宣判的奴役和不自由的意义上,在另一个群体成员的束缚之下从事劳动。在古代奴隶制中存在着固有的荒谬性。

从历史而言,雇工制度是个复杂的后来者。雇工这一概念本身要求两个困难的观念步骤。首先,它要求将一个人的劳动从他个人本身和他劳动的成果中抽象出来。当某人从一个独立的工匠——无论他是自由人还是占有授产的奴隶——手中购买一件物品时,他购买的不是他的劳动,而是他在自己的劳动条件下按照自己的时间制作的物品。但是当某人雇用劳动时,他购买的是一种抽象的东西,即劳动力,然后购买者按照他本人而非劳动力的"拥有者"确定的时间和条件进行使用(并通常在使用劳动之后才支付报酬)。其次,雇工制度要求建立一种衡量所购买的劳动力的方法,以便支付酬劳。这通常意味着引入第二个抽象的东西,即劳动时间。[6]

从社会的角度而非思想的角度而言,我们不应低估这两个观念步骤的巨大跨越;即便是罗马的法学家也觉得它们很难。[7]动员劳动力以完成超出个人或家庭能力的任务是一个古老的需要,可以追溯到史前时期。当我们能追溯的任何社会达到资源和权力足够集中在一些人(无论是国王、神庙、统治部落还是贵族集团)手中,以至于要求超过家庭或血缘群体所能提供的劳动力,以用于农业或采矿,或公共工程或武器制造时,这一劳动力不是通过雇用获得的,而是通过强制、通过武装力量或者法律和习俗的强制获得的。而且,这一非自愿劳动力通常不是由奴隶组成的,而是由这种或那种类型的"半奴隶"如债务奴、黑劳士、早期罗马的被庇护人、后期罗马的隶农组成的。偶尔也会有奴隶,尤其是女奴;同时偶尔也有雇工,但是在很长时期里这两者都不是重要的生产因素,无论是农业生产还是城镇手工业生产。

这些低级地位的人之间,其身份难以达到合理平衡。在"荷

第3章　主人与奴隶

马史诗"的一段著名记述中,奥德修斯造访冥界,谒见阿喀琉斯的鬼魂时,问他是否过得很好。他的回答比较苦涩。阿喀琉斯说,"我宁愿受到束缚,作为一个贫民为一个无地之人劳作",也不愿作为所有死者的王(《奥德修记》,11.489—91)。阿喀琉斯能够想到的人类的最低地位不是奴隶,而是没有土地的贫民(thes)。而且在《伊利亚特》(21.441—52)中,波塞冬神提醒阿波罗神他们俩一道作为"贫民","按约定的工钱"为特洛伊国王拉奥美东(Laomedon)劳作一年的时光。一年结束的时候,他们被赶走,未取得酬劳,也没有办法索回。[8]"贫民"是自由人,猪倌欧迈俄斯是个奴隶,但是后者在世上有个更安稳的地方,是由于附属于一个家庭,一个王公家庭。这种附庸关系比起法律上自由的地位、不被他人拥有的地位更有意义,更有价值。在公元前6世纪早期雅典以及公元前5世纪和前4世纪罗马废除债务奴隶制的斗争中,还有另一个微妙差别。在这两个地方都曾有一大批公民因为债务而陷入实际的奴役。亚里士多德甚至说(《雅典政制》,2.2),在雅典"穷人、他们的妻子和儿女遭富人'奴役'"。但是他们的成功斗争从未被看成是奴隶起义,他们自己从未这么看,讨论这些问题的古代作家也从未这么看。他们是在重新夺回他们在自己社会中的应有位置,仅仅是为了他们自己,而不是为了少数真正的动产奴隶。当时这些奴隶是从外部输入雅典和罗马的。[9]

这些公民兼奴隶(citizen-bondsmen)在被解放之前是自由人,抑或不是自由人?我发现这是一个毫无意义的问题。更糟的是,这是一个误导的问题,反映的是我之前提到的虚假的三个分类，即我们试图强行将所有劳动者划分成奴隶、农奴和自由人三类。从观念上而言，法律上的"自由"存在两个对立的极端。一个极端是作为财产而不是任何其他东西的奴隶；另一个极端是完全自由的人，他们所有的行动都是自由而自愿进行的。这两种人都从未存在过。有些个体奴隶很不走运，被拥有者纯粹作为财产对待，但是我不知道有任何一个社会用那种简单的方式对待全部的奴隶人口。另一方面，除了鲁滨逊·克鲁苏以外，每个人的自由都因为生活在社会之中而以这样或那样的方式受到限制。绝对自由是一个无益的梦想（无论如何它在心理上是无法忍受的）。

在这两个假定的极端之间有一整排或者序列的地位，其中的一些我已予以了说明。这些不同的地位在同一个社会中常常共存。个人在许多方面拥有或者缺乏权利、特权、要求和义务：他有可能在支付应付款如租金和税收之后，自由占有其劳动的剩余成果，但是可能没有选择其劳动或者住处的类型和地方的自由；他有可能可以自由选择自己的职业，但却没有选择自己劳动场所的自由；他有可能拥有某些公民权利但却没有政治权利；他有可能拥有政治权利但却没有财产权利，只要他还处在——按照罗马人的概念——某种"权力"（*potestate*）之下；他有可能有或者没有军事服役的权利（和义务），而军事服役的花费要由他自己或者是国家承担；如此等等。这些权利的组合，或者是所缺乏的权利的组合，决定了一个人在地位序列中的位置。当然，我们不能将这个序列理解为一个数学的连续体，而应理解为一个更具比喻意义上的、断续的序列，在某些地方存在空缺，在另

第3章 主人与奴隶

一些地方则集中了许多的位置。而且即使在一个可以转换成数学连续体的色彩斑斓的序列中,主要色彩之间的不同也是完全可见的。[10]

所有这些似乎毫无必要地抽象和复杂,但我不这么看。在前一章中我试图表明,在社会等级的高端存在一系列身份地位和等级(不过我并未使用"系列"一词),它们如何解释了大量的经济行为。现在我提出,同样的分析手段有助于解决底端人群行为中除去此法之外无法处理的问题。我已经指出在希腊,黑劳士进行过起义,但是动产奴隶则没有,恰恰是因为黑劳士拥有(而非缺乏)某些权利和特权,并且要求获得更多。无一例外的是,事实证明,我们所称的古代世界的"阶级斗争"是处于地位序列中不同点的群体争夺特定权利和特权分配的冲突。当真正的奴隶最终起义——公元前140年至公元前70年间,在意大利和西西里爆发了三次大规模的奴隶起义——的时候,他们关心的是他们自己以及他们的身份地位,而非作为制度的奴隶制。简单地说,他们关心的问题不是废除奴隶制。[11]序列这一概念也使我们能够定位占有授产的奴隶和奴隶-雇农以及自由人个体工匠和店主的关系。而且它也有助于我们免于将我们的道德价值观注入更为狭隘的经济问题,诸如奴隶劳动和其他形式的劳动哪种效率更高之类。

古代世界的大部分自由人,甚至是大部分自由公民都是为自己的生计而劳动的。即使西塞罗也承认这一点。但是整个劳动力中也包括另一个重要的部分,即那些或多或少不自由的人。一旦我们接受动产奴隶仅仅是这一类别中的一个次类别,则我们的语言就无法提供一个单独的合适的词语来指示这一类别。我将把这一宽泛类别称为"依附（或者非自愿）劳动力"，而把所有为他人劳动的人包括在内。不过前提是，他之所以为他人劳动，既不是由于他是后者的家庭成员，例如一个农民家庭的成员，也不是由于他自愿签订了契约协定，而是由于他处于某些先决条件，诸如出身于附庸阶级，或是债务，或是俘虏，或是任何其他情形下，法律和风俗习惯自动剥夺他的某些选择和行动自由的情况，而这通常是很长一段时间或者是终身的情况。

出于可以理解的原因，传统上历史学家们集中于讨论动产奴隶这一次级类别（我也将如此）。在伟大的"古典"时期，即从公元前6世纪以降的雅典和其他希腊城邦，以及从公元前3世纪早期到公元3世纪的罗马，奴隶制实际上取代了其他形式的依附劳动，而出于许多原因，这些是吸引学者们注意的古代中心和时期。然而，无论是古代世界奴隶制的兴起还是衰落都不能孤立地理解。尽管我们能够掌握的具体情形很少，但是我们能够肯定，在希腊和罗马历史的古风时期，奴隶制并不重要，而庇护制、债务奴隶制等才是盛行的依附劳动形式。而且，在这一方面古代斯巴达绝非独特，同黑劳士制度非常相似的依附劳动力还存在于克里特岛和帖撒利，一段时间内存在于西西里的希腊城邦，在许多世纪里大规模存在于多瑙河盆地和达达尼尔海峡及黑海沿岸的希腊殖民地中。[12]这些加起来在数量概念上是希腊世界一个非常大的部分。

即使是债务奴隶制被雅典和罗马废除之后，也仍然比我们认为的要更广泛存在，在许多地方是正式存在，[13]在我们最没有想

第3章 主人与奴隶

到的地方即意大利是非正式存在。罗马法律直截了当地宣布,契约佃农在通常五年的租期结束的时候可自由离开(《查士丁尼法典》,4.65.11)。他们是自由的,但条件是他们没有拖欠什么。早在1885年弗斯特勒·德·古朗热就提出,多米提乌斯·阿厄诺巴尔布斯(L. Domitius Ahenobarbus)在公元前50年或前49年用以私自武装舰队的佃农(连同他的奴隶和被释奴),似乎并不是那么自由的。[14]他进一步注意到,小普林尼在一封经常被引用的信件中抱怨佃农陷入拖欠,他们在租佃期结束后仍然在他的庄园里劳动,因此应该把他们和科卢美拉所讲的未予定义的农奴(nexus)以及瓦罗所说的欠债者(obaerati)联系起来,而他们明白无误是奴隶。[15]弗斯特勒的观点很少受到注意,乃因为历史学家们太过着迷于奴隶制的邪恶,而不能充分认识到严厉的罗马债务法制度下短期租佃制的邪恶。但是并非由于这种忽视,他的观点就不那么令人信服了。[16]

动产奴隶制的一个刺激因素来自于城市生产的增长,对此传统的依附劳动形式已不能适应。在农业劳动中,无论在何地,也无论因何原因,当黑劳士和相应地位的劳动力未能在足够规模上幸存以满足土地所有者之需时,奴隶制获得了很大发展(相反例如,斯巴达的奴隶制没有发展起来)。就是说,如同梭伦改革之后的雅典,在缺乏自由劳动力市场的情况下,只是在已有的内部劳动力不足时,才引进了奴隶劳动力,因为奴隶首先总是外来者。在亚历山大及其继承者以及后来罗马人征服了古老近东大部分地区之后的发展中,这种相关性也具有中心意义。他们发现,在那里自由农阶层和大量农业依附劳动力并存,两者的比例我们甚至无法猜测;作为前来剥削和获利的征服者,他们采取了明显的做法,即保留原有的土地制度,仅做一些必要的细节变动,例如建立希腊式城市。传统上说,这些城市的土地不受王室和神庙控制。[17]为何他们应该采取不同的做法呢?更为准确地说,为何他们应该将许多世纪里人们接受的业已依附的农民转变成不同类型的束缚呢,或者说他们为何应该将他们赶走,代之以引进的劳动力呢?对这一纯粹辞令上的问题无须回答。事实是,在小亚细亚、叙利亚和埃及,奴隶制从未成为农业的重要因素。而罗马在西欧和北非获得的领土具有不同的前罗马社会结构,因此经历了不同的发展道路。[18]

如果我们暂且将奴隶制的兴起和衰落搁置一边,专注于希腊和意大利伟大的"古典"时期,那么我们看到的是历史上第一个真正的奴隶社会,仍然被依靠其他形式的依附劳动力的社会所包围(或者嵌入其中)。这些都不能转换成纯粹数量上的概念。我们不知道任何时期希腊或者意大利奴隶的数量,甚至不知道任何特定地方和任何特定个人拥有的奴隶数量,除了一些例外。现代学者对古典时代雅典奴隶数量的估计差别很大,从两万到40万不等,这两个数字都不切实际,但却说明我们的史料缺乏得可怜。[19]它们也揭示了这一问题研究中一种过分带有倾向性、主观的、根本上错误的方法。我们肯定应该试图尽量找出史料能够提供的数字,但是仅仅依据数字比例而得出的观点可能会陷入数字迷信,而非系统的量化。说德谟斯梯尼时代雅典奴隶数量的人数为20 000人,这一估计低得不现实,给出的奴隶和公民家庭的比例略低于1比1。[20]即便这个估计是正确的,它又能证

第3章 主人与奴隶

明什么呢？根据官方的统计数字，在1860年美国的奴隶制州中，奴隶人口略少于总人口的三分之一，并且也许四分之三的白人并不拥有奴隶。[21]没有人会否认美国的奴隶制州是奴隶社会：只要存在足够的奴隶，超过了一个无法界定的最低数，检验的标准就不是数量，而是奴隶的社会和经济位置。无论一个历史学家计算出在巴格达哈里发的后宫里有多少女奴，在主要由自由人从事农业和手工业生产这个事实面前，她们都不产生影响。

诚然，一个"足够的最低数"不是个精确的概念，但是考虑到古代历史从头到尾都记录着对战争和"海盗活动"受害者大规模和连续不断的奴役，这已足够好了。据说仅公元前58年至前51年间，凯撒在高卢的征服战争就迫使100万战俘为奴，这不是一个完全不可信的数字。[22]在公元前4世纪写作的色诺芬记载了一个流行的说法，即半个世纪以前将军尼基阿斯（Nicias）拥有1000名奴隶，他把他们出租给雅典银矿的特许经营者；另一个人拥有600名奴隶，而第三个人拥有300名奴隶（《论收入》，4.14—15）。学者们通常认为这是想象而置之不理，[23]而且我不知道有任何办法"证明"色诺芬是正确的。但是并不必这么做；只要知道下列一系列情况就足够了：色诺芬认为其读者不会觉得这些数字不合理，而且他以此为基础提出了一个煞费苦心的建议；修昔底德记载在伯罗奔尼撒战争最后十年逃跑的奴隶——他们中的大部分是熟练劳动者——数量为20 000（《伯罗奔尼撒战争史》，7.27.5），他相信这是个合理的猜测；现代学者最好的猜测表明，在色诺芬生活的时期，在矿山劳动的奴隶人数达到五位数；[24]外邦人克法洛斯（Cephalus）在盾牌作坊中使用了120名奴隶——这个数字无可争议；[25]或者转向罗马,在尼禄统治时期,被其奴隶刺杀的罗马市政长官卢基乌斯·佩达尼乌斯·塞孔杜斯(Lucius Pedanius Secundus),仅在城里的住宅里就有400名奴隶(塔西佗:《编年史》,14.43)。并不令人吃惊的是,在同一个时期众多罗马城普通民众的墓碑表明,被释奴(前奴隶)的数量多于自由人。[26]

我用"位置"(location)一词表示两个相互关联的东西,一是在从业(奴隶劳动之所)中的位置,一是在社会结构中的位置(哪些社会阶层拥有并依靠奴隶劳动),这是我们现在要考虑的问题。我们的出发点是,奴隶和自由人都用于各种不同的民用劳动中,不过从事采矿的几乎全是奴隶,而家庭服务几乎全是奴隶和前奴隶(被释奴)。而且也许值得注意的是,西塞罗在他的行业清单中省略了这两种活动。采矿一直是一种例外的职业,是专门保留给贫穷的那一部分人口的(例如在南非仍然如此),在有奴隶的地方是由奴隶承担,在已无奴隶的地方是由那些自由十分脆弱且较容易受到侵害的自由人承担的。[27]在整个古代世界,自由人矿工都是可以忽略不计的成分,以至于色诺芬认为,他提出雅典国家应该进入购买奴隶、用以租赁给银矿特许经营者的行当,并用其中的收入支持整个公民群体的生计,是合理的做法。至于家庭服务,我只强调在比较富有的家庭,这一类别并不仅仅包括厨子、管家和女仆,还有保姆、家庭教师、纺织工、书童、管事;在罗马皇室中,还包括帝国官僚体系中的低级管事。

因此这个分析所需要的精妙之处同样为西塞罗所指涉到了:他把一系列职业称为卑劣的和不自由的,但是他将奴隶这一

第3章 主人与奴隶

比喻局限在那些为工钱而劳动的人,即那些雇工。自由人从事各种职业,但是通常是作为独立的个体劳动者,要么是农村里的小土地所有者或者佃农,要么是城镇里的独立工匠、商人和借贷者。在确定奴隶制在古代社会中的位置时,这是应该指出的第一个根本区分。尽管史料的数量很少,但在影响方面却是压倒性的。自由人雇工是临时的和季节性的,①其存在是由一个条件所决定的,即在购买和维持奴隶劳动力会是荒唐的条件下,最为明显的是满足农业中收割这一特别的短期需要。与此类似,城市中有被迫以工钱维持生计的人,他们充当看门人、港口装卸工和建筑工这类临时工,希腊人称这些人为 *ptochoi* 即乞丐,他们和辛勤劳动的"穷人"不同。[28] 当然,收割和看门是基本的活动,但是干这些活儿的人要么是边缘人物,要么是独立的农民和工匠,他们乐意在正常的低收入之外额外挣点钱。

我们所知道的私有经营体,无论是城镇的还是农村的,只要能确定常规雇用的劳动者的身份,就发现他们都是奴隶。史料中甚至都没有提及临时雇用自由人的经营体。因此雅典演说家德谟斯梯尼在法庭官司中试图从监护人那里收回自己的遗产时,能够把"奴隶"和"作坊"(*ergasterion*)用作完全的同义词。[29] 半个世纪之后,一个没有留下名字的雅典土地所有者因为贪求一个奴隶男孩,据他自己说(Hypereides, 5),他被这名奴隶的拥有者——一个香料商——骗取购买作坊,包括三个奴隶(男孩及

---

① 当然有一个主要的例外,即海军中的划桨手以及有些地方的职业士兵,不过和本文的讨论无关。

其父亲和兄长)、一些存货和大量债务。在奥古斯都时代的意大利,阿雷佐勃兴的陶器作坊里仅仅使用奴隶,其中单单一个作坊里使用奴隶数量最多的是60名。当"阿雷佐风格"的陶器的生产中心转移到了高卢的时候,那里的陶工几乎都是凯尔特人出身,是独立的工匠,在自己的个体小作坊里劳动,显然没有使用大量奴隶或雇工。[30]最后,在晚期罗马帝国,当奴隶和其他形式的非自愿劳动力的区别减少到几乎消失的地步时,帝国工场和铸币厂成为此时最大的工业,由国家直接生产的产品除了其他的,主要包括军队所需的军服和武器。这些工场里的劳动者全都是宽泛意义上的被奴役者,而且常常仍然是狭隘意义上的奴隶,并且这个劳动力队伍是通过繁育而得到补充的。[31]

除了在完全的独裁统治后期的这一发展,公共工程体现出某些微妙不同,使之和私人经营体区分开来。从它需要专门技巧——尤其是,建造大理石神庙需要极高技巧——的程度而言,必须承认有三个扭曲的因素。首先是虔诚的因素,它会吸引自由劳动力,而私有经营体则不能;其次是为公民身份的工匠提供额外收入的机会,一些国家对此予以认可;再次是在少数非典型的中心如雅典和罗马之外,肯定缺少必要的专业人员。因此,在这类工程中似乎很少用到奴隶。然而,同样是这些扭曲的特征,使得大型承包商几乎不可能承揽这类工程。通常这类工程分解成小项目,每一项目承包给一个单独的承包商,而非以雇工为基础。[32]罗马律师最终认可的两种雇佣合同即承包合同(*locatio conductio operis*)和雇工合同(*locatio conductio operarum*),其区分表达了一个根本的身份地位区别,即独立和依附的区别,

第3章 主人与奴隶

自由人和雇工的不同。前者尽管也为生计而劳动，但是他是为顾客（无论是私人还是公家）而劳动。[33]

典雅精致的神庙不应将我们的注意力从这样一个事实中分散开，即大部分公共工程如修路、筑墙、修建街道、引水渠和排水道，需要更多的体力而非技术。但是我们的史料对这类事情毫无兴趣，在这一点上完全抛弃了我们，而且考古学也于事无补。这类劳动同样可以强加给军队和战俘。然而我相信罗马两个当时的文本提供了线索。一个故事说（斯维托尼乌斯：《维斯巴芗传》，18），某个人将一个新装置带到皇帝维斯巴芗面前，说它能够以较小花费将沉重柱子运送到卡皮托尔山丘上。皇帝奖赏了这位发明者，但是拒绝使用那个装置，他"叫道，那么我怎么能够为民众提供生计呢？"这话很迷人，但是皇帝持续不断的大宗花费仍然是向罗马民众提供粮食和娱乐，而不是工作机会。[34] 维斯巴芗提到的是我已经注意到过的那类临时劳动。运送柱子到卡皮托尔山丘很难给大量民众提供固定就业，而供水保障则能够，罗马有700名固定奴隶（包括"建筑师"）专门负责供水保障。[35]

我们从塞克斯图斯·朱利乌斯·弗朗提努斯（Sextus Julius Frontinus）的一本书中了解到这一点。他在公元97年被皇帝涅尔瓦任命为"供水督察官"（*curator aquarum*）。弗朗提努斯是个有些名气的元老，早在负责罗马供水之前，就担任过城市司法长官，补任执政官以及不列颠总督。他的地位和奴隶"建筑师"——后者是供水系统的技术管事——的地位的对比强调了某种根本的东西。政治管理是一回事，但管事是另一回事。而且在整个希腊和罗马古典时代，无论是城镇还是农村的管事都是留给奴隶和被释奴的,至少在所有拥有者本人通常不参与管理的较大经营体中是如此。地位最高的人本人不会、实际上也无法致力于管理其田产或者其他生意,这一点是不证自明的。他们的生活方式使得他们不可能这样做,对于居住在城市里、时不时巡视一下自己庄园的大土地所有者则更是如此。只要我们看看色诺芬的《家政论》或者加图的《论农业》或者普林尼的信件,这一点就显现出来了。

即使在公共管理中,最高位置以下的等次也是成问题的。有一个2世纪后半期的文本颇能说明问题,即琉善的《辩护词》。他是一个叙利亚-希腊人,后来成了著名修辞学家和散文作家。晚年的时候,他担任了帝国体制中的一个官职。他曾经写过一篇散文,激烈抨击为了工钱而接受富人家庭职位的文人。现在他问道,难道他实际上不也是如此吗?他回答说,的确"我"和他们都接受工钱,并且"在他人权力之下"工作,但是"他们受到奴役是明显的,而且他们和买来的或者繁育的奴隶几无不同",但"我"的位置是不能与之相比的,因为"我"服务于公共利益。[36]笔者发现这段话中对亚里士多德和西塞罗的回应是不可抗拒的,即便不是有意的。这毫无疑问是一段诙谐的话,然而却能说明问题:今天为接受一个官方低级官职的辩护不会是这样的。

在城镇经济中,奴隶管事和拥有授产的奴隶密切联系在一起,因此尤其在罗马社会,是和被释奴密切联系在一起的,因为更经常是这些奴隶获得解放,而非农业奴隶。那么我们必须要问,为什么经济中——或者用更为准确的古代概念,获取财富中——如此重要的角色是留给奴隶和被释奴的呢?一个说法的解释是"非自由人和新近获得自由的人相对更高的效率以及更好的训练"[37]。也许如此,但是这一推理存在循环的因素。如果自由人不愿接受训练,就意味着他们不愿受到他人雇用,那么强调的应该是这一点,以避免一种暗示,仿佛真正可在两类管理人员之间进行选择。[38]

被释奴的身份有一个内在的特殊性,即它是短暂的,法律将它局限在一代人之内。一个被释奴的儿子如果出生在他得到解放之前,就仍然是奴隶(除非是一同得到解放的),但如果是在得到解放之后出生的,则完全是自由人。因此,对被释奴而言,其财富带来社会和政治地位的希望是在儿子身上,而他本人则被法律剥夺了这种机会,尤其是担任官职的机会。近半个世纪以前对帝国时期意大利墓志铭的细致分析揭示,[39] 相当高比例的自治市元老是被释奴之子,最高的是在像奥斯提亚这样的城市,其比例估计达到33%或者更高;最低的是在山南高卢的农业地区,比如说12%。学者们批评说这些数字太高,因为作者确定是否是被释奴之子的验证标准太松。对数据的批评是对的,但是批评的方向却不对。没有人宣称有巨大数量的被释奴之子成为地方贵族,或者这类人占据了自治市元老的多数,又或者他们构成了罗马社会一个新的"阶级"。即便是把这个比例减少一半,仍然不能推翻相当数量的被释奴通过其子成功获得了更高的社会和政治地位这一结论。公元41年,皇帝克劳狄下令亚历山大里亚人将"那些出身奴隶者"排除在青年军即该城上层阶级希腊青年军队之外,[40] 他做出的不是一个毫无意义的姿态。公元175年左右,皇帝马可·奥列略指示雅典人,将前溯第三代不是自由人出生的任何成员从精英的战神山议事会中清除出去,同时却明确允许被释奴之子保留"五百人议事会"成员资格,[41]他做出的同样不是一个毫无意义的姿态。根据塔西佗的记载(《编年史》,13.27),在罗马本身,在尼禄统治时期有人提出,大部分骑士和许多元老都是奴隶后裔。这无疑是个带有偏见的夸张,但却不是应该直接弃之不理的一个观点。

被释奴的成功,是通过大量将金钱花在社会共同体及其公民身上这一标准方法而获得的,简单的解释是其财富获得于贸易、生产和借贷。然而我们应该停顿下来考虑一会儿这样一个事实,即这些最为成功的被释奴中,集中了从帝国和自治市管理层中上升到高位的人。而且像特里马尔乔这样富有的被释奴或者他们业已爬上上层阶级的子辈,究竟有多少将财富投入到土地财产这个安全港湾之中,这一问题仍然没有得到回答。很有可能不可能找到可靠的答案,但是偶尔有些暗示。例如庞贝附近较大的田庄(及葡萄园)使用数十个奴隶(除其他证据外,还为考古发现的枷锁所证明),这其中也许一半的田庄是被释奴的财产。[42]但是无论答案是什么,就是说,无论多少比例的家庭仍然从事城镇经济活动,重要的结论是,那个打理贵族阶层中地主权贵事务的短暂阶层*永远不可能成为罗斯托夫采夫笔下的资产阶级;[43]他们并没有扮演工业革命前夜欧洲大庄园经理、测量员和律师的角色,后者将"土地所有者绅士"编结"进了社会新的经济结构之中"。[44]任何特里马尔乔都不能成为冈察洛夫的小说《奥

---

* 指被释奴阶层。——译者

第3章 主人与奴隶

勃洛莫夫》中的施托尔茨。[45]

必须要承认,希腊的模式不那么清楚,倒不是在奴隶兼管事方面——关于这些有足够的史料——而是在被释奴及其后代方面。我们的困难既是技术性的,也是实质性的。希腊的被释奴成为外邦人,而非公民;他们的命名并不体现被释奴身份,这和罗马不同。希腊人从来没有采用罗马人的习惯,在墓碑上概括他们的生平(至少在罗马帝国之前没有)。因此我们根本不能知道,在城镇经济中如此重要的外邦人中,有多少是区别于移民自由人的被释奴及其后代。考虑到我们知识中的这个空缺,并且也考虑到其他不同及细微的变化,我相信下述概括是安全可靠的,即从其"位置"来说,奴隶是我所说的希腊和罗马"古典时期"——因为对此我们缺乏更为准确的概念——古代经济中根本的因素。

简言之,在同样的宽泛意义上,古典希腊和意大利同美国南方一样,都是奴隶社会。它们有着重要的差别,包括这样一个事实,即在古代世界拥有奴隶的人口比例要比南方奴隶制州中25%这个大约的比例更高,至少我们明确的印象是这是一个事实。一位罗马诗人这样描绘一个身无分文的人:"他没有奴隶和储钱罐",我们会说"一文不名"。[46]大约公元前400年,一个雅典人向"五百人议事会"申诉,反对把他从有权获得公共援助的人的名单中除名,这些人是所拥有财产不到200德拉克马——这相当于200天的工钱——的身体伤残的公民。他在请愿(吕西阿斯,26.6)中提出,他还无力购买一名奴隶以维持他的生计(实际使用的字眼儿是"替代他"),但是他希望最终能够如愿以偿。将近八百年之后，世界著名的修辞学家和教师利巴尼乌斯（Libanius）请求安条克的议事会增加其教师的生活费，说他们如此贫穷且报酬低得可悲，以至于他们每人不能负担两三名以上的奴隶。[47]在那个时候，即便是普通军团里的普通士兵，有时也有自己的奴隶勤务员。[48]

如同在其他奴隶社会一样，可以发现奴隶和自由人一道劳动的情况。公元前5世纪末雅典卫城上称作埃瑞克特昂的神庙的修建工程到了最后阶段，其公共账簿的残篇保留了下来。[49]账簿分日记载，因为在此雅典国家本身是承包方。我们知道身份的工人有86人，其中公民24人，外邦人42人，奴隶20人。还有一些奴隶主和一个或数个奴隶一道劳动的事例。西米阿斯是个外邦人，也是个石匠，他和自己的五名奴隶一道劳动。所有这些人的工钱似乎都一样，每天5—6奥波尔*；建筑师也不例外，他们唯一的优势是一直到工程结束都会受到雇用。[50]当然，西米阿斯会把他本人和他的奴隶的工钱都装进自己的口袋，但这不影响我们讨论的问题。

一般而言，古代世界的工钱是令人吃惊的稳定和不加区分的。我们可能会认为，这样一来，无论是在就业竞争中还是在工钱方面自由人都遭到了奴隶挤压。但是他们从未提出这一点。如同我之前说到的，保留下来的对奴隶和奴隶制的抱怨是道德方面的，而非经济方面的。一个重要的例外充分说明了这一点。

---

* 奥波尔（obol）是古希腊的货币单位，每6奥波尔相当于1德拉克马。后者是主要钱币单位。——译者

罗马共和国后期，意大利使用奴隶劳动的大庄园的发展引发了严重的抗议，提比略·格拉古挑起了对农村里存在大量奴隶的问题的公开讨论，[51]但是抗议是为了失去土地的小土地所有者，即农民，而非为了自由人劳动力，无论是农村的还是城镇里的。[52]失去土地的农民要求要回土地，而非要求在大庄园里就业。严格地说，他们对奴隶不感兴趣，并不反对传统的上层阶级庄园里使用奴隶劳动。

在工业革命初期的英格兰，阿瑟·扬（Arthur Young）曾经写道："除了白痴，谁都知道必须保持下层阶级的贫困，不然他们永远不会勤劳。"[53]与此相反，在古典时期希腊罗马的穷人即贫穷公民得以保持其自由，并且可服役于军事和海军。[54]有时他们行使这种自由，进行反抗，或是为了争取更多的政治权利，或是为了古代世界反复不断的革命纲领，即废除债务和重新分配土地。这是农民阶级的口号，却不是工人阶级的口号。老兵在退伍的时候总是要求授予土地。最新的研究表明，在分配土地活动频繁得非同寻常的时期，即罗马共和国最后一个世纪的内战时期，仅苏拉、凯撒、"前三头"、"后三头"和奥古斯都在意大利就给25万退伍老兵家庭分配了土地。[55]老兵们常常愿意接受很小的份地，小到甚至在免除税务之后仍然没有盈利。史料记载，到公元前2世纪的份地从3英亩到5英亩不等；公元前59年凯撒的法案向有三个或以上孩子的退伍老兵（或穷人）家庭提供10罗马亩*（6英亩多一点）的土地。[56]不然的话，这些穷人就只能逗

---

* 拉丁文为jugera（犹格拉），是古代罗马的田地丈量单位。——译者

留在城里,要求越来越多的粮食和娱乐。

这其中完全缺位的是我们所认可的任何劳动纲领,任何和工钱、就业条件、奴隶竞争相关的纲领。古代世界的城镇中出现过大量小型行善协会,通常是按照行业或者职业组织起来的,尤其是在希腊化世界和罗马帝国,其集体活动限于宗教、社会和行善事务。在任何意义上它们都不是试图促进和保护其成员经济利益的行会,也没有表现出中世纪和近代早期行会的痕迹,后者以徒弟、雇工和师傅的等级模式为特征。[57]奴隶和自由人(主要是自由的个体工匠)能够同时成为协会成员,恰恰是因为不存在任何竞争的情绪。

无论是在希腊文中,还是在拉丁文中,都没有一个可以表达一般"劳动力"概念或者"作为一般社会功能"的劳动力概念的词语。[58]古代世界劳动力的性质和条件排除了这类一般概念的出现,正如工人阶级这一概念一样。赫西俄德说,"人们白天从不停止劳作和烦恼,黑夜则从未停止死亡"(《劳作与时日》,176—178)。这是一个描述性的陈述,一个事实陈述,而非一种观念陈述。其结论也是如此,因此劳作比死亡要好。更好的是如果可能的话,转向使用奴隶劳动。但是并非世上每个人都劳作和烦恼,而难题正在这里。亚当和夏娃被逐出伊甸园,有赎罪的特征,它包含了整个人类,因此尽管它将劳作和罪恶与惩罚联系起来,却并未贬低劳动。一个属于所有人的命运可能是悲剧性的,但却不能是羞耻的。罪恶可以洗净,但是天生的道德低劣却不能。亚里士多德《政治学》第一卷中天生奴隶的理论是个极端的观点,但是那些并不接受这一信条的人不过仅仅将它倒转过来了,

第3章 主人与奴隶

即从事卑贱职业或者处于奴役的就业状况下的人，因其劳作而变得低劣。无论是哪种情况，都没有什么可慰藉。

有人会反对说，所有这些都是基于上层阶级及其知识分子代言人的观点，而非基于劳动者但却无发言权的人的观点。然而却并非完全如此。例如他们通过神明崇拜表达自己，并且应该注意到，尽管工匠之神赫菲斯托斯（罗马的吾尔卡努斯神）在某种意义上是手工业的保护神，尤其是冶金匠的保护神，但是他在天间是个低级的神，在世上很少受到正式崇拜，也少有他的神庙。[59]古典神明崇拜中最为"流行的"是狂喜的神明崇拜，尤其是醉狂（不只一个意义上）之神狄奥尼索斯或巴库斯崇拜。通过狄奥尼索斯崇拜，人们并非庆祝劳作，而是庆祝从中释放出来。前面业已提到，劳动者要求获得土地，他们以此表达了自己的观点；在相对少见的奴隶起义时，他们未能和奴隶联合起来，并且也以此表达了他们的观点。[60]

毫无疑问，技术受到尊重和赞赏。但是高超手工艺带来的自豪是个心理现象，不应和对劳动的正面评价混为一谈。即使是柏拉图，也是高超手艺的赞赏者。他多次拿能工巧匠作肯定的类比，不过他在自己的价值观等级体系中，却将手工技艺排得很低。奴隶也表现出了类似的自豪，不是通过他们的文字——我们并没有他们留下的文字，而是通过他们的作品本身。在埃瑞克特昂神庙的废墟中，没有人能够分辨哪些是西米阿斯雕刻的构件，哪些是他的五个奴隶雕刻的构件。奴隶生产的阿雷佐赤陶要比勒祖（Lezoux）的自由人陶匠生产的产品精致得多。

奴隶的心理十分复杂，而且对古代世界奴隶的心理，我们很可能是无法理解的。恰当的分析将不得不考虑奴隶同家乡及亲人分隔开来的情况,对任何年龄的男性奴隶都称为"伙计"这一无处不在的称呼的意味,以及对性道德观念的影响。年轻的特里马尔乔和他的主人及其情妇的性关系,以及年长的特里马尔乔和他的奴隶的性关系都昭示了这种性道德观念;[61] 还不得不考虑奴隶大起义中农业奴隶占绝大多数的情况,城镇奴隶有时候不仅保持中立,甚至站在他们的主人一边和起义奴隶作战;[62] 还有奴隶积极参加抵抗敌人攻城的情况,[63] 以及其他许多会超出本书讨论的范围的因素。

奴隶劳动在质量上的表现是进一步考虑其效率及收益性的基本出发点,因此也是考虑古代世界劳动力使用者有哪些选择的基本出发点。这个主题受到教条和假问题的困扰,其中绝大部分出于道德判断。有 长串的作者,他们有着最为纷繁不同的政治倾向,但都宣称奴隶劳动力是效率低下的,至少在农业之中是如此,而且最终是无利可图的。[64] 这一说法会使希腊和罗马的奴隶主大吃一惊。在持续许多个世纪的时间里,他们不仅天真地相信他们从自己的奴隶那里获利很大,而且极尽铺张浪费地花费这些获利。这一说法同样会使巴西和密西西比河流域的大庄园主大吃一惊。他们的投资回报和新大陆非奴隶制地区的获利大体相当。[65]

然后作为第二道"防线",学者们又宣称,奴隶制阻碍了技术进步和生产力增长。即便是罗马帝国后期低贱的"隶农制"即中世纪农奴制的前身,也更有效率,因为隶农(更不用说自由的佃农)"比起奴隶而言对自己的劳动成果更感兴趣"[66]。这同样是

第3章 主人与奴隶

教条。例如,要等到14世纪,英国和法国的小麦产量才经常性达到看起来被认为是古代意大利奴隶劳动的庄园目标产量的四倍;[67]而且恰恰是在奴隶制表现得最为残酷和最有压迫性的地方,即西班牙矿山里和罗马大庄园里,我们才能看到某些技术进步。[68]

我们缺少能够计算古代奴隶制盈利程度的数据,无论如何这是一项很困难的任务,如同目前对美国南方奴隶制的研究所表明的那样;而且我们无法衡量和其他类型的劳动力相比古代奴隶制的相对盈利程度。①古代人不可能做过前一类计算,但是他们确实知道他们经常获得满意的收入。至于第二类计算即相比而言的计算,他们甚至不可能想象得到。他们能用另一种什么样的真实制度来衡量呢?美国南方的种植园主和制造商能够依靠北方对应的种植园和制造商作为参照物。希腊人和罗马人能够依据谁呢?而且,美国南方在进行衡量之后,决定进入战争以维持奴隶制。这个简单的历史事实应该终结了仍然如此迷惑古代史的那类说法。经济增长、技术进步、不断提高的效率并非"天然"的品德,它们并非一直都是可能的,或者甚至是迫切需要的东西,至少对那些控制了力图达到这些目的的手段的人而言。

道德判断和实用判断常常不一致。"不道德的社会安排不是与生俱来必然在经济上无效率的,甚至有一个更大的假设,即它的确为统治阶级带来实际的、物质的回报。"[69]罗马帝国的文献中充满了对奴隶制的怀疑和良心不安;对奴隶的恐惧、恐惧被他

---

① 我们如何把奴隶不用服兵役包括在计算之内?

们谋杀、恐惧他们可能起义,这是一个反复出现的(并且古老的)主题。美国南方文献对奴隶制的态度也可与之一一对应,而这两个社会都没有得出实际的结论说,应该用其他形式的劳动力取代奴隶制,简言之,应废除奴隶制。[70]

然而最终古代世界的奴隶制还是"衰落"了,对此需要予以解释。我们要澄清这个问题。古代奴隶制不像1865年美国的奴隶制那样被废除了,它亦未消失或者是为自由人的雇工制度所取代。同样我们为统计资料的缺乏所困扰,但是在晚期古代世界奴隶制仍无处不在。4世纪后期,在色雷斯防御哥特人的罗马军官们如此忙于和敌人进行奴隶交易,以至于忽视了帝国防御。[71]一代人之后,皇帝们在和哥特人统治者阿拉里克的战争中,拼命防止逃离蛮族人的伊利里库姆(前南斯拉夫)农民被降为奴隶,防止从蛮族人那里赎回的战俘被降为奴隶,甚至防止一个名为斯奇里亚人(Scirians)的蛮族部族被降为奴隶,他们之前已被迫安置在了帝国境内的土地上了。[72]也就是在这个时候,一个名叫小美拉尼娅(Melania)的罗马贵妇人决定放弃世俗财产,转而追求圣徒般的基督教生活。她解放了自己的一小部分奴隶,而她的奴隶数量达到8000人。帕拉狄乌斯(Palladius)主教在记述此事时(*Lausiac History*,61),并未觉得不可置信。

然而确凿可靠的印象是,到公元4世纪和公元5世纪,即便是在古典时代的旧有心脏地带,动产奴隶也失去了其关键位置,在城镇生产活动中让位于自由人劳动力(绝大部分是独立的),在农村则让位于称为隶农(*coloni*)的依附农民。[73]这时到底发生了什么?为什么会这样呢?如果如同我已经论述的,效率、生产力和经济规模都不是起作用的因素,是什么驱使上层阶级,尤其是大庄园主从使用成群奴隶劳动力转向使用隶农的呢?有时候学者们提出一个简单的成本计算作为解释。大体上是这样的:罗马不得不为其成功的扩张付出代价;随着世界上越来越多的部分被纳入帝国统治,越来越多的部落和族群也就受到保护,不能再被奴役;罗马在东方的征服——先是在巴尔干半岛,接着是在小亚细亚和叙利亚——将成千上万的男女老少推向了奴隶市场,但这是在征服仍在进行之中的时候,而不是在最终兼并之后。凯撒在高卢的征服等都是同样如此。

这样的解释显然有真实的成分。从直接的数学计算而言,大规模战俘来源的终结和奴隶贩子不得不到更远的供应地购买奴隶,这两者都应该提高了奴隶的价格,不过我们缺乏价格统计来计算总和。但是要说这是个充分的解释,也有缺陷。首先是年代上的。到公元14年罗马的系统征服即已告终,但在此之后太长的时间内,却并不见假设中的奴隶供应减少这样的后果。其次,它没有充分重视公然违抗法律的"内部奴役"的程度。这种奴役要么是通过买卖和抛弃儿童,要么是通过有组织的绑架。[74] 另一个缺陷是一个奇怪的假设,不知怎地认为处在帝国境外的日耳曼人作为奴隶不能令人满意,在这点上他们和所有其他"野蛮"民族都不同。后者在之前的许多世纪里,对希腊人和罗马人来说都合适为奴。这个假设不仅得不到古代史料的支撑,而且被证明是虚假的,例如在和哥特人战争过程中的奴隶交易活动就是个例证。

第四个缺陷是战俘供应或者进口奴隶的减少不能为繁育所

弥补这一假设。奴隶人口永远不可能自我繁殖是一种想象,但此种说法却难以销声匿迹,尽管美国南方奴隶制直接证明并非如此。19世纪初期奴隶贸易实际上终止了,它所造成的后果为系统繁殖所抵消,而繁殖也贡献了相当一部分投资奴隶的利润。在古代世界许多奴隶也是繁育的,其数量超出我们的想象,这是一个研究中受到严重忽视的主题。[75]公元1世纪中期,十分讲究功利的科卢美拉豁免了三个孩子的母亲在自己庄园里的劳动,并且许诺如果她再生育,就会释放她(《论农事》,1.8.19)。

然而尽管有这些假定的可能性,罗马帝国晚期的劳动力使用者似乎没有做出必要的努力,以维持奴隶劳动力的全面补充。如果对这一行为的解释不在于奴隶供应的枯竭或者有关效率、生产力等的决策,那一定是在于社会总体上的结构性转变。解释的关键不在于奴隶,而在于贫穷自由人,而且我相信可以确定其因素。我们的出发点是回归到更为"古老"结构的趋势,这从罗马君主制统治一开始,换言之,从奥古斯都开始,就可以看出来。在这一回归结构中,等级在功能上再次变得重要,一个更为广泛的等级系列逐渐取代了古典时期自由人和奴隶的两分。实际上,这是从古风世界转变到古典世界的过程的颠倒。以激烈政治活动为特征的城邦政治制度为官僚制的专制君主制所取代是一个主要的因素。随着公民人口的大部分在官员选拔中失去作用,在业已职业化并且日益由来自某些"落后"行省的新兵组成的军队中失去自己的位置,他们在其他方面也失去了地位。

公民人口中两类人的出现象征了这一变化。这两类人称

第3章 主人与奴隶

作honestiores和humiliores，大体上可以翻译为"上层阶级"和"下层阶级"，它们在不迟于2世纪早期的时候正式化了。而且根据法律，两个阶级的人在刑事法庭受到不同对待。例如，"下层阶级"可能受到一系列简直能够称为"奴隶般的"残忍惩罚。法学家卡利斯特拉图斯（Callistratus）写道（《学说汇纂》，48.19.28.11），活活烧死通常是对威胁主人安全的奴隶的惩罚，但是也用于平民和低劣等级的人（humiles personae）。①在他们中的公民拥有投票权和参加军队的时候，是绝对不会有人说出这种话的。⁷⁶ 提出法律面前平等的理想和现实从来都存在差距，这样的说法不是反对的理由。我们在此面对的是意识形态本身的变化，反映了（而且加剧了）下层阶级自由公民地位的日益下降。

一个有名的文本足以说明问题。在康茂德统治初期，这才刚刚过了吉本所说的黄金时期，迦太基地区皇室领地上的佃农向皇帝请愿，反对皇室领地承租者对他们提出的过分要求，而皇室领地承租者则受了行省总督的唆使，后者不仅"在许多年里"不理会他们的请愿，而且派遣士兵捆绑、殴打和折磨抗议者，其中的一些甚至是罗马公民。皇帝严正指示其阿非利加行省官员恢复农民的合法条件。⁷⁷ 这份文件仅仅告诉我们这些。我们可以合理地怀疑即便在迦太基，皇帝的命令短时间内都不会产生多大影响，更不用说在整个帝国范围内大量的皇室领地里了。许

---

① 另一个名为埃米利乌斯·马克尔（Aemilius Macer）的法学家则倒过来说："至于奴隶，原则是他们应该按照对'下层阶级'的对待予以惩罚。"（《学说汇纂》，48.19.10 pr.）

久以前，罗斯托夫采夫就已在长达四页的具有说服力的论述中，指出对于皇室在阿非利加的领地煞费苦心的细致规定，为佃农提供了防止领地承租者和行省总督压迫的唯一保护，但另一方面也把农民交到了这同一群官员手上。[78] 原则上向皇帝请愿总是可能的，但是我们能够猜到，一群"下层阶级"农民的机会十分渺茫。尽管我们没有证据证明，但是即使像行省城市贵族这样强大得多的阶层，也"离皇室保护者太远而并不安全"[79]。

在这样的背景之下，道德家们会提醒人们注意奴隶的人性，就是不可避免的必然结果了。有时候学者们论述说，斯多葛主义者和基督徒以此种方式帮助推动了古代世界奴隶制的衰落，尽管存在一个令人不安的事实，就是他们从未号召废除奴隶制。[80] 这个观点的逻辑并不易察觉。事实上罗马帝国时代斯多葛学派幸存的著述中很少讨论奴隶制，辑录的相关段落在此一方面是误导性的。它强调的是奴隶主为了他本人的缘故，行为自我克制和节制的道德义务，这至少和对奴隶的人性的强调一样的多。奴隶也必须行为恰当，并且最终要么接受其地位，要么因其暴力、不诚实和反抗而受到惩罚。毫无疑问一些个人受到了这类观点的影响，但是对奴隶制度的影响则微不足道。[81]

至于基督教，在君士坦丁皈依基督教、教会迅速纳入帝国权力结构之中后，没有旨在摆脱奴隶制的立法的任何痕迹，即使是逐步摆脱的立法痕迹也没有。与此相反，恰恰是那个最信基督教的皇帝查士丁尼，在6世纪编订的罗马法法典，不仅包括了史上汇集最全的关于奴隶制的法律，而且为基督教欧洲提供了一千年之后把奴隶制带到了新大陆的现成的法律基础。[82]

第3章 主人与奴隶

同样是在康茂德统治时期，第一次农民起义在高卢爆发。一直到5世纪，在西部行省不断出现这类农民起义。因为我们不知道的原因，起义者被称为"巴高代"（Bacaudae）*，他们似乎没有社会纲领，仅仅希望他们和地主更换位置。有时他们制造了足够的威胁，以至于需要出动军队镇压，而非仅仅是警察压制。并且他们在起义的地区带来的损失肯定很大，我们很少知道细节，罗马作家们刻意忽略了这些。[83]然而有两点还是显现了出来。偶尔提到农民起义的史料所使用的语言暗示，奴隶和佃农进行了合作，这是奴隶起义和农民斗争从未合流这一规律的一个例外。但却并非真正的例外，因为"巴高代"正是我正在讨论的社会等级底端地位转变的见证。其二，起义也证明了罗马帝国早期达到的社会平衡被打破。更准确地说，2世纪末以前，农业生产者负担的花费超过了他们许多人所能承受的限度。在随后的几个世纪里，这个问题变得日益加剧，决定性地影响了帝国体制的历史及其变迁。

土地是古代世界财富的主要来源这一常识，在罗马帝国应该理解为从一开始，它就包括了土地是国家财富的主要来源。就是说，不仅皇帝本人是最大的土地所有者，而且主要的税收也来自于土地。尽管像许多历史学家那样宣称，帝国早期赋税"并不十分繁重"[84]是毫无意义的，但是民怨导致减轻赋税的请愿而非导致大量遗弃土地和反抗。在这个意义上，说赋税负担可以忍受是正确的。至于史料记载早在提比略统治期间就有这类请愿，

---

* Bacaudae 在高卢语中意为"战士"。——译者

则是无关紧要的。①然后帝国花费稳步增加,虽然是缓慢而间歇性。据说(斯维托尼乌斯,16.2)维斯巴芗增加了一些行省的土地税,甚至增加了一倍,但是总体上而言,增长的帝国花费通过种种手段得到满足,包括新的间接税、开垦荒地和重新耕种遗弃土地的种种举措、抄家以及征用手段,例如征用于道路建设和帝国驿站建设。这些合计起来成为一个很大的额外负担,是无可怀疑的。然后从3世纪起还要加上稳步增加的土地税。一个也许是夸张的估算说,到查士丁尼在位时期,国家占去了帝国土地总收成的四分之一到三分之一。[85]在这之上还要加上从未进入帝国财库而是为一大群收税人和官吏攫取的数额,这其中部分是合法的额外补贴(称为 *sportulae*),部分则是非法勒索。

日益增加的需要首先可归于专制主义官僚体系的铁律,即它的规模和生活方式的昂贵程度均不断增加。从皇宫往下,随着时间推移,越来越多的人需要公共资金的支持,而且其奢华水平稳步提高。接着一个外部的、偶然的因素也掺和了进来。在康茂德之父、死于公元180年的马可·奥列略在位期间,帝国欧洲北部边界的日耳曼人在两个多世纪的时间里第一次再现出很强的侵略性。之后其侵略从未长时间停止过,直至消灭西罗马帝国为止。东面的波斯人也起到作用,其他一些更小规模的军事力量例如北非沙漠边缘的土著部落同样如此。

因此军事需要和军事花费成为皇帝们永久的、支配性的顾

---

① 塔西佗正是在这样的语境下使用"疲惫不堪"(*fessae*)一词描述叙利亚和犹得亚(Judaea)行省农民的情况(《编年史》,2.42)。

虑，其军事活动的限度由他们能够榨取的最大税收和强制劳动或者强制运输所决定，由最终到来的帝国的政治混乱所决定，尤其是235年和284年之间的半个世纪。其间一共有不下20个元老院正式承认的皇帝，另有20个或者更多在军队拥戴下称帝的皇帝，以及其他无数有称帝野心的人。从地理上来说，负担的分布并不均匀，首先是出于军队破坏的偶然性，无论是入侵军队的破坏还是罗马军队自身的破坏，尤其是在内战时期；[86]其次因为在农业生产和军队需求之间不存在地方性的关联，以至于例如，在不列颠驻扎了不成比例的大规模军队，它又不成比例地攫取了当地的产出。[87]

赋税负担的社会分布则更不均匀。土地税的负担最主要由那些实际上耕种土地的人即农民和佃农直接和间接承担。当然，采用奴隶劳动的大庄园拥有者无法转嫁税赋，但是至少这些帝国贵族阶级精于逃税（并且直到4世纪初期意大利的土地实际上免于税收），如同皇帝尤利安承认的。他拒绝豁免拖欠的传统税赋，明确的理由是"这仅仅使富人得益"，而穷人则不得不按时纳税。[88]从性质上说，无论是独立的农民还是佃农，其对土地的占有都不稳固：在艰难的时候几无收益。我分析的种种变化如日益增加的税赋、货币贬值和破坏、法律上"下层阶级"类别的建立所象征的地位降低，这些叠加起来的后果是，农民和佃农被迫反抗或者是投向附近地主豪强（或者地主代理人）的怀抱。而后一种选择，如同我们在迦太基皇室领地上的佃农一例中看到的那样，意味着保护，同时也是压迫。

尤利安皇帝的同时代人、利巴尼乌斯的弟子金口约翰（John

Chrysostom)质问道,"有谁能比地主"及其代理人"更具压迫性呢"。对此他花不少笔墨予以了说明(*Homily on ST. Mathew*, 61.3):"像驴子和骡子一样"利用"他们身体"的压迫性服务、殴打和折磨、过高的利息,如此种种。半个世纪之后,在高卢写作的萨尔维安(Salvian)概括了所有的线索。他说农民的选择是逃跑,要么跑到"巴高代"起义者那里,要么逃到入侵的蛮族人那里,或者是逃到附近的地主富豪那里,用他那小块土地换得"保护"。[89]历史学家们对传教者和道德家的证言感到不安是可以理解的,但是在此他们的说法确认了所有其他迹象所表明的情形,而且没有与之相矛盾的证据。萨尔维安的说法得到高卢考古发掘的证据的支持。[90]更为一般地说,法典的证据表明,从3世纪末戴克里先统治时期开始,佃农是束缚在土地之上的,不是自由的。皇帝们关心的是税收,而非佃农的身份地位,然而后果是将实际上逐渐发生的变化转变成了法律。[91]而且随着自由人佃农的消失,古典的罗马雇佣契约"承包合同"(*Locatio conductio rei*)也从罗马法律文本中消失了。[92]

当然也能够指出,如果我们接受萨尔维安的证言,那么在5世纪的高卢仍然有拥有土地的自由农。毫无疑问存在自由农——尽管承受了巨大压力,一些农民在任何社会幸存下来的能力是个令人惊叹的历史事实[93]——就如同不仅在5世纪还有农业奴隶,在6世纪和7世纪也还有一样。我们不可能有办法统计这些坚韧农民的数量,无论是相对数量还是绝对数量。我们所关注的是皇室、元老和其他大庄园里的劳动力,其主导模式出现了一个无可否认的(也并未被否认的)从奴隶向佃农的转变。

第3章 主人与奴隶

佃农不稳固的完全自由人地位逐渐遭到侵蚀,也许是在3世纪的时候遭到决定性的侵蚀。我们使用一个一般性的术语"隶农"称呼他们,但是我们的希腊文和拉丁文史料则使用大量的术语,常常极不准确。学者们提出过一个吸引人的说法,即术语模式反映了晚期罗马帝国的社会现实;例如,存在区域性差异,或者起源各异的不同地位,这些可能聚合成同样的地位了,也可能没有。[94] 迄今为止这一说法未予证实,却仍为学者们接受。但是按推测它是有可能性的,因为罗马的征服包含了社会结构差异非常大的区域,如同我之前所说的,这导致了帝国境内不同的土地所有和经营体系。

在东方,晚期帝国发展的影响主要是加剧和固化业已存在的农民的依附地位。在西部的意大利及其他地方,即在几个世纪里真正存在奴隶社会的地方,其影响是从奴隶制向隶农制更为急剧的转变。换言之,奴隶制的衰落是其扎根下来的过程的反转。曾经有个时候,这些区域的劳动力雇用者进口奴隶以满足需要。现在他们自己的下层阶级可资利用,而以前则并非如此。但下层阶级是被迫的,而并非自己的选择。因此没有必要再继续努力维持奴隶供应,亦无必要引入雇工。

帝国境内的城市也对结构性变化做出了回应。财政负担侵蚀了市镇元老等级;在遭受蛮族攻击最严重的地区,作为保护措施,富人倾向于退避到他们的庄园,并且增加庄园里制成品的生产。国家主要用实物支付军队和行政人员,向军队提供征用的粮食,以及使用奴隶劳动的国有工场生产的产品。相应的结果是,城市中大型私有制造工场的消失对城镇手工业劳动力的处境影响剧烈。现代历史学研究令人吃惊地忽视了晚期罗马帝国城市无产者这个问题,除非是在他们举行暴动的情况下。[95]然而没有人怀疑他们大量存在,或者他们仍然是自由人,在这一点上他们与隶农和奴隶不同。迟至432年,帝国法律(《提奥多西法典》,9.45.5)仍然提到平民等级(*ordo plebeiorum*)。他们不仅包括没有技能的人、"乞讨者",而且也包括非常专业化的、辛勤劳动的城镇工匠,其中绝大部分都非常贫穷。城镇奴隶现在是寄生的成分。我们不得不根据印象来判断,但是引人注目的是,所有晚期罗马帝国的史料都显示,只要生产性奴隶出现,他们都是在农村劳动中,从事农耕或者手工艺,而数量仍然众多的城镇奴隶(帝国工场以外的)则通常是家庭劳动者或者管理者。他们不仅仅是富人炫耀性消费的奢侈品,而且也是像利巴尼乌斯在安条克的学校里的教师这类小康之人炫耀性消费的奢侈品。

第4章　地主与农民

在身份地位和土地占有的密切关联之中,法律起到了它的作用。希腊人最为完全地保留了公民对土地拥有权的垄断。在其更具寡头性质的城邦中,完全的政治权利被局限在了公民中的土地所有者群体中,其中最为彻底的是斯巴达。但是如同我之前说过的,法律常常不如风俗习惯、传统、社会和政治压力那么重要。例如,罗马在意大利的扩张包含了更为开放的公民权政策,因此从较早的时间开始,拉丁人就获得了拥有罗马土地的特权。到公元前1世纪早期,意大利所有自由人也都获得了这一特权。事实上在土地和公民权的关联中出现了一个根本的变化(在希腊城邦中闻所未闻),它为狭隘的法律陈述所掩盖。

而且在城邦中,土地原则上是免于经常性税收的。希腊人认为,对土地征收什一税或者其他形式的直接税,是僭主统治的标志。这一观念如此根深蒂固,以至于希腊人从未允许将紧急战争税——例如雅典的 *eisphora* ——变成永久性税收(共和国时期的罗马人也未允许),这和其他社会常见的模式不同。另一方面,帝国的主要收入来源于土地,包括地租和税赋。不过在希腊化时期,希腊诸城市千方百计成功地获得统治者许可,对属于城市的土地免予收税。而且直至4世纪初期,意大利都保留了免予土地税的传统特权。(与此相反,至少到西塞罗时期,罗马公民在行省拥有的土地要征税。)说起来有点矛盾,我之所以强调这点,不是因为它对上层阶级的意味,而是因为它对农民阶层即自由的农民公民意味着什么。尽管富有希腊人的土地免予征税,但是他们还是负担了城邦的大部分开支。如果说共和国时期的罗马富人没有负担国家的大部分开支——至少公元前3世纪之后没有负担,这仅仅是因为,罗马帝国的扩张使他们得以将负担转嫁到臣服的人们即行省人头上。然后在帝国时期情况反过来了。大部分的土地税转嫁到了贫穷农民头上,随后也转嫁到了中产阶级头上,而上层阶级负担的国家开支则越来越少。[1]

这是一个通常以政治术语表述的相关联的区分,即古典城邦中公民的自由和帝国中自由的相对或完全缺乏(在早期古风时代的政权下也是如此)。我认为,免税是古典世界那个全新的、以后很少重现的现象的重要基础。这个现象就是农民被作为全权成员纳入到政治共同体之中。[2]在意识形态方面,这通过欢庆农业而表达出来。其中最为著名而且最具艺术性的表达当然是维吉尔的《农事诗》。总体上而言,公民群体中的所有阶层都接受这一意识形态。不过在具体问题上他们却各不相同。如同海特兰所写的:"把坚强不屈的劳动美化为成功的真正秘密,曾经是(而且仍然是)'回到土地'的福音传道者所合宜的主题。"但是"对乡村生活永不停止的赞美是不真实的。即便是真诚的,也只是城里人的心声,他们厌倦城市生活的忙乱和愚蠢。然而他们会很快厌倦乡村的假期,带着新鲜感回到城市生活"[3]。我已经讨论过,对他们而言,拥有土地就意味着无须从事任何职业;而

第4章 地主与农民

对其他人而言,拥有土地意味着不停的劳作。他们都渴求土地,这体现在一个层面是,只要有机会就获取一个接一个的庄园,另一个层面则是在失败和失去土地之后从头再来的倔强意愿。

所有这些都不能转化为数量概念。但是总是有相当一部分地区,土地拥有者或是佃农占公民群体的比例接近百分之百(除了斯巴达这个独特的例子以外),即使这些地区还有称为"镇"或者"城"的城市中心。[4]而且还有一些大型的城市,尤其是罗马帝国早期的城市,例如罗马本身、亚历山大里亚、迦太基、安条克,其人口达到数十万,其中的许多和土地或者农业没有关联。但是在极端情况之间、纵贯一千五百多年历史的广大地区的情况又如何呢?文献告诉我们,在公元前403年,雅典有人提出议案,建议限制没有一点儿土地的公民的政治权利。而如果这一提案得到实施的话(不过事实上并未实施),就会有5000名公民成为受害者。如果这一记载是准确的(有学者怀疑其准确性),它就颇能说明问题。但是能说明多少问题呢?我们不知道公元前403年雅典公民的总数;"一点儿土地"也可能仅仅意味着城里一个石匠种豆子也许还有葡萄的一小块菜地。[5]又或者有文献告诉我们(约瑟夫斯:《犹太战争》,2.385),公元1世纪的时候,埃及除亚历山大里亚以外的人口是750万,这也许是基于人口调查的数据。如果亚历山大里亚以外的所有人——包括士兵和不计其数的小官吏——都完全从事农业的话,这个数字在一个方面更为有用,而亚历山大里亚的人口不可能超过50万。另一方面,埃及是帝国境内人口最稠密也最为贫穷的省份。因此我们不能概而言之。

于是我们应该满足于一个模糊但却确定的说法,即古代世界的绝大部分人以这样或那样的方式以土地为生,而且他们自己认识到,土地是所有善的源头,无论是物质的善还是道德的善。然后当我们转向土地占有规模这一问题的时候,我们所处的情形要好一些。首先要说明,我们所拥有的关于这整个区域、整个时间段内的具体数据少得可笑。由于没有人搜集过所有这些数据,大体估算一下,我怀疑这样的数据不到2000个。[6]其次,我们拥有的数据亦非可轻而易举地加以比较的。古代作家倾向于要么记载等量的金钱价值,这通常是自己估价的,而且出于多个原因是可疑的;要么记录一年的总收入,而非土地面积。他们还倾向于记载一块特定田产的大小,而非一个人拥有的全部土地。出于比较的目的,现代历史学家试图按照6%或者8%的"土地投资的正常收益",将一类数据转换为另外一类。然后,考虑到我坚持寻求量化的规律性和模式,我发现自己处于不得不反对这一做法的尴尬处境。事实上在特定情形下,少数文本的确给出了这样的收益率,但是一些被证明是毫无价值的。[7]我们拥有的全部数据太少,而且有太多土壤、庄稼种类和土地制度的变量。用若干年的收入来表达土地的价值也并非常见的做法,这是到了中世纪晚期英格兰所熟悉的方法。最后,常常是因为非同寻常或者极端情况,古代作家才给出一个农庄的大小或者描述它,例如瓦罗列举的一些例子就是如此(《论农事》,3.2),这些例子说明的是罗马城附近乡间庄园里的蜜蜂、花卉、母鸡、鸽子和孔雀所带来的高收益率。因此我们所有的这少数数据并非随机的样本。

第4章 地主与农民

然而我相信,关于所拥有土地的规模及其趋势,我们能够发现一些有意义的东西。首先我们来看看埃及这一极端和不典型的个案。它之所以不典型,是因为其灌溉农业的收成稳定而高产(谷物的产量也许有10倍高),因为荒地很少(法尤姆地区的荒地仅占5%),还因为不像古典希腊和罗马,当地的农民从来不是自由农。在像克尔克俄西里斯(Kerkeosiris)这样一个托勒密时期典型的法尤姆村庄里,也许居住着1500人,耕种的土地总共是3000英亩左右。许多农民仅能维持基本生计,拥有的土地不过一到两英亩,其中一些租佃期仅一年,而且所有人都需缴纳应缴款和税赋。[8] 在另一个极端,两个不完整的数据足以说明所拥有土地的规模和趋势。第一个数据是某个阿波罗纽斯(Apollonius)在法尤姆的庄园。他在公元前3世纪早期曾经是埃及的最高官员,其庄园规模达到差不多6500英亩。[9] (阿波罗纽斯至少在孟斐斯还有另一个大庄园,当他失去皇帝宠信之后,所有这一切都被皇帝查抄了。)第二个数据关乎埃及土著的阿庇翁(Apion)家族。该家族成员在公元6世纪两次担任拜占庭帝国的最高官职近卫军长官,是埃及格外富有的家族之一。我们并不知道它到底多么富有,但是根据计算,它的一个大庄园就有大约75 000英亩,可能给君士坦丁堡每年的征粮就贡献了750万升。[10]

如此极端的规模在古代世界并不常见。但是一般而言最小土地所有者和最大土地所有者之间的差距非常之大,而且我相信,一直在稳步扩大。我们已经看到,在公元前2世纪罗马公民被安置在意大利的殖民地里,各分得的土地少至3英亩。在凯撒时期,较大家庭分得6英亩土地或多或少是个常规。公元前3世纪或者是公元前2世纪,当希腊人在亚得里亚海的库尔佐拉岛(Curzola)建立一个小定居点的时候,首批定居者各分得一份未明确说明大小的耕地以及约3/4英亩葡萄园。[11]尽管我们的证据不充足,但是毋庸置疑的是,农民拥有如此小规模的土地是常见的事。和埃及不同,在古典时期农民占有的土地是无须交税的,因此在这个意义上说更有生存力。在几个世纪的时间里他们的情况也不太可能发生任何重大变化,直到罗马帝制时期自由农阶层地位普遍降低。

至于变化,我们要看的是上层阶级。在公元前5世纪和前4世纪,雅典已有土地所有者在阿提卡不同地区拥有三到六个田庄。我们所知价值最高的田庄有两个,一个位于埃琉西斯(Eleusis),另一个位于特里亚(Thria),是属于某个布色洛斯(Buselos)建立的家族的财产。我们可以追踪该家族在公元前5世纪和前4世纪的情况,它包括为数不少的雅典军事和政治事务中的名人。据说埃琉西斯田庄价值12 000德拉克马,另一处田庄价值15 000德拉克马。这些数字有可能是低估的,但即便如此,12 000德拉克马也是个人可以获得公共补贴的财产最高限额的40倍,是前322年强加于雅典的寡头政体所规定的全权公民财产最低限额的6倍。[12]

布色洛斯家族是公元前4世纪雅典比较富有的家族之一,但是和罗马帝国时期雅典的富有家庭相比,其财产就是小巫见大巫了。诚然,我要举的例子比较极端,但是恰恰是极端的例子标示了最大的范围是什么样的。公元2世纪雅典的生活由一个人主导，他就是希罗德斯·阿提库斯（Herodes Atticus）。此人既是艺术和文学的保护人（他本人也是重要的作家和学者），又是帝国范围内的公益捐助者——不仅是在雅典，也包括希腊其他地方和小亚细亚；他还是许多重要官职的担任者以及皇帝的密友和亲戚。[13]其家族最初来自于马拉松，早自公元前2世纪后期起就属于雅典的精英阶层，此后其地位和权势不断上升，至尼禄皇帝统治时被授予罗马公民权。然后史料告诉我们，可能是在公元92年或者93年，希罗德斯的祖父希帕科斯（Hipparchus）陷入麻烦，其地产被皇帝图密善抄没，一共卖得1亿塞斯特斯（合250万德拉克马）。这是担任元老最低财产资格的100倍，是其同时代人、绝非贫困之辈的小普林尼之年收入的50倍。但是希帕科斯很可能聪明地掩藏了大量现金，以至于数年之后，其子即希罗德斯·阿提库斯之父在涅尔瓦更为宽松的统治期间，能够重振家族财富。希罗德斯死时留下一笔基金，每年向每个雅典公民发放100德拉克马。这意味着其财富总额要大大超过1亿塞斯特斯。

雅典的公民从未得到这些钱，但这是另一个问题。于我们而言重要的是，这基本上都是土地财富（唯一有据可依的其家族收入的其他来源是大规模放贷[14]）。希罗德斯·阿提库斯在雅典城拥有房产，在雅典城附近的克菲西亚（Cephisia）和马拉松拥有庄园住宅，在这两地，在阿提卡北部，在尤卑亚岛、科林斯和伯罗奔尼撒半岛其他地方，在埃及都拥有地产，而且借由其罗马显贵妻子的嫁妆，在意大利阿皮安大道和阿普里亚也拥有财产。[15]而且，在马拉松周围，他拥有的是一个连成一片的巨大庄园。[16]

即使是按照罗马的标准,该家族的财富也是令人惊叹的。这从斯维托尼乌斯的语气中可以感觉出来,他记载了图密善从查抄希罗德斯祖父的地产获益1亿塞斯特斯一事(《维斯巴芗传》,13)。通常而言,罗马社会中事物的规模会令希腊的显得微不足道。从格拉古兄弟改革中,我们已经可以察觉到罗马精英阶层聚敛财富的上升曲线。公元前133年,提比略·格拉古强行通过了一条法律,限制个人占有公有地的数量。所谓公有地即在征服战争中罗马国家在意大利查抄的土地,通常以微不足道的租金出租。个人占有公有地的限额是500罗马亩(犹格拉),加上两个儿子(若有的话)各250罗马亩,一个家庭最多不超过625英亩(所拥有的私有土地不计算在内)。两个事实证明,许多元老及其他人占有的公有地大大超出了625英亩:一是他们对该项法律的暴力反抗,二是随着格拉古查抄超出限额的土地并重新分配,结果随后十年里人口统计的数字急剧增加。[17] 一个世纪之后,庞培为对抗凯撒所动用的财富,使他能够将自己的800名奴隶和牧人编入军队;而阿厄诺巴尔布斯(Ahenobarbus)动用的财富,使他能够许诺从自己在埃特鲁里亚的地产中分给他的每个手下25英亩土地(分配给军官和退伍老兵的要更多)。[18] 阿厄诺巴尔布斯许诺的人数要么是4000人,要么是15 000人,这要看如何解读"他的每个手下"这个短语,而且当然,并没有证据证明他的许诺的诚实度以及他是否能够有如此多的土地。然而即便是宣传,这也能说明问题。

我忍不住再举两个例子。公元404年当小美拉尼娅决定放弃世俗生活时,她和丈夫在意大利、西西里、西班牙、北非和不列颠各地拥有的地产产生的年收入高达1150磅黄金（1600罗马磅）。其中罗马附近的一个大庄园包括62个村子，据说每个村子都有400名奴隶从事农业生产，一共有24 000名奴隶。[19]我不想坚持说这些细节是可靠的，因为圣徒传并不以适度和严谨著称。但是我会坚持说这一记载是貌似真实的（除了奴隶的数量以外），因为那个时候有太多类似的史料，包括文献史料和考古学资料，不能将它们一概否定。[20]有关埃及阿庇翁家族的数据则是确定可靠的。不那么显赫的例子是，属于公元445年或者446年的一件法律文件——其准确性无可置疑——表明，皇帝霍诺里乌斯（Honorius）的前任大管家的身世远非美拉尼娅那样高贵，他是个奴隶，早年被阉割后服务于皇室，现在他每年单单从西西里的6个庄园里就获得约30磅黄金的收益。[21]而且当然，即便是美拉尼娅也无法和皇帝们本人相比。他们通过查抄、赠与、遗赠、开垦所积聚的土地，假如我们知道其总数的话，会超出我们能够想象的范围。从公元4世纪开始，教会里的教皇、主教区和修道院占有的土地可以和皇帝们媲美了。[22]

尽管我指责用例子来进行论证的做法，但是我认为，根据积累的个案，我们可以得出结论说，古代世界的趋势是土地占有规模稳步扩大。这并非简单的直线上升，积聚的过程同样包括分散的地产的累积，有时候是分散得非常远的地产的累积，然而这却是一个连续的趋势。这一概括适用于富有的土地所有者阶级，而非适用于任何特定个人或者家庭。因为战争或者政治灾难，我们能看到足够多的失败的例子。但是一个不断强化的事实是，每一次这类危机中都会出现更为富有的人，他们占有的土地比之前的人更多。汉尼拔战争破坏了意大利南部的许多地方,但也极大便利了罗马一小部分统治精英侵占越来越多的公有地。从苏拉到奥古斯都为止半个世纪的内战同样具有破坏性,却也带来了类似的结果(除了在国外取得的巨大利益以外)。内战一开始的时候就有一个很好的例子。一位名叫科尔内丽娅(Cornelia)的女士买下了马略位于那不勒斯海湾的一处昂贵住宅庄园,她也许是苏拉之女。购买价是30万塞斯特斯。之后她再将别墅卖给了卢库鲁斯(Lucullus),价格是1000万塞斯特斯。[23]这可能是一则道德寓言,但是像所有好的寓言一样,它也说明了一个根本真实。[24]

我们还可以得出结论说,大庄园产生大额收入,而在古代世界反复出现的历史学家所称的"农业危机"仅仅是农民的危机,或者是军事招募危机抑或其他什么危机,并非大庄园收益的急剧下降。我们无法制作出收支平衡表,但是我们可以举出富人的生活方式以及他们巨大的花费为证,无论这些花费是个人的,还是用于选举中获取民众支持,抑或是其他方面的。这样的巨大花费从未停止过,而且几乎都是变得越来越大。[25]很显然,对农业劳动力的剥削强度很大,在东部和其他一些被征服的领土上,这些受剥削的农业劳动力是被束缚的农民和依附劳动力,在古典世界的心脏地带,则主要是奴隶和边缘化的自由人,后者租耕小块土地。然后出现了对农民阶层的双重打击,一是对下层阶级而言公民权的意义不断削弱,二是土地税和其他负担的加重。随着时间的推移,他们被迫沦为可以完全受到剥削的对象,我们在讨论古代奴隶制的衰落时业已看到了这一点。这造成了农业劳动力队伍社会结构和土地所有制的变化,同时却保持了剥削的强度和较高的收益率。①

试图了解中等土地占有规模的真实情况也许是徒劳无益的。不过据我所知,甚至没有学者尝试过。作为一个指标,一份反映罗马帝国早期意大利存在广泛中等规模地产的确凿证据是值得引起我们注意的。该记载出自皮亚琴察附近维莱亚(Velleia)的青铜铭板,时间跨度为公元98年到公元113年,和图拉真皇帝的"粮食补贴"计划相关。该计划用帝国资金救助当地儿童,并利用较大地产来保障该计划的支付能力。²⁶铭文罗列了参与该计划的46份地产,其中4份估价均在100万塞斯特斯以上,而平均估价大约在30万塞斯特斯。按照帝国每年向这些地产征收6%这个武断但却无疑合理的税额,年均收入大约会是18 000塞斯特斯,或者说是一名罗马军团士兵一年总军俸(其口粮和其他花费要从中扣除)的15倍,就是说,是每年45 000美元和3000美元的差别。很有可能的情况是,维莱亚的这些土地所有者在同一地区或者别处还拥有其他地产。其中近半看起来是并不居住在本地乡村的地主,这无疑是能说明问题的。

当然,我并非想宣称这一单独的文本自身就能够证明什么。修辞学教师和最终当了执政官的奥索纽斯(Ausonius)所给出的数字本身也证明不了什么。公元4世纪中期,他在波尔多附近继承的地产包括约125英亩耕地,以及相当于耕地面积一半的葡

---

① 我们对土地所有者所使用的营销程序实际上一无所知,这一事实比起任何别的都更能揭示我们的史料的性质。

萄园和牧场,还有400多英亩林地。[27]然而,这样规模的地产在高卢的考古材料中似乎很常见。如果把这一证据和我在前一章有关庞贝附近的葡萄园以及达到城市贵族地位的被释奴之子的说明关联起来考虑,或者是和整个帝国的城市中这个(城市元老)阶级的土地财产基础关联起来考虑,下面的假说就似乎是合理的了。那就是,在帝国早期,而且即便在帝国后期的许多地方,从农民到最高阶层,占有土地的范围十分广泛,尤其是那些拥有足够土地财产、能够维持舒适生活的家庭为数众多,而这些家庭在历史记录中并没有留下多少痕迹。[28]我愿意冒险进一步说,这也是古代世界绝大多数时候绝大部分地区的情况,当然要考虑到不同地区舒适标准并不相同。

要了解农民占有的土地的幅度甚至更为困难,但是同其他社会的比较表明,农民占有土地多少的差别也较大。历史学家乃至社会学家奇怪的一点,就是不愿定义"农民"。而且在英语世界有一个倾向,就是把农民说成是低劣的一类,只有在其他社会才能看到。我说"奇怪",是因为从历史的观点看,农民是最为常见也最为广泛分布的社会类型,"其最大的保障在于拥有土地的某些权利,在于其家庭成员在土地上劳动,但他通过其权利和义务参与到更为广泛的经济体系之中,这一经济体系包括了非农民的参与"[29]。上述所有因素都是必要的,以便一方面将农民和原始农耕者或者放牧者区分开来,后者并不参与"更为广泛的经济体系",另一方面则和现代家庭农场区分开来。在现在家庭农场中,家庭是一个"企业单位",而非生产单位。[30]这个定义包含了古代世界人口中的绝大部分,既包括自由的小土地所有者,也包

第4章 地主与农民

括被束缚的农民即隶农。严格地说,它不适用于自由的佃农,因为他们在通常很短的土地租佃期以外,并不拥有土地的任何权利。但是我们将看到,实际上则有些关联,因为他们限制了租赁给他们土地的大土地所有者的选择。

一个农民的田庄最适度的大小是什么样的,这显然是一个毫无意义的问题,因为有太多的变量。让我们把凯撒分配给退伍老兵的土地作为讨论的基础,有三个孩子的退伍老兵分得的土地是10罗马亩(6英亩多)。罗马人的土地丈量单位罗马亩是一个人在一天里(理论上)能够耕好的土地的面积。即便是在隔年休耕的制度下,10罗马亩的上好耕地也能生产足够的粮食养活一家人(但不能额外养活一头公牛),尤其是在免于缴纳租金和税赋的情况下。① 然后家庭的规模就成了主要的症结。首先是因为没有多少剩余的收成;其次因为10罗马亩的土地不能给一家人提供全日劳动;再次,根据希腊人和罗马人的继承原则,一份地产原则上要在合法子嗣(有时也包括女儿)之间平分,没有长嗣继承权的痕迹;最后,农民无法解散过剩的劳动力。赫西俄德在公元前7世纪以其特有的方式所说对整个古代史而言也都是适用的:"只应有一个儿子维持父亲的家,因为如此则家庭的财富会增长;但如果有第二个儿子,则应终老而死。"(《劳作与时日》,376—378)居高不下的婴儿死亡率有助于维持这样的情况;如果老天不相助,那么人们会借助杀婴和弃婴(这些常常

---

① 我假定最适度的即退伍老兵分得的份地全部是上好耕地,但实际上不一定总是如此。而且,我知道的仅有两个文本明确提到在分配份地时,同时分配两头公牛和一定数量的种子。这两个文本都是公元4世纪的。31

仅仅是手段,用以绕过禁止将自由人儿童卖为奴隶的法律[32])。我们经常在希腊罗马神话传说以及喜剧中看到的故事,反映了这种做法的遗存。

拥有5—6英亩土地的意味是难以过分夸大的。与此相反,在20世纪50年代的德国,25英亩以下的农庄几乎全部是老人、寡妇和工人兼农民拥有的。[33]从生产而言,古代世界农民占有的小块土地意味着劳动力长期得不到充分利用,不过不是干劲得不到充分利用,这不是同一回事。现代研究表明,拥有的土地越少,花在每英亩土地上的劳动时间就越长。不然一个农民户主能做什么呢?由于他不能解雇家庭成员,如果他不能让他们去租耕大庄园的土地的话,就只有想办法让他们在自家地里劳动更长时间。用行话说,他的目的是"最大化劳动力投入而非最大化收益或者效率的另外一些指征"[34]。

这一固有的效率低下也意味着难以取得技术和其他改进,意味着强调生存需要,而不是采用其他方法使用资源。例如,我们可以有理由和老普林尼一样感到好奇(《博物志》,18.187),比如,一个拥有10罗马亩土地的农民能够在多大程度上抵御一种诱惑,即不顾及对自己土地的肥力带来的有害后果,打破传统隔年休耕制度。而且我们可以肯定,农民会选择种植多种作物,牺牲专业化及其益处。从定义上说,生存农业就不是市场化农业,不是商品作物的生产。典型的"农民市场"是周围五六英里范围内的农民(无疑还有乡村工匠)聚集的地方,目的是相互交易以补充生活必需品。如果一切顺利,农民只有少数东西不能自己生产,例如犁的金属铧头。在真正的农村地区很少发现钱币,这

第4章 地主与农民

并非意外。[35]

有一些情况可能鼓励农民转向种植商品作物,尤其是那些接近土地占有规模上限的农民。我所考虑的情况是附近有较大城镇(至多距离10—12英里),或者有国际性宗教圣地(例如奥林匹亚和德尔斐),它们吸引来的朝圣者需要饮食服务,抑或有多多少少永久性的军营。然而我推测,这些地方的上好土地会吸引富有的地主,就像瓦罗提到的乡间庄园拥有者(《论农事》,1.16.3)。他们种植专门作物,并且通常是这些阶层而非农民,才是城镇、军队和圣地的供应者。[36]在阿里斯托芬的《阿卡奈人》的开场独白中,主人公哀叹在伯罗奔尼撒战争的初年,他被四处劫掠的斯巴达军队赶进城里,而不得不暂时过起了城市生活。在普尼克斯山丘公民大会会场的座位上,他远眺自己在阿卡奈的田庄,渴望回到自己的村庄,那里"没有人喊叫'卖炭啰,卖醋啰,卖油啰',甚至都没人知道'买卖'这个词"。毫无疑问这是诗人的夸张,但是我相信它不是喜剧诗人的玩笑。

丝毫不令人吃惊的是,古代世界的农民总是处于安稳生活的边缘。加图给予其戴着枷锁的奴隶的面包,要比希腊罗马时期埃及普通农民日常的主食还要多。[37]农民一个正常的额外收入来源是在附近大庄园里临时劳动,尤其是在收割季节。罗马的农事作家在所有的分析中,都假定而且要求有这一支后备劳动力。除此以外,前工业社会的临时性工作就很少而且也不可靠了。公元前5世纪和前4世纪雅典的海军是个很大的例外,它也是这整个时期雅典免于农业危机的关键。在卷入远在意大利之外的战争之前的时期,罗马军队也许是另一个例外,但是却不如在此有一个深深的矛盾。古代世界的农民在政治意义上越是自由，他们的位置就越不稳固。古风时代的被庇护人以及罗马帝国晚期的隶农也许受到各种压迫，但是他们同时也受庇护人保护，免于失去土地，免于严酷债务法的处罚，并且总体上免于兵役（而兵役常常不可避免地导致田地荒芜以及最终丧失[38]）。真正自由的农民无以躲避一连几年的坏收成、躲避强制兵役、躲避内战和对外战争中永无休止的破坏。因此农民做出反应的历史是多样的，从要求分得土地——这推动了早自公元前8世纪开始的希腊人的大扩张，到"擅自占用"未被使用的或者遭遗弃的公有地或者神庙土地，[39]或是逃离土地，去到城里或者丛林之中，抑或是公开起义；最终到接受依附地位，这后一种情况随着罗马帝国的发展而成为常态了。可叹的是，还没有人书写过这一历史。

大土地所有者基本上不受危机情况的影响，这并非由于他们采取了性质上不同的方法应对农业的问题和可能的情况，而是因为他们拥有的土地的规模以及他们的储备，还有在某些时期（不过不是所有时期）他们依靠政治特权而获得的财富。在他们的生活中家庭和子嗣分享继承权起了同样的作用。无论在城市的花费方面是多么铺张浪费，在庄园的自给自足方面他们还是具有"农民式的"热情。他们同样受到有限的和相当停滞的技术的限制，同样是在隔年休耕周期的基础上进行生产，也受到陆路高额运输成本的限制。这每一点都需要明确说明，因为现代学者反复质疑，不相信希腊人和罗马人如此没有能力进行"简单的"改进。并非有什么史料的根据，而是根据心理学的理由。在古代世界的历史上有这样和那样的改进,尤其是在罗马的古典时期,在排水系统和灌溉系统、工具和磨盘、选种方面都有改进。但是这些都是不重要的,就像我们当代研究罗马农业的首屈一指的权威所概括的,"土地使用的模式和耕种的方法一直没有变化。如同在古代的工业中一样,旧有技术的改变满足了新的需要"[40]。但是对于这种"停滞不前"没有什么是难以理解的,也没有什么重要的理由认为难以置信。高额收入、地主异地居住的经济制度及与之相伴的闲暇生活、非职业性土地拥有制的心理特点、土地分成小块出租和再出租的做法(如果有的话),所有这些叠加起来阻碍了寻求彻底的改进。[41]

至于自给自足的目标,这既非"尚古的"价值判断(例如柏拉图的),亦非仅仅是特里马尔乔的一个玩笑。在这个层面上,我们讨论的当然是为了现金收入而非为了生存而耕种的庄园。因此,庄园强调采取步骤以避免花费现金购买葡萄支架、动物饲料、葡萄酒或者耕种土地及维持劳动力所必需的任何东西,对这样的强调必须在赚取利润的框架下予以解释。那些事先储存以期卖出高价的人、那些不厌其烦建议出售精疲力竭的牲口和奴隶、旧马车、废弃工具、有缺陷的绵羊和生病的奴隶的人,完全不是尚古的或者挥霍的。加图用一则格言结束他的劝诫(《论农业》,2.7):"家长应该是出售者,而非购买者。"这更多的是一个经济判断(在我们的语言的意义上),而非一个道德判断,不过我怀疑加图是否会非常清楚地区分这两者。在严格意义上说,一部19世纪俄罗斯小说中的一大段话并非关于古代思想的证据,但是我好奇其心理状况在此一方面是否足够不同,以至于不能

允许我引用其中一部分:

> 奥勃洛莫夫的父母对任何不是家里生产的,而是要购买的东西都极其节省。他们很乐意宰杀一只上好火鸡或是十几只鸡款待一位客人,但是从不在饭菜中多加一粒葡萄干。要是客人自己主动再倒一杯葡萄酒,他们的脸都变白了。然而在奥勃洛莫夫庄园这种恶行很少发生……一般说来,奥勃洛莫夫庄园里的人不喜欢花钱,无论多么必要买一件东西,他们都怀着最大的遗憾拿出钱来,并且也只是在这是一小笔钱的时候……一次拿出两三百或者500卢布来买件东西,无论是多么必要,对他们来说都似乎近于自杀式的。听说当地一位年轻的地主去过莫斯科,买十几件衬衫花了300卢布,两双靴子花了25卢布,一件婚礼背心花了40卢布,奥勃洛莫夫的父亲画了个十字,满脸恐惧的神情,说:"这样的混蛋应该锁起来。"[42]

这段话的道德说教语气十分明显,而且我们要充分考虑到,在一个居住在都城且政治上活跃的罗马重要元老和隐居在自己庄园里的俄罗斯小贵族之间,是存在差别的。然而令我感兴趣的是小说家表现的另外一方面。他写作的时间是俄罗斯两种生活方式过渡的时候,在上面一段话的结尾他写道:"总体而言,他们对金钱快速易手、生产力提高、商品交易值得向往这样的经济现实无动于衷。"加图却并非对这样的"经济现实"无动于衷,他根本闻所未闻。在他生活的世界里,没有人提出这样的经济现实,也没有人为之辩护。古代世界的土地所有者缺乏充分计算后在不同选项中进行选择的技巧,例如种植或者购买作为奴隶粮食的大麦、自己制作或者购买葡萄桩,它们相对的经济优点如何;他们也缺乏计算特定情况下种植不同作物或者是经营农业和畜牧业的相对利润率的技巧;[43]因此他们宁愿独立于市场之外,不充当购买者,宁愿不依赖于他人提供生活必需品。他们根据传统、习惯和经验法则进行经营,而其中的一个经验法则就是,"家长应该是出售者,而非购买者"[44]。

加图的《论农业》中有一个这种方法的著名例子。他按照重要性递减的次序列举了一个理想的100罗马亩庄园的出产,分别是葡萄酒、水果和蔬菜、柳树、橄榄、牲畜饲养、谷物、用于饲料的树叶以及橡子。这段话之所以著名,却是因为错误的原因:学者们经常引用它,用以说明公元前2世纪意大利农业的现实情况。而我们应该引用它来证明,把它看成是古代史料中的经济分析其实是荒谬的。我几乎不必列举其中的弱点:没有考虑到庄园离现成市场或者可能的出口地多远;除了一个简单的短语"如果葡萄酒品质上好且产量高"之外,也没有考虑土壤的性质;甚至没有初步的成本核算。①

然而并非每个人都是加图。也有其他关于最有效利用土地及其作物的考虑,但是这些考虑的取向是社会的和政治的,而非经济的。例如有伯里克利的方法,他大宗出售所有收获,目的是解除负担,以便全心全意从事政治活动。还有伯里克利早期的

---

① 我并不是说加图在这方面完全缺乏思维能力。在《论农业》1.3中他的确提到,在购买农庄时要考虑良好的水供应、接近大海、河流或者道路等因素。然而事实仍然是,他的作物分级忽视了所有这一切,更不用说不同地区的土壤差别了。

政治对手客蒙（Cimon）。亚里士多德告诉我们（《雅典政制》，27.3—4），他"资助了许多同村人。任何人每天都可自由前来，从他那里领取足够的粮食。此外，他的田庄都不是封闭的，以便任何想要的人都可从中取得所需"。就罗马共和国最后几个世纪里高度发展的庇护制而言，这是一个初级的先例。其时像庞培和阿厄诺巴尔布斯这样的人充分意识到支持大量人力的好处，以获取他们的选票，并且最终获取他们打仗的技能。

到现在为止我都避免谈论规模经济，并非因为它不存在，而是因为在我看来它并不重要。不过我必须承认，得出任何结论的基础都不牢靠。在古代的条件下，将拥有的地产整合为一大片连在一起的土地，并不自动就意味着规模经济，尤其是在奴隶是主要劳动力的情况下。从农学家和土地测量员的著述中的暗示来看，有理由相信他们认为200罗马亩是一个管家能够管理的最适度地产。然而在罗马帝国能够找到比这大得多的地产。根据头脑冷静的弗朗提努斯在公元1世纪末的著述，在北非有比城市领土还大的私人地产，其劳动力队伍居住在围绕庄园的小村子（*vici*）里，就像围绕城市的堡垒一样（*in modum munitionnum*）。[45] 而且西部新开拓的领土明显也能够为罗马人大片占用。例如最近在距图卢兹不远的蒙特莫兰（Montmaurin）发掘的庄园，可能有2500英亩耕地，由一个单一的建筑群进行管理。这个建筑群覆盖45英亩地，庄园管家（*vilicus*）及其劳动力队伍都居住在这里，而且显然庄园拥有者也居住在此。此外牲畜也饲养在此，一应设备和收成储存也在此，所有辅助活动也都在此进行。这座"庄园住宅"（*villa*）建于公元1世纪，直至2世

第4章 地主与农民

纪末都十分兴旺。彼时它为洪水所破坏,此后再也未重建成为一个单独的经营单位。[46]

与此相反,在帝国早已开化的部分,土地聚集的趋势似乎并未伴随着相应的将田庄整合为更大剥削单位的努力。尽管我们知道一些整合起来的大庄园的显著例子,例如西西里南部的卡尔维西阿那庄园(Massa Calvisiana)。这是一个公元3世纪早期的庄园,在格拉河的东面绵延差不多10英里。但是显然在需要的时候,庄园主们并非不愿拆分大地产(*massae*)或大庄园(*fundi*)。[47]这意味着古代人并不太注重规模经济,而且我相信,希罗德斯·阿提库斯分散的地产代表了更为常见的模式。此前年轻的西塞罗两个富有的客户拥有数量众多的田庄,每个田庄都被当作独立的剥削单位。其中奥卢斯·凯基那(Aulus Caecina)的地产甚至包括了两个相连但却分开的田庄,而且至少其中一个是租给佃农的;塞克斯图斯·罗斯齐乌斯(Sextus Roscius)来自翁布里亚最南端的阿美里亚(Ameria),他拥有13处田产,都位于第伯河河谷。[48]

我们也不能忽视一点,即这一时期的作家未能提及规模经济。特里马尔乔想要"把西西里加到我那一小点儿土地中"的孩子气愿望可能说明不了什么问题,但是普林尼的一封信(《书信集》3.19)则没那么轻易地就能够置之不理。和他在翁布里亚的庄园相连的一处庄园由于所有者和佃农经营不善,正在低价出售,普林尼考虑购买。他写道,主要的好处是宜人(*pulchritudo*)。也有实际的好处:可以一次巡视两处地产,可以将两处地产交与同一个代理人打理,也许甚至交与同一位管理者管理,只需维持一处高标准的庄园住宅,以适于元老级别的人偶尔居住。他补充道,不利的一面是将两处地产同样置于"不确定的运气"(incerta fortunae),例如天气之下。

你的建议是什么呢?这是普林尼向收信人提出的问题,尽管他并未提供我们所预期的信息,既未提供该地产的面积,也未提供其当前出租状况及农产品的详细情况。他所预先考虑到的好处主要是心理上的。除了管理者以外,完全没有暗示两处相连地产整合在一起可能带来的规模经济,更不用说重新组织生产的考虑了——例如更多样化或者更专门化的生产,抑或更为有效的劳动力使用等。

在所有关于(甚至在租佃制下)庄园管理的古代著述中,对劳动力的监督和控制是个经常出现的主题,考虑到典型的大土地所有者是不住在庄园里的所有者,这是很显然的。然而关注的要点是劳动力队伍的诚实,在劳动力雇用的整个阶段的诚实以及在经手金钱和物品时的诚实,而非通过更好的耕作方法或者引入节省劳动力的方法而对效率进行质的提升。这体现的是警察看问题的角度,而非企业家看问题的角度。现代研究表明,"异地居住的地主所有制意味着耕作的习惯方法得到严格遵守,尽管这样的方法可能是过时了的"[49]。习惯方法为技术的精细化(refinements)留了余地,[50]这一点需要反复说明,但是通常仅此而已。因此对那些地产可能足够大并且还在扩大的人来说,规模经济不是一个现实的可能。

在这一方面,作为奴隶劳动的大庄园(latifundia)之替代品而受到充分讨论的租佃制则更糟,[51]这是由于短期租佃制和家庭生命周期的局限效果。那些佃农究竟是什么人呢？除了一些例外的情况，大片土地的整体租佃仅出现于公有地上，尤其是罗马皇帝在非洲的领地上。这些大片租佃的皇帝领地再分成小块土地予以租佃，以至于皇帝土地承租人事实上——如果不是法律上的话——成了皇室代理人和管理者，而非大规模耕种的农民。如同业已成为标准的做法那样，根据皇帝在北非的领地进行概括，就会歪曲意大利和西西里、希腊和希腊化时期东方的情形，也许也会歪曲西班牙和高卢的情形（如同从另外一个极端，从托勒密时期或者罗马统治时期埃及的农夫的情况做出概括，同样是错误的一样）。普林尼考虑购买的和自己的庄园比邻的庄园，是由众多佃农（马虎）耕种的，这无疑是古典时期私人土地租佃的常态。在很大程度上这是一个是否有可用的人的问题。大土地所有者不可能远赴罗马或者其他大城市，随心所欲地挑选出经济上和技能上有能力租佃大片土地的人。佃农通常是没有什么资源并且没有自己的土地的人，要么是破产的农民，或是农民"多余的"儿子，抑或是失去土地的农民，像贺拉斯所描写的奥菲卢斯（Ofellus）（《讽刺诗》，2.2）那样。而他不可避免地从农民的角度，考虑的是家庭规模的租地，因此贺拉斯用"家长"（patres）一词来指代他的佃农（《书信集》，1.14.3）。[52]

就大规模的土地租赁而言，较短的租期阻碍了方法的改进和规模经济。阿波罗神庙在提洛岛和附近两个岛屿上拥有的20个农庄，提供了一个尤其引人注目的例子。这些农庄相对较大，租赁给了提洛岛的富有人士，由奴隶劳动。其中最好的农庄在最好的年份获得1650德拉克马的租金。但是租佃期是10年，而且尽管佃户可以续约，在公元前313年和前170年之间连续很长一段时间的详细史料表明，佃户仅仅按要求行事。就是说，他们按照原先租赁时同样数目的橄榄树、无花果树和牲畜归还农庄，不多也不少。[53]即便对于如此规模的农庄来说，10年的租佃期也是个妨碍改进的因素。而对于更小的、家庭规模的租佃来说，肯定更是如此了。土地开垦计划通常通过永久性租赁解决了一个难题，尤其是在皇室领地里，但是对家庭小规模土地的青睐很快也妨碍了其改进。

因此我们又回到了本章的讨论中反复提出的选择性这一根本问题。例如，我毫不怀疑尽管科卢美拉存在局限，但却能够进行简单的数学计算，以便揭示扩大剥削规模可能带来节省。换言之，问题不是智识上的。用现代术语来说，"农庄面积大小幅度的临界点"是由社会和经济因素的组合所决定的，而离开了这样的组合，计算就变得毫无意义了。[54]农户经营单位的强大吸引力、对于劳动力和管理的态度、弱小的城镇市场、既存土地制度令人满意的收益、也许还有组织和管理庞大奴隶队伍固有的困难——比起奴隶劳动力是否有利可图，对这个问题更不可能依据古代文献进行具体分析——所有这一切都阻碍了变化。尽管普林尼抱怨佃农带来的麻烦——他们的困难可想而知，但他"这些年里从不缺乏金钱"[55]。他的亲戚也不缺钱。他关于翁布里亚的庄园的信件这样结尾："你会问我能否轻而易举地准备好300万塞斯特斯。我绝大部分的财富是土地，但是我借了钱出去，并且借钱并不难。此外，我随时可以从岳母那儿拿钱，我可以随便用她的钱。"

第4章　地主与农民

对于不加掩饰的事实，我们再次转向特里马尔乔。他的一个秘书的到来突然打断了盛大的宴会。后者从7月23日的日志中读道：在库迈的庄园里出生了70个奴隶儿童，训练了500头公牛、一个奴隶因为亵渎而被钉死在十字架上，"储钱柜存入1000万塞斯特斯，因为无处可投资了"（《萨梯利孔》，53.3）。对于特里马尔乔那样的人，财富存放于三处，即土地上、收取利息的短期借贷以及储钱柜里。当然我们要考虑到存在一些夸张。财富也投入到船只、城市房产、货栈、奴隶工匠和原材料中，但是这些仅代表精英阶层财富的一小部分，而且并未引起"经济"思想的重大变化。

然后我们会说到，"资本投资"和土地投资是他们的"首选投资"。[56]这样的措辞包含了一些真实，但却既未道出全部的真实，而且还包含了一些虚假成分，因为它未能向现代读者传达他们的优先选择中很大的非经济成分。首先古代人完全没有分期偿还的概念。[57]公元前4世纪，当雅典演说家德谟斯梯尼达到成年的时候，他起诉监护人，以收回自己继承的财产。他分两部分向审判团一一列举了其父的遗嘱中记录的财产。一是获利的财产（energa），包括32名或33名铸剑奴隶，他们一年带来3000德拉克马的收益；另外20名从事家具制造的奴隶，每年带来1200德拉克马的收益；还以12%的利率借出了6000德拉克马；二是不获利的财产，包括九年前他父亲临死时手头的原材料，价值15 000德拉克马；价值3000德拉克马的房屋，家具及其母亲的首饰，家里储钱柜中的8000德拉克马现金，7000德拉克马的海事放贷，以及存在两个钱庄和一个亲戚那里的4600德拉克马。

这代表了一种非同寻常的"资本"观念,而当我们仔细追踪对于监护人的实际诉求时,就会发现这一观念更加非同寻常,它忽视了分期偿还和贬值,并且假定每年的产量、收益率和收入是不变的。[58]然而这是古代世界一份正常的陈述,混合了个人的、家庭的财产(其母亲的首饰)以及生意财产(原材料)。德谟斯梯尼打赢了这场官司。

我有意选择一项城市的生意作为我的第一个验证案例,我们本来希望在这一案例中有更为复杂的记账。和普林尼近乎同时代的科卢美拉对7罗马亩(4.5英亩)的葡萄园(《论农事》,3.3.8—10)做了描述,将它作为模范,现代历史学家经常引用这一文本,视之为关于意大利农庄收入最为可靠的古代分析。现在假如我们看看这一文本,就会发现尽管他考虑到了土地、奴隶身份的葡萄园丁、葡萄树和葡萄桩的购买价格,并且也考虑到了新葡萄树长成的两年里没有收入的情况,但是他忘了计算农庄的建筑、工具、附属的土地(例如用于种植谷物的土地)、奴隶的维护成本、贬值和分期偿还。[59]即便考虑到这段话的辩论意图,他所暗示的34%的年收益也是无稽之谈。我们必须得出结论说,这纯粹是肤浅的纸上谈兵。大土地所有者纯粹依靠经验性知识组织生产,同时受到拥有土地本身这个社会—心理压力的严重制约。普林尼既未计算、亦未宣称如果他购买翁布里亚的第二处庄园的话,他所获得的收益会高于借款的利息。他仅仅提到"宜人"的好处。

简言之,在古代世界,投资土地从不是按系统的、有计划的方针进行的,即从不是按韦伯所说的经济理性进行的。[60]那时没

第4章 地主与农民

有区分资本成本和劳动力成本的明确概念,没有有计划的利润再投资,没有为了生产目的的长期借贷。在这个语境中短期借贷(就像短期租佃制)的重要性是怎么说也不为过的。从古代世界的开始到结束,已知的以财产为抵押进行借贷,以用于购买或者改进目的的例子屈指可数。抵押借贷是个灾难("抵押老宅地"),是一种私人之间的短期借贷,用于"弥补一般是某种紧急情况导致的必需品供应短缺,这种紧急情况对借款人的资源产生了意料之外的需要"[61],但它并非一种以低息筹款用于高息投资的有意安排,而这却是现代商业抵押贷款的主要作用。对于富人而言,这种需要要么是家庭的(例如女儿的嫁妆),要么是个人消费的或政治的,可以是为了单一的目的,也可以是为了多个目的。如同我们已经看到的,有时这种花费带来大笔回报,但在任何意义上都不是财产投资回报。

因此在古代世界既没有明显的不动产市场,也没有地产中介或者地产经纪人,就不令人吃惊了。像现代德语一样,古希腊语易于创造复合名词,包含"售卖者"一词的已知复合名词多达100多个,例如"谷物售卖者"、"香料售卖者",还有像阿里斯托芬所说的"法令售卖者"这类喜剧性的名词创造,但是却没有任何证据证明有像"土地售卖者"、"房产售卖者"、"财产售卖者"这样的词语。[62]也没有证据证明有"经纪人"一词。[63]拉丁语中同样如此。

可能是在公元109年或是110年,图拉真皇帝派遣普林尼前往小亚细亚的比提尼亚(Bithynia),以解决这个行省中诸多富裕城市的财务混乱和铺张浪费。普林尼汇报说(《书信集》,10.54),他成功地为一个城市收回了多项大笔欠款——这个城市可能是普鲁萨（Prusa），但"我担心这些钱可能闲置一边，因为没有购置田产的机会，或者说几乎没有，又找不到愿意从城市借款的人，尤其是按照私人借贷的9%的利率"。他建议强制市议员们以低一些的利率借款。图拉真毫不迟疑地否决了这一建议，说那是"不公正的"。我们应该注意三点。其一是现金、土地和借贷的现金这三个常见的要素；其二是该城市和皇帝都不认为让现金闲置一边是不合适的事情；其三是没有土地可供购买。

我们完全不清楚普林尼如何发现没有土地可供购置。我提出该问题的答案是，他是从地中海世界任何一个社会中都存在的小城市的闲言碎语中了解到的。更为具体地说，他是从他准备强制借贷的同一个城市贵族阶层的闲言碎语中了解到的。属于罗马骑士等级的盖约·卡尼乌斯（Gaius Canius）想要在叙拉古购置一处度假地。西塞罗说（《论义务》，3.58），"要让人知道"（dictabat）他进入了市场。这一传言传到了当地一个开钱庄的人耳中，他进而欺骗性地以高昂的价格将自己在水边的休闲花园卖给了卡尼乌斯。我进一步提出，古代世界通常的土地购买是意外收获的购买（这并非是说意外收获罕见）。普林尼本人对翁布里亚的庄园感兴趣的时候，并非是在主动寻求另一处庄园，而且他并非闲钱很多，因为若要购置的话，他得动用岳母储存的钱。因忽视、战争破坏或者霉运而廉价出售的废弃土地是这样的意外收获的来源。更为重要的是查抄的土地，例如罗马的公有地，无论是通过法庭裁决查抄的，还是通过皇帝命令查抄的土地，抑或是内战或者征服中从整个地方社会没收的土地。而且我们还必须包括一有机会就通过高利贷、非法侵占或是"庇护

第4章 地主与农民

制"从农民那里敲诈得来的土地。[64]

当然政治危机和政治压力也能造成迅速抬高地价的反向效应。公元前49年凯撒进军罗马的后果是这样一个例子,对此我们将在第5章简要讨论。另一个例子发生在公元2世纪初期,普林尼在一封信中对此做了描述:

> "你是否听说地价上涨了,尤其是在罗马附近?引起地价突然上涨的原因导致了许多讨论。上次选举中,元老院表达了这一观点,即'应禁止候选人提供娱乐、分发礼品,并将金钱储存在代理人那里'。前两种做法是不加限制和掩饰地采用的,第三种做法是秘密进行的,但却尽人皆知。"元老院请求图拉真皇帝铲除邪恶。"他如此做了,运用反贿赂法迫使候选人限制过分的总花费;他还强迫候选人将三分之一的遗产集中于不动产,认为官职候选人不把罗马和意大利看成是他们自己的国度,而仅仅当作他们造访时的旅店和客栈是不合适的。结果是,候选人匆忙奔波,努力买下他们听说要出卖的任何房地产,并因此而增加了待售(的土地)的数量。"[65]

这是一个土地出售者的意外收获的绝好例子,它和购买者的意外收获一样短暂而偶然。不仅普林尼描述的候选人四处乱窜的方式强调了不动产市场的缺位,这些候选人的政治生涯取决于迅速购置土地,而且仅仅少数人的需要对地产价格产生如此大的影响也强调了这一点。对于过度显目的(政治)花费之后果的道德评判也值得注意(并且要从字面上理解)。皇帝的目的同样值得注意,他的意图不在"使更多人对提高意大利的农业感兴趣"[66],而在迫使日益行省化的元老院元老成为得体的罗马人和意大利人,以符合他们作为帝国精英的身份。

根据情形不同,意外收获的土地有可能明显便宜,但也有可能明显更贵。在购买这些土地的时候,我已经说到的初步的经验知识就够了,无须更为复杂的调查。而且,在缺乏大型水利设施和贵重机器的旱地耕作条件下,遭遗弃和破坏的土地恢复产能非常迅速。橄榄树、葡萄藤和家畜群的更替需要一些年,但是这仅仅需要我们现在讨论的上层阶级土地所有者的耐心,而首要的并非他们的资本。现代学者的论述中经常夸大了资本的规模。

诚然,购置意外的土地财产是一种投资,但却仅仅是在我定义的严格意义上。而且这几乎完全是私人行为。在公元前30年和前14年两次大规模安置退伍老兵时,奥古斯都发现他自己拥有的剩余土地和他没收的土地都不够用,因此他从意大利和行省的城市手中购买了大片土地。根据他自己的计算(《功德碑》,16.1),一共花费了8.6亿塞斯特斯。这是一个重要的、实际上是惊人的成就。他进一步宣称,"在我同时代人的记忆中,在所有那些在意大利和行省建立军事殖民地的人中,我是第一个、也是唯一一个这么做的人",意思是说,"他是第一个出钱从他认为是属于私人的土地资源中购买的"。[67]但他并未进一步说明他是如何购买的,而且我们可以合理地怀疑许多售卖者并非是完全自愿的。

即使如此,事实仍然是,尽管所有古代国家都拥有土地,它们通常出租这些土地而获得收入,而罗马的皇帝也通过庄园代理人进行直接剥削而获得收入,但古代国家几乎从不购置土地。

神庙和宗教崇拜中心也不购置土地，它们中的许多通过赠礼和祭献品而积聚和贮藏了大量财富。在希腊罗马世界大量出现的半私人性质的崇拜群体和社团也不购置土地，他们也通过赠礼而获得土地，有时是以土地财产为支撑的基金的形式（就像图拉真的粮食供应计划），其现金则通过生息借贷增值，而非通过投资土地增值。只有监护人看起来是个例外，至少在罗马是如此，其法律要求监护人将被监护人的现金投入到土地上，或者是投入到生息的借贷之中。[68]而且即便是这一条款也和现代传统大相径庭，这后一传统仍未消亡，它强迫慈善或是其他公共信托基金将资金投入到具有保障的土地上。

当然如果不留神、没有获取财富的真正兴趣，而且尤其是如果没有政治影响和地位，意外收获是不能实现的。甚至有些人——我相信不太多——主动投机于废弃财产，尤其是城市建筑中。克拉苏是个传奇性的范例（普鲁塔克：《克拉苏传》，2.1—6）。[69]我并不是在试图论证说，在古代世界的绝大多数时期不存在土地财产的不断流动。若是如此的话，就不可能有我前面强调的土地日益集中的趋势；就不可能一方面有特里马尔乔，另一方面有像导致提比略·格拉古和盖约·格拉古死亡的公有地（*ager publicus*）侵占者那样的人，以及后来像阿厄诺巴尔布斯和希罗德斯·阿提库斯这样的人。我试图在做的是准确地确定古代的"投资"概念，定义其观念和做法上的特征和局限。我们永远不应当忘记，古代作家并未以收入最大化的语言把土地描述成最好的投资；毫无疑问，如果大规模拥有的话，土地是有利可图的。但是他们排在首位，至少同等重要的理由是"自然"

和高尚道德,而且他们尚未学会在高尚道德和收益之间画上简单的一对一等号。我们应当记住,即便是在今日,仍有重要的社会阶层,他们心知肚明地接受农业投资的低回报率,因为有"直接的金钱收益之外的"好处,即"个人安稳的感觉、打猎的权利、社会地位,可能还有一些税收的好处"。[70]

伪亚里士多德的《家政论》(*Oikonomikos*)的作者在第一卷中写道(1343a25—b2):"首要的关切是顺应自然。根据自然农业是第一位的,第二位的是从土地上采掘的行业,如采矿之类。农业是最好的,因为它是公正的,它不以牺牲他人利益为代价,无论这样的牺牲是自愿的——如贸易或打零工那样,还是被迫的——如战争那样。它在其他方面也是顺应自然的活动之一,因为根据自然,所有东西都从母亲那儿获得养分,因此人类从大地获得养分。"这里还有更好对亚里士多德的良好信条非常轻信的复述,但我不必再说下去。它也是加图的良好信条,还是西塞罗的良好信条。简言之,它是古代世界上层阶级土地所有制观念的许多种表述之一。贵族阶级的做法以坚守过时的观念并与之一道沉沦而著称。这不是他们在古代世界的命运。和韦伯的"新教伦理"相反,他们的心态有可能是非生产性的,但绝不是不贪图财富的。他们能够奢侈地拥有道德选择,同时还变得越来越富有,而非越来越贫穷。

第5章　城镇与乡村

希腊地理学家斯特拉波曾经解释说,意大利以外西欧人的落后和野蛮产生于其狩猎、畜牧和抢劫的生活方式。一旦他们转向（或被迫转向）和平的、定居的农业生活方式,城市生活会发展起来,他们会变得文明。[1]尽管斯特拉波写作的时间是在公元初年,他却是在重复旧有的良好的希腊（和罗马）信条。希腊人和罗马人总是不厌其烦地赞美农业的道德优点,同时却坚持文明生活需要城市。他们并非是自相矛盾的。我们应该注意到,斯特拉波把农业而非贸易和制造业看成是稳定和城市生活的前奏。古典世界真正的城市包括了乡村（chora）和城市中心,前者是农业腹地,后者是最富有的人的居住地,是行政和公共崇拜中心的所在地。这两者在概念上是如此互为补充,以至于即便是希腊化时期的绝对君主,也认可东部地区新建立的希腊城市所属的乡村的"自由",属于城市的土地免于王室对王国全部土地都拥有的领地权。

然而何为城市？现代地理学家们无法达成一个"标准定义"。[2]当然斯特拉波对此并不关心,即使在他反对那些错误地把西班牙半岛的大村庄（komai）称为"城市"的作家的时候（《地理志》,3.4.13）,他也未关心城市的定义。他的读者并不需要定义。

后来，另一位希腊作家宝桑尼阿斯（Pausanias）轻蔑地否认希腊中部一个小镇可称为城市（*polis*）："没有市政建筑，没有露天剧场，也没有市政广场，没有引到喷水池的水源，那里的人生活在小屋里，就像是高山上面临深谷边缘的小木屋。"（《希腊纪行》，10.4.1）他的读者也能够明白他的意思。城市的审美-建筑学定义是其政治与社会定义的简略表述：真正的"城市"是政治与文化中心。诚然现代城市的自主性受到高度限制，这和古代希腊城市（*poleis*）引以为荣的独立相反，但却仍然是有着良好出身和教育的人优雅生活——用罗马人的说法是"雅致"（*urbanitas*）生活——的地方，在此他们如果不再能够主导全国事务的话，也能够主导城市事务。仅仅规模并不能说明问题。许多真正城市的人口及面积和村庄相差无几。经济则完全未被纳入考量之中，除了一个需要，那就是应该用某种方式满足文明的舒适生活不可缺少的物品。[3]

当然在古代世界存在关于城市（*polis*或者*civitas*）的行政定义，如同所有现代国家一样。斯特拉波关注的不是此一方面，经济史家也不会关注。我们能够毫无困难地赞同斯特拉波所说，仅仅是聚集的人群并不构成一个城市。不然"荷马史诗"中描绘的伊大卡、中世纪早期的大教堂城镇，并且就此而论，一座监狱或者一个大型军事基地也都是城市：一些现代监狱的犯人甚至要比许多希腊"城市"的总人口还要多。然后我们超越斯特拉波（以及其他任何古代作家），转而提出另外一类完全不同的问题。城镇和乡村之间的关系是什么样的？关于斯巴达和雅典的答案不会是一样的，就像关于今天的罗马和热那亚的答案也会不一

第5章 城镇与乡村

样。马丁·路德在《致德意志民族基督教贵族书》中怒喝道:"如同预言过的,敌基督必定要获取世界的财富……如果我们吊死偷盗者、砍抢劫者的头是正确的,那么为什么我们要让罗马的贪婪不受惩罚呢?因为它是世上最大的盗窃者和抢劫者。"虽然是为了他自己的目的,但是在此他做了一个重要的历史观察。从罗马成为一座帝国城市直至今日,它一直是一座寄生城市,以赠礼、租金、税收和贡赋为生。但这并不减少罗马作为城市的成色,只不过使它成为一座和热那亚十分不同的城市而已。

在假设上而言,一座城市与其乡村的经济关系的范围能够非常广泛,从完全的寄生关系一端到完全的互利关系一端。开始时我们必须考虑一座孤立的城市的情况。所有并不直接从事农业生产的城市居民都要从其乡村的生产者那里获得粮食和原料。在这个意义上,所有城市都是消费中心。那么问题是,古代城市是否像韦伯所认为的那样,主要是消费中心。[4]换言之,城市如何支付它从乡村获取的东西呢?首先寄生城市仅仅通过返回它从乡村获取的全部租金和税收或者是一部分来支付;完全互利关系的城市会通过城市产品和服务来对等支付。我们可以建立一系列模式,其中主要的变量是人口的分布、农村的生产量、城市的生产量以及转让到对方的比例。这其中排除纯粹为了城市消费的城市产品和服务。对佃农而言,住在城里的地主收到作为地租的小麦后,是在自己家里制作面包还是付钱让烤面包师制作面包,在经济上是不相关的。

然后我们要在这一模式中引入复杂因素,因为孤立的城市-乡村关系仅仅存在于非常原始的社会中,或者是乌托邦作家的想象之中。一个城市的发展可能超出了其乡村腹地的粮食生产能力。无论如何,几乎没有城市在木材、金属、盐和香料方面是自给自足的,更不用说奴隶、皮革、玉石以及其他成为文明社会必要的舒适用品的商品了。即使像柏拉图和亚里士多德那样坚决为自给自足的道德优越性进行辩护的人,也承认这一生活中的不幸事实。[5]我们还是要问:城市如何支付这些花费呢?答案同样是一系列的可能性,从奥德修斯对伊斯马罗斯(Ismarus)的抢劫到完美的贸易平衡不等。奥德修斯报告说:"我攻陷了该城,杀光了男人,俘获了女人和许多物品,我们瓜分了这些。"(《奥德修记》,9.39—42)有些学者认为,奥德修斯的世界是个虚无缥缈的地方,不应引入严肃的历史讨论,不过我不这么看。凯撒在高卢的征服是足够真实的和历史的,公元前5世纪创造了雅典60%的公共收入的帝国也是足够真实的和历史的(修昔底德,2.13.3),还有西西里谷物的什一税也是足够真实的和历史的,一段时期内罗马城居民的相当一部分粮食来源于此。因此原先适用于孤立城市的模式必须用进一步的变量予以修正,这包括从城市的直接领土之外取得的租金、税收和贡赋;用于出口的城市和农业产品;运输设施。我们也不能忽视政治,即便是在"纯粹的"经济学分析中。罗马成功的征服使得意大利的土地免予税赋,这是一个变量抵消另一个变量的例子,即外部贡赋抵消了内部对乡村的征税。

也有一些常量,首先是公牛。公牛是古代世界主要的牵引动物,骡子和驴子几近于此,但马匹则几乎不用作牵引动物。所有这三种动物都很缓慢而且食量很大。戴克里先颁布的最高物

第5章 城镇与乡村

价限令中的运输数字暗示,一车1200磅的谷物运到300英里以外的地方,价格会翻一番;而通过海路从地中海一端运输一船谷物到另一端,花费则要少于运输一车谷物到75英里以外的地方(忽略风险的话)。[6]国家能够负担得起利用牛群来完成非同寻常的运输目的,如运送用于建造神庙的柱子的圆石块,平均每运送一块圆石块需要使用30头公牛。[7]并且国家也可利用牛群完成别的特别运输任务,尤其是军队需要的时候。但是个人在正常活动中,无法经陆路远距离运送大宗商品,而且一个地方社会也不可能,除了那些最为富有也最有权势的地方社会。大部分必需品如谷物、陶器、金属、木材都是大宗的,因此城镇的发展若是超过了其直接的腹地的粮食产量,就不安全了,除非它有直通的水道。

即使是著名的罗马官道也没有带来任何不同,它们是为了军事和政治目的而非为了商业目的修建的,牵引的方式仍然是一样的。引起罗马作家评论的是高卢的许多河流,而不是那里的道路,也是这些河流促进了那里的内陆城市的发展。[8]普林尼在公元2世纪初被图拉真派往小亚细亚,他从尼科美迪亚(Nicomedia)向皇帝禀报。这是位于马尔马拉海东端伊兹米特(Izmit)海湾的一个港口城市。普林尼建议修建一个复杂运河系统,从索丰(Sophon)湖的东面(它有一个往北通向黑海的天然出海口)将它和马尔马拉海连通。他解释道(《书信集》,10.41.2),穿过这个相当大的湖,"大理石、农产品和建材木料十分便宜而且容易地运送到主道上,但是然后却要用车运到海边,既费劳动力也花费巨大"。这里的主道正是罗马的官道,它从尼科美迪亚往东,最终通向安卡拉及更远的地方。从湖边到尼科美迪亚和海边的这片地宽约18公里。[9]这可能有助于解释为什么公元362—363年,当50英里之外另一条罗马官道两旁有剩余谷物的时候,安条克的饥荒却蔓延到了如此灾难性的程度。毫无疑问囤积居奇和投机倒把起了作用,但是在周围有剩余粮食的情况下频繁出现饥荒,并不能完全归咎于贪婪。

几乎肯定的是,除了国家以外,在狭小的范围内,农民是罗马官道的主要受益者。因此,尽管在罗马化的不列颠东南部的道路修建刺激了那里村庄的发展,但是从当地小市场到其"从属区域"(tributary area)边缘的平均距离,仍然是原始运输条件下到达一个首选市场的标准最远距离,也就是4—5英里。[10]农民(并且不仅仅是农民)受到经济地理学家所说"花最少力气的规律"或者"最省事原则"的支配。[11]并且几乎不必说的是,在饥荒的时候农民不能够拯救一座大城市,或者说农民也不能向尼科美迪亚供应木材和大理石。

在古代世界,任何人要是忘了这些基本的生活事实,就会很快遭受损失。马可·安东尼忘了。他在公元前31年让他的20万部队被阿格里帕(Agrippa)封锁在希腊西部,带来的不可避免的后果是饥饿、疾病和开小差,尽管他尽力用各种可能的办法强征供应。因此在亚克兴之战中他的军队人数无可救药地落了下风。罗马的皇帝们则从未忘记过。罗马对西欧和西北欧的征服,第一次将古代世界扩展到了地中海及流入它的河流流域之外的地方。但是仍有可通航的河流,主要的定居点都位于河流两岸,而且在所有军事后勤的考虑方面,河流也都是一个主要因素。当时在阿尔勒地区建造的最大谷物磨坊群就是如此。[12] 当有必要在远离河流和大海的地方驻扎军队的时候,就强迫当地人口支撑他们,全然不顾农业生产和军队需要之间的关系。罗马军队能够沿着陆路远距离行军,但是却无法通过这些道路远距离为其提供粮食、衣物和武器。

简言之,水上运输,尤其是海上运输,为古代城镇提供了全新的可能性。首先,粮食和其他大宗日用品的进口使得人口不再受到当地农业产量的限制,出现大幅增长,同时由于物品的种类更多,能有更多的奴隶劳动力用于家庭和生产劳动,生活品质也提高了。然后不可避免地会吸引间接的人口,包括手工匠人、表演者、艺术家、教师和旅游者,由此人口和便利设施均进一步得到提高。对乡村也可能有一个促进作用,进口必需品使得专门化生产成为可能,由此对大地产的利用会更有效。而在或多或少是孤立的、自给自足的社会中,这是不太可能的。我们不禁要想,如果不是行省的粮食保障了罗马城的供应,人们是否会容忍它附近庄园里养育玫瑰、紫罗兰和孔雀(瓦罗:《论农事》,3.2)。古代城市不愿其粮食供应仅仅依靠运气或者是市场的自由调配,至少只要它仍然是真正的、自主的社会。即使是在古典时代的雅典,尽管它控制了爱琴海,并因此而控制了俄罗斯南部(以及其他地方)的大量小麦进口,但是它还是用死刑惩罚出口本国生产的粮食的行为。

但是我们不应仓促下结论。城镇-乡村-大海的关系是复杂的辩证关系,其发展速度缓慢,并且有时是中断的。大海和大河的便利通道仅仅是发展的一个必要条件,但却不是充分条件。雅典的大港庇里乌斯港是公元前5世纪修建的,其最初的动机出自地米斯托克利的海军建设计划,而法勒隆(Phalerum)的沙滩港口已不能满足需要。尽管布隆迪西乌姆(Brundisium,今Brindisi)是意大利东部沿海安科拉以南最好的港口,面对希腊和东方,但是它却未能发展成为一个主要中心。再往北,位于波河出海口的拉文纳拥有非常突出的港口,据说能够停泊250艘船只(狄奥·卡修斯,55.33),但它从未成为商业中心。

罗马城提供了最显著的例子。它位于从海边的奥斯提亚沿第伯河上溯15或20英里的地方。然而在奥斯提亚发展成为罗马的商业港口之前,罗马即已征服意大利并击败了迦太基。[13]罗马最早对奥斯提亚产生兴趣是在公元前4世纪,目的是军事防御。然后到公元前3世纪在和迦太基的战争中产生了建立海军的需要。用一位古代作家略微夸张的表述,在这个关键时刻,罗马"根本没有战舰,甚至连一条像样的船都没有"。没有关于船只和造船的知识,没有任何公民从事划船、航行和海上作战。[14]而这是在迦太基人汉诺(Hanno)沿着西非海岸至少航行至塞拉利昂两个多世纪之后的情况。

公元前3世纪末对汉尼拔的战争的胜利,不仅是罗马政治史,而且也是罗马城市史的转折点。不久之后被称作显贵的寡头统治集团获得了大量的公有地,并且需要奴隶劳动力。他们也养成了昂贵的口味和习惯,将大笔金钱花费在政治倾轧和炫耀性消费之中,而且其金额呈几何级数上升。例如,角斗表演最初是用于葬礼竞技的,最早有记载的例子是在公元前264年,只有3对角斗士参加了比赛。但是到公元前216年,已有24对角斗士参加比赛;到公元前174年,有74对角斗士参加比赛,庆祝活动接连举行了三天。[15]与此同时,奴隶和失去土地的农民使得城市人口迅速增加,并且需要为他们提供食物、衣物和住房(还需要为自由人提供娱乐)。罗马无法再像过去数个世纪里那样,依赖其直接的腹地以及沿着海岸从那不勒斯海湾布特奥利港(Puteoli)航行来的小船。因此奥斯提亚港口城市最终发展起来,其规模足以和亚历山大里亚及迦太基匹敌。它繁荣了四个世纪,之后衰落成为瘴气弥漫的沼泽地。

因此更正确的说法是,罗马之所以走向海洋,是因为它业已成为一座大型城市,而不是相反。然而很难说罗马是典型的,它是一座完全寄生的城市(不过它仅仅在规模上是独特的)。没有人会宣称,罗马生产的产品支付了其巨额进口中哪怕是极小的一部分。但是那些没有行省战利品和贡赋用以维持其收支平衡的城市又如何呢?我们很快可以注意到一个重要类型的城市,即那些因其地理位置而成为贸易中心和中转站的城市,它们从通行费、港口税和码头费,以及向中转商人和船员提供服务获取相当一部分收入。只要在可能的情况下,古代的海船一般选择短距离多站停靠的航行策略。造成这种选择的因素有地中海特别的风向和海潮条件,指南针的缺乏,有限的抢风航行能力,食物和淡水储存空间的短缺等。因此罗德斯岛是如此重要,它是希腊化时期一个突出的停靠港的例子。公元前2世纪中期,出于政治原因,罗马决定迫使罗德斯岛从命。它采用一个简单的办法来达到这个目的,就是宣布提洛岛为自由港口,并且改进其港口设施。罗德斯人很快抱怨说,其后果是他们的公共收入从每年100万德拉克马锐减到了15万德拉克马。[16]港口的停泊量骤减了85%,其中包括罗德斯商人的船只,因为古代国家一视同仁向公民和外国人征收同样额度的港口税。如此幅度的下降肯定也影响了所有附带的服务业,累计起来对罗德斯的私营经济和公有经济都造成非常严重的打击。

也还有其他的商业城市,比如埃吉那、奴隶买卖中心克俄斯,[17]以及马赛,后者是和内陆的蛮族人进行贸易的货物集散地。[18]但这些是特殊情况。大部分古代城市的公民群体的核心是农民,无论他们是从事农业劳动的农民还是绅士型农民,他们的经济利益主要在于并且常常完全在于土地。而且在这个意义上,相当一部分重要城市完全是农业城市,就是说,土地是它们唯一的财富来源,并且它们用农业剩余支付进口的金属、奴隶和奢侈品。例如忒拜就是如此,古代西西里的第二大城市阿克拉加斯(Akragas,罗马人称阿格里根图姆[Agrigentum])、库列涅也是如此,在一定程度上庞贝同样如此。在眼前的语境中我们不必更多地讨论它们,不必更多地讨论辐射比"自己的"乡村更为广阔的、但却是连片的农业区域的城市,例如坎帕尼亚的城市;也不必更多地讨论希腊化时期和罗马时期大量军事和帝国行政人员使得消费部门大大扩大的城市,如叙利亚的安条克或者萨伏河(Save)上的西尔米乌姆(Sirmium,今米特罗维察[Mitrovica])。后者是一个小殖民地,它在4世纪曾作为帝国都城之一而一时发展迅速。

最后我们讨论令人感兴趣的、难以捉摸的、但也许是最为重要的一类城市,即那些农业基础不够,真正同时拥有农业、制造

第5章 城镇与乡村

业和商业的"混合"经济的城市。雅典是这类城市的一个代表性例子,不仅是因为它是这类城市中我们几乎有足够了解的一个,而且因为其经济史最为尖锐地提出了这样一个问题:一个古代城市如何支付必需品?这必需品中一部分是内部生产的,其余部分则是从国外获得的。我所指的不是寄生的、获得大量贡金的霸权时期的雅典,而是公元前4世纪的雅典,此时它不再能将花费转嫁给臣服的国家。①

我们无法开列出进出口收支平衡表,甚至无法估计。事实上我们根本无法提供数据。因此我们必须再次诉诸模式和指标。在一个仍然广为阅读的对韦伯-哈泽布鲁克学派的回应中,戈麦(Gomme)宣布"希腊人意识到最终进出口必须以某种方式达到平衡"[19]。他没有引用任何古代作家的证言,而可资引证的少数记载正好属于熊彼特所说的那类"前科学陈述",并不传递任何"上层建筑"。普鲁塔克的观察乏善可陈,他说雅典立法者梭伦鼓励手工业,因为他知道商人不愿进口物品到雅典(而雅典业已需要进口谷物),这缘于他们的船只在离开雅典时没有货物可载。紧接着普鲁塔克提到的是梭伦立法中的各种杂项,诸如有关妇女和私生子的法律,"诬告者"和"寄生虫"的词源,及其他许多(《梭伦传》,22.1)。老普林尼几段著名记载(《博物志》6.101;12.84)提到罗马为支付印度及其他东方国家的奢侈品而耗尽的黄金和白银数量比较可疑,其意味是道德上的。金嘴狄奥关于

---

① 在这个简单的模式中,我有意排除了帝国贡金以及多少永久性驻扎在帝国边远部分的军队对"国际收支"的影响。

同一主题的反奢侈言论（79.5—6）应能明确打消对这一点的任何疑虑。无论是在道德说教著述还是在私人和国家的做法中，都没有进一步出现经济分析或者经济纲领。[20]

而且，戈麦显然忽略了这一事实，即便在我们复杂的经济中，许多城镇也"完全由其作为市场中心"的角色、作为"零售和服务场所集中地而获得收入"。[21]他坚持说把出口的葡萄酒和橄榄油、制成品、白银加起来，再加上隐形的出口（船运和旅游的利润），就会获得"平衡"。这些列项无可挑剔，但是除非能够确定这些单项之间的比率，否则并无帮助。要记住我们是在分析当时希腊罗马世界人口最多的城市（为当前的目的，需要把非公民和奴隶算作消费者），它被迫经常性进口也许多达三分之二的小麦，所有的铁、锡、铜和造船所需的木料，为数众多的全部奴隶（除了内部繁育的以外），所有的象牙制品、宝石、绝大部分毛皮，以及种类繁多的日用品（包括制作亚麻布的亚麻和用于书写的莎草纸），这些日用品是业已成为传统的高水平文明生活所必不可少的。雅典只在蜂蜜、橄榄油、普通葡萄酒、白银、建筑石材（包括大理石）、陶土和燃料的供应方面是自给自足的；其羊毛、鱼类和肉类供应方面可能处于有利地位，接近自给自足，但也止于此。依赖进口的清单显然十分可观。

那么我们如何给出口商品排序呢？首先我不能把农产品排在重要位置，即便是橄榄油和葡萄酒也是如此。一位经济史家在总体上讨论希腊世界的橄榄时说："在一个此种农产品生产如此普遍的地区，我们仅能找到零散的记载是自然的，并且那些零散的记载常常是关于特别情形的。"[22]然而，这并不仅仅是文献通例的问题，而且是希腊生产和贸易的现实。历史上雅典一直出口一些橄榄和橄榄油。公元125年哈德良制定的一条法律证明了这一点，它规定雅典当地产量的三分之一留作公用。该法律有力地提醒我们，希腊（以及罗马）城市也是橄榄油的大户消费者。[23]考虑到这后一个事实，又考虑到橄榄树无处不在，如若要从重要城市区域大规模出口这种农产品，以便足以影响支出的平衡，那其外部市场又在哪里呢？至于葡萄酒出口，同样的考虑也适用。不过在雅典一例中有一个额外的限定条件，那就是它生产的葡萄酒是劣质的。重要的葡萄酒对外贸易主要是指那些地方名酒，普通葡萄酒通常是在当地生产的。[24]

上面清单中另外两类商品的情形十分不同。白银是雅典最为重要的资源，并且大量出口；至于是以银锭的形式还是以银币的形式出口，则并不重要。在色诺芬看来（《论收入》，3.2），雅典有一个很大优势，那就是进口商"如果不愿在回程中装载货物"，也能通过运出白银获利丰厚。因此他在关于公共收入的小册子中，基于取之不尽的劳瑞昂（Laureion）银矿和大量外邦人的存在，构想了关于公共收入的纲领。外邦人的存在带来了我们所说的隐形出口，在这方面雅典拥有两个相互关联的优势。也许早自公元前6世纪后期僭主政治时期开始，它就成了一个商业中心和交易中心，而且此后不久，它又变成了旅游中心。其开端模糊不清，但是雅典在这两方面的不断发展易于追溯，它们相互促进的方式以及帝国进一步提供推动力的方式也易于了解。我们不应该过于高雅，仅仅审视大狄奥尼索斯节和智者派哲学家的行踪。庇里乌斯港是个国际性港口，包含国际性港口的全部意味,而且还有花钱大方的参观者,就像一位克里米亚贵族之子、伊索克拉底名为《诉钱庄庄主》(*Tropeziticus*)的第17篇演说词中的原告。对他而言,学习(*theoria*)是一个很灵活的概念。米南德、普劳图斯和特伦斯笔下的嫖客并非喜剧的虚构;伪德谟斯梯尼起诉尼爱拉(Neaira)的演说中的行为发生在科林斯,而非雅典,这完全是偶然的。成千上万希腊的和其他"外国人"的不断来来往往——无论其目的如何——对雅典的收支平衡做出了主要贡献,虽然这贡献不可衡量。

我把制造品的出口留到最后讨论。这是戈麦的模式的压顶石。或许我应该说明缺掉的一环:除了陶器,根本没有关于雅典制造品的史料。并且在公元前4世纪,希腊人对精美彩陶的爱好迅速(和不明原因地)消失了,而这正是我们讨论的时期。虽然现有史料中没有提及,但是有多少"必定存在的"用于出口的制造品呢?对这一问题古代作家明显认识到了。我先讨论两个关键的文本,均出自色诺芬之手。

色诺芬解释道,考虑到御膳房的规模,波斯王宫中的美味佳肴并不令人吃惊,"正如在大城市各种行业最为发达,同样在王宫中膳食准备得更为精心。在小城镇中椅子、门、犁和桌子都是同一个人制作的,而且这个人甚至常常建造房屋。即使如此,要能找到足够的活儿也心满意足了。然而在大城市,每一个行当都有大量需求,一个行当足以让一个人有足够的活儿,而且常常不需一整个行当。例如一人制作男鞋,另一人制作女鞋。在有些地方,甚至是一个人仅仅以修鞋为生,另一人剪鞋样,第三人缝制鞋面,又有另一人根本不做上面这些,而是专门缝合鞋子。

那些从事非常专门工作的人必定做得最好。"(《居鲁士的教育》，8.2.5）

这是古代文献中论及劳动力分工的最重要文本。[25]但是我眼前的兴趣不在别的，而在于强调需求的低水平和缺乏弹性，强调生产过剩的威胁。需求和数量是简单的数学比例关系：城市越大，需求也就越大。而且色诺芬在别处告诉我们，即便是在大城市，需求也有限。在《论收入》中，他建议大幅增加银矿开采，以便最终国家负担所有公民的生计。他为此辩护道（4.4—6）："在我所知的所有活动中，银矿开采是唯一其扩张并不引起嫉妒的活动……例如假如铜匠多了，铜制品就变得便宜，铜匠也就改行了。铁匠也是如此……但是银矿数量的增加……把更多人吸引到这个行业。"

在这两段话中色诺芬考虑的，都是制造业是为了满足当地市场，不然他的评论毫无意义。[26]与此类似，在《政治学》中（1291b22—25），当亚里士多德举例说明一些城市中民众（demos）拥有非同寻常的机会从事非农行业时，他详细列举的是渔业（拜占庭和塔伦图姆）、贸易（埃吉那和克俄斯）、轮渡（特内多斯）以及海军（雅典），他没有提及任何制造行业。斯特拉波花费笔墨解释了科林斯巨大财富的基础（《地理志》，8.6.20—23）——该城在公元前146年遭罗马人劫掠，但是他却不知道有任何用于出口的制造业。希腊钱币上大量各种不同的符号中，最受欢迎的农产品并非不常见，但从未见过制造品。无论是多么勉强，当希腊罗马道德家们认可外国商人不同于当地小店主，多少有些价值时，他们无一例外肯定的是其作为进口商而非出口商所提供的公共服务。我不必复述亚里士多德和西塞罗的有关陈述。对于本国农业,有一些特别的保护性措施。例如公元前5世纪后期爱琴海北部岛屿塔索斯(Thasos)的一条法律禁止进口外国葡萄酒至它控制的色雷斯沿海地区。[27]我不知道存在任何保护制造业的类似法律。

我不打算进一步罗列下去。有人会反驳说,所有这些论断都建立在缺乏反证的基础上。对此我的回答是,考虑到史料的特性,问题在于我们如何解释反证的缺乏。是像戈麦所认为的那样,纯粹是文献和考古学遗存的偶然性,抑或是古代的文献口味问题?还是像我相信的那样,这沉默可以用最简单的可能方式加以解释,即因为实际上没有什么可说的?显而易见,存在一些特意用于出口的制造品,例如一个雅典人一年一次运到库列涅的鞋子和夏日斗篷。我们不知道其产地,但其供应量如此之小,以至于叙内修斯主教(Synesius)非常不耐烦,担心错过了购买的机会。还有,圣保罗的故乡塔尔苏斯城(Tarsus)的高级亚麻服装著称于整个罗马帝国。这显然给该城的纺织工带来了稳定的生计,但是其收入水平如此之低,以至于很少人能负担得起获得当地公民权所需要的500德拉克马费用(金嘴狄奥,34.21—23)。还有帕塔维乌姆(Patavium,今帕多瓦[Padua])的例子。该城位于著名的绵羊产地,可通大海和河流。在罗马帝国早期的一段时间内,它向罗马出口了相当规模的羊毛制品,尤其是上好地毯和披风(斯特拉波:《地理志》,5.1.7,12)。[28]又还有阿雷提乌姆(Arretium,今阿雷佐),在一个短暂的时期,它通过主宰新流行的赤陶市场而获得了大量财富,但这个地位维持了不到两代人的时间。其最重要的后继者是高卢的勒祖（Lezoux）和拉格罗菲桑克（La Graufesenque）。的确，它们的陶器在很长时间内出口到罗马帝国西部各地，但是制陶匠自己却是小业者，甚至称不上是小威基伍德*。

大卫·休谟"不记得任何古代作家的记载把一个城市的发展归功于一个制造业的建立"[29]，他说的这话并无大错。亚麻布纺织并不是塔尔苏斯城的基础，鞋子和夏日斗篷的生产也不是雅典城的基础。至于勒祖和拉格罗菲桑克，它们的繁荣仅仅体现在考古学上，而帕塔维乌姆则早在罗马这座进口种类繁多的城市成为它的市场之前，就已是意大利北部绵羊产地的羊毛制品生产中心了。[30]

在阿雷佐相对短暂的繁荣时期，有些陶器作坊使用五十多个奴隶。公元前5世纪克法洛斯在雅典的盾牌作坊使用一百多个奴隶。戈麦强调说，直至工业革命将企业家的投入从劳动力转向设备、转向生产资料为止，如此规模的作坊无法超越，也未被超越过。他是正确的。有学者相当过分地宣称，像科林斯的制陶区这样经过考古发掘过的区域，其面貌令人想到"中世纪城市中的手工作坊区"[31]。但是学者们似乎通常忽略了一点，即塔尔苏斯的发掘者没有发现布料交易所，而且古代城市没有行会会所和交易所这样的建筑。至今为止，后者和大教堂一道仍是意大利、法国、佛兰德斯那些伟大中世纪城市、汉萨同盟以及英

---

* 约翰·威基伍德（John Wedgwood, 1730—1795），英国陶瓷匠，威基伍德陶瓷厂和陶瓷品牌创始人。——译者

格兰城市的建筑荣耀。只要比较一下雅典市政广场和布鲁塞尔大广场就够了。宝桑尼阿斯在嘲笑佛基斯的小城时,完全省去了这一类建筑,他并非是疏忽了。佛兰德斯的制衣工在支付公民权收费方面毫无困难,相反他们是寡头统治集团的一个组成部分。行会的政治作用将中世纪城市和古代城市区分开来,正如农民阶层的政治作用将古代城市和中世纪城市区分开来。32 古代城市中不仅没有行会会所,也没有行会,无论罗马的协会(collegia)以及希腊和希腊化时期名称不同的类似组织多么经常被错译为"行会"。"协会"在下层阶级——包括自由人和奴隶——的社会和宗教生活中起到重要作用;它有时起到乐善好施的作用,比如为葬礼提供花费,但是却从未成为自己行业的监管和保护机构①,而这当然正是真正行会存在的理由,无论是中世纪行会还是现代行会。33

古代与中世纪的对比和这两个世界中为了出口而生产的产品数量与重要性的不同密切相关。当地的农民阶层是个常量。我们已经分析过,我们讨论过的小土地所有者代表了城市生产品最为低级的、最没有弹性的市场,即连自由的公民-农民也不例外。这就是为什么"在绝大部分农民社会,市场是间歇性的,而非永久的和连续的……对市场上销售的物品的人均需求很少,原始的运输技术限制了市场辐射的区域,因此总体的需求不足以支撑永久性的店铺"34。在需求的程度方面(不过并非在间

---

① 在罗马帝国后期一些协会(collegia)成为国家的强制机构,但是这是一个十分不同的作用。

歇性方面)，城市无产者和农民是一样低的。因此，产量提高的程度取决于出口市场，而且仅仅取决于出口市场。在古代世界，这意味着拥有水上通道的市场。而在必需品方面，普遍盛行的家庭自给自足却阻碍了大规模的出口生产。

当马克斯·韦伯把古代城市称为消费中心而非生产中心时，他所说的意思正是如此。他并非忽视了那数百个生产各种各样的产品，而且质量也参差不齐的工匠。他将他们放在了社会结构中的正确位置。在古代历史的进程中，消费的层次提高了，有时提高到了难以置信的程度。相关证据众所周知而无须重复。官方不时试图抑制过度消费。反奢侈法和梭伦、法勒鲁姆的德梅特里乌斯(Demetrius of Phalerum)、苏拉、朱利乌斯·凯撒以及奥古斯都这些如此不同的人的名字联系在一起。公元2世纪初，小普林尼受图拉真派遣，前往比提尼亚核查城市资金使用方面的铺张浪费。所有这些的目标总是一个，那就是防止社会精英集团的自我毁灭，它陷入了要满足社会地位需求所产生的巨大压力之中。这一目标和例如科尔贝尔*的目标毫不相关，他减少了宗教假日，以便提高法国工人和农民的生产率。

总之，古代城市支付其粮食、金属、奴隶和其他必需品的能力基本上依赖于四个变量：其一，当地农业生产的产量，也就是说城市自身的农村生产的农产品产量；其二，是否存在特殊资源，尤其是白银，但是也包括其他金属或者特别受欢迎的葡萄酒

---

* 科尔贝尔(Jean-Baptiste Colbert, 1619—1683)于1665—1683年担任路易十四的财务大臣。——译者

和产油植物；其三，贸易和旅游业的隐形出口；其四，拥有的土地的收入以及帝国的收入，附属国和臣民缴纳的租金、税收、贡赋以及赠礼。制造业的贡献可以忽略不计。纯粹是一个错误的模式引导了历史学家们寻找它，但它没有记载，也不存在。

　　需要注意到，我在重要变量中并没有包括城市的规模。在这一方面，古代的趋势也是向上的，在罗马帝国的前两个世纪达到顶峰。那时不仅有以罗马为首的少数大都市，而且还有一系列10万人口级的城市，尤其是在帝国的东部。在这整个时期，这一新纬度都是明显的，即便是像庞贝这样一座小城，在公元79年毁灭之时，其人口也有约两万人。古典时期希腊仅有十余座城市超过了这样的人口规模。城市的发展部分是人口普遍增加的结果，也部分反映了贸易量的增长以及上层阶级手中财富的增长，但主要还是对新政治模式的回应，这一新模式在于一个庞大官僚帝国取代了城邦体制。然后更大的城市（和军事中心）意味着城市贸易在内部服务方面的需求的增加，而且在有些情况下，尤其是罗马，对直接的腹地之外相当距离的乡村也产生了影响。例如，需要其为罗马消费者供应葡萄酒和猪肉。然而无法察觉到这对城市的出口生产产生了任何显著的影响。

　　城市大体上失去了之前对城邦贡献极大的税收和贡赋，但这并不十分相关。尽管严格来说，这部分收入现在进入了帝国司库，但是主要的一部分又返回到了除罗马以外的许多城市，其主要途径是通过付给不断增加的帝国官僚及其幕僚的工钱、财务补贴和赠与，以及通过军队。至于其余的，较大部分的城市收入，尤其是人口中的大户消费者的收入，其来源仍然和以前一样，即来源于土地、政府服务以及隐形出口。出于此前说明的原因,这些收入充足。也许并非偶然的是,这个城市化发展的时期、这个经济寄生阶级绝对人数和相对人数都增长的时期、这个奢侈生活方式的时期,也是"上等人"和"下等人"的区分充分产生效力的时期,这是贫穷自由人——包括工匠和农民——地位进一步降低的征兆。任何试图通过制造业增加城市收入的想法都未曾进入考虑的范围。对于那些拥有潜在资本的人来说,既没有金融的刺激因素,也没有市场机会这么做,而且还有强有力的社会-心理压力反对这么做。与此相反,欧洲农村的封建世界为中世纪的城市提供了古代城市缺乏的外部市场。生活在庄园里和小群体中的国王、领主、教会要人创造了一个在根本上和古代高度城市化的土地所有者阶级不同的城市-乡村关系。[35]

同样的抑制模式也是我多次提到的古代经济另一个特征的基础,那就是我们可以松散地称为其商业活动的条件。这是一个从未发明任何形式的纸币或者流通工具的世界。金钱即硬币,主要是银币,并且相当数量的钱币贮藏在保险箱或者埋在地底下,常常作为不生利息的存款存放在钱庄里。[36]支付的方式是钱币,仅仅在特殊条件下才通过一个特定钱庄,或者是通过罗马包税公司的财库转款。在希腊法律中,直到全部款项付清之后,买卖才是合法和有效的。信贷买卖采取虚假借贷的形式(因此在史料中通常无法辨认出来)。我们已经看到,希腊人和罗马人的借贷无数,但是所有出借钱款的人都受到手头实际拥有的现金的严格限制。换言之,没有通过流通手段发明信贷的机制。[37]在这个语境中,完全缺乏国债是个有意义的指标。任何希腊人或者罗马人都不能理解现代货币供应的这个定义:"银行债务加上银行以外的公众持有的货币之总和。"[38]

最近一项对希腊钱庄和借贷的全面研究,仅仅找出两个实际上有据可依的用于生意目的的借贷事例(其中一个还是可疑的)。它包括了各个时期的史料,所说的生意目的也包括了农业、贸易和制造业,除了海事(或者船舶抵押)贷款以外。后者之所以是例外,其解释在于这类贷款起到保险的作用,而非一种信贷形式。[39](我们所说的"钱庄"在古代世界的船舶抵押生意中很少见。[40])毫无疑问,一些交易未能为史料所记载,但是希腊人为了非生产性目的而借贷的模式是无可置疑的。

罗马的公民权结构并未产生我之前已经分析过的、希腊城邦特有的土地和信贷之间的法律屏障。西塞罗向职业借贷者(*faeneratores*)借钱购买城中别墅(《致友人书》,5.6.2)。但是当普林尼考虑购买翁布里亚的一个大庄园时(《书信集》,3.19),他并没有打算从职业借贷者那里抵押贷款,而是相反,计划收回自己收息借出的钱,然后如果需要的话,借用其岳母储存的钱。谁的行为更具典型意义呢?是西塞罗的,还是普林尼的?在对罗马的借贷做出类似于我刚才提到的希腊借贷研究之前,我们只能提出假说。我的假说是,罗马人的大规模借贷、富有上层阶级的借贷,也是为了非生产性的、消费的目的,当然我把为了政治目的而进行的借贷也包括在内。[41]短期借贷、初级水平的记账(包括对私人支付不开收据的常见习惯)、分期偿还概念的缺乏,我无须重复我已经说过的这些问题,但它们都是这一基本现象的副产品。依此而言,以穷人利益为代价而勃兴的典当业和小规模高利贷同样是这一基本现象的副产品。

结果是,不仅产量的增减总是可归因于自然灾难或者政治动荡,而非归因于周期性危机,而且所谓的"信贷危机"实际上也有着同样的根源,而不在于一个正常"货币市场"中的供需作用。不仅是可归因于,而且古代的史料的确提到了这一点。西塞罗痛苦地意识到钱币的突然短缺对利率和土地价格的影响。近三个世纪之后历史学家狄奥·卡修斯揭示了类似的相反意识,即奥古斯都缴获埃及的金银财宝并带回罗马所带来的影响。[42]然而有学者注意到,无论古代评论家多么"注意自己所处的或者作为历史学家""所描述的日常生活中的特定情形",但都没有"提供关于我们所说的长期变化、关于长期价格变动的思考"。[43]

从偶然保留下来的公元前3世纪初以弗所城的一项复杂的长篇法令中,我们获悉了一个军事灾难导致的信贷危机的例子,它是初步的,但却是范例性的。这项法令制定了关于农地、嫁妆抵押贷款支付及其他支付义务的临时性缓解措施。[44]这项紧急法案背后所发生的是亚历山大的继承者之间多年的连续战争。以弗所因位处战争的一个区域内而遭到严重破坏,因此才出现了这次危机。

或者是另一个例子。朱利乌斯·凯撒最终夺权的内战致使罗马的有钱人担心会出现废除债务这样"迎合民众的"措施。平民保民官降低了利率,借贷者收回了他们的贷款。欠债者无力偿还,他们的土地被攫取并成为市场上供应过剩的东西,因为钱币变得少见了。凯撒采取的解决这些问题的办法包括缓解钱币短缺,但毫无作用,钱币短缺是个长期的问题;还包括对财产评估程序的一些修改,也许还有对财产转移法的修改。[45] 另一个不可思议的危机发生在公元33年的罗马,即提比略统治时期。根据塔西佗非常简短而并不十分清楚的记叙(《编年史》,6.16—17),危机开始于民众抗议借贷者普遍的不正当行为。后者则以收回贷款作为回应,这又威胁到了许多上层阶级成员拥有的土地。提比略皇帝予以干预,建立了一个1亿塞斯特斯的无息借贷基金,以借给可敬的欠债者,事态因此而很快平息了。[46] 提比略关心的是"那些尊严和名誉受到威胁的人"[47];西塞罗在对废除债务的一般和特别措施进行猛烈抨击时(《论义务》,2.78—84),所关心的也是这些人。他十分肯定地说,这是对于财产以及有产阶级的攻击,但是他却对经济增长或者经济体的威胁一无所知,除了一个基本的"前科学的"观察(熊彼特语),即在债务回收不受民众威胁的时期,借贷出的钱更多。

在这个关于公元前4世纪末以后生意活动在质量的稳定性即"固定性"的长篇故事中,我们还要引入一个否定因素。[48] 我指的是不仅是不存在企业,而且甚至不存在长期合伙关系。在罗马帝国时期,一些商人在一些大港口有永久性代表或者代理人,同样像阿尔勒船主团体(*navicularii*)这样非正式的"集体"也有代表,他们在贝鲁特设有代理人。[49] 然而,这一相对简单和有限的经营并未导致私营生意中的长期合伙关系,更不用说导致像之前共和国时期包税公司建立的广泛的、强大的和持久的组织了,也许除了负责帝国谷物供应的商人和船运商建立的组织以外。[50] 在此我们有证据——我有意使用这个词语——证明问题并非思想上的缺失。由于公司在当时是个人们熟知的概念,它并未延展到其他活动领域,说明并不存在这样的需要,尤其是不存在聚集资金、超越个人金融能力,以生产可营销的产品、开展商业活动以及借贷金钱的需要。

简言之,获取财富的强烈冲动并未转换成为创造资本的强烈冲动;换言之,占统治地位的心态是获取性的,而非生产性的。①这将我们带回到外邦人、被释奴和奴隶在古代世界商业中的作用这个问题,虽然有重复的风险。如果一定要说外邦人和鄙视经商的希腊土地所有者一样同属希腊人的话,那么这也无关紧要。因为我并非是在宣称不同的种族存在不同的态度。我所宣称的是,存在强大的社会和政治态度及其相应的经济后果。大部分加工食品、原料和制造品的日常买卖——我猜测甚至是最大宗的买卖——都不经过中间商,而是由个体手工艺人和消费者直接进行交易的。矛盾的是,在希腊世界,这些手工艺人兼售卖者中的绝大部分都是他们社会中的公民,即使在罗马帝国的大部分地方也是如此,除了罗马被释奴制度盛行的地方以外。当然他们绝大部分都是贫穷公民,除了在古典时代实行民主政治的雅典这样非典型的社会中以外,他们在政治上缺乏力量,在社会上处于劣势地位,然而他们还是公民,而非外邦人,亦非外来者。那些企业者、那些管理大规模海上贸易或者向富有阶层放债的人,亦即罗斯托夫采夫所说的资产阶级,基本上都没有城市管理或者帝国行政的义务,无须为此分心。我们认为他们是

---

① 与此类似,古代的乌托邦构想集中于消费,而非生产,例如阿里斯托芬《公民大会妇女》中讽刺过的"共产主义"。

那些可能发展和创造资本组合新技术的人,但是他们并没有如此做。实际上,财富聚集最多、潜力最大的人不是这些人,而是拥有大土地的精英阶级,而他们的抑制作用是决定性的。

我所说的这一切,并不意味着否认在所有对制造业、工程、食品加工和航海有贡献的领域,存在专家和专门知识。在古代世界有大量关于这些主题的著述。几乎所有的著述都已散失了,但有一个显著的例外,即维特鲁威乌斯的《论建筑》。它可能作于奥古斯都统治时期,在之后的约一千五百年里一直是这一方面的权威著作。[51] 当维特鲁威乌斯决定撰写一本完整的教科书的时候,他具有无可挑剔的资格。他受过良好的文学和科学教育,本人是个工程师和建筑师,并且沉浸于远非无关紧要的希腊化文学之中。因此其著作是一个现有的最佳例子,反映了古代世界一个不仅是思想者而且是行动者的人的知识和思想,他将希腊人和罗马人的最好实践结合了起来。

《论建筑》依次讨论下列主题:建筑概论和建筑师的资质,城市规划,建筑材料,神庙,其他公共建筑,住宅建筑,铺石道路和墙面装饰,水供应,几何学,测量法,天文学和占星术,最后是"机械"和攻城装置。维特鲁威乌斯是个发散性的作家。例如他长篇大论讨论了他所从事行业的伦理问题。在第10卷的前言中他提出,建筑师的疏忽很容易弥补,那就是全面采纳以弗所的一条法律,它规定若花费超过建筑师最初估价的25%,那么建筑师要自己负责。在各卷前言中他还援引了发明史上的一些故事。其情形无一例外要么是偶然的(例如两只公羊恶斗踢开山坡表面,导致了以弗所大理石矿藏的发现),要么是无足轻重的(例如

第5章 城镇与乡村

阿基米德应国王要求设法揭露一个不诚实金匠的作弊行为,从而发现了测定重量的原理),因此其解释也是如此。

可以说,和公元前4世纪的亚里士多德一样,维特鲁威乌斯既未看到通过持续的系统研究而促使技术不断进步的好处,也未看到这种可能性。由于基本的机械如梯子、滑车、辘轳、马车、风箱和石弩已为众所周知,维特鲁威乌斯和色诺芬一样,强调的是专门知识和技术的质量上的益处,而非数量上的、生产率上的潜在价值,尽管他是工程师和建筑师,而色诺芬仅仅是在解释波斯宫廷里御膳的出类拔萃。因此,维特鲁威乌斯仅仅在一段简短的、毫不引人注目的话里提到了新近发明的水磨(10.5.2),并且在整部《论建筑》中仅有一段话讨论了更大的经济性和更高的生产率,也就不足为奇了。维特鲁威乌斯建议(5.10.1),公共浴室的男性热水间和女性热水间挨在一起,这样就可以共用一个加热源。必须要说这并不是一个非常令人大开眼界的例子。

希腊人和罗马人继承了大量的技术和经验知识,只要符合他们的特定价值,他们对这些技术和知识都善加利用。而且他们还发明了齿轮和螺旋水车、转磨和水磨、吹制玻璃、水泥、中空青铜铸造、大三角帆以及其他一些东西。在许多领域都有改进和提高。但是在公元前4或者前3世纪之后没有太多真正的创新,而且存在实际的障碍。出于某些奇怪的原因,许多历史学家论述说不存在这些障碍,但是有两个障碍完全无法否认,而且两者都影响了必要的和获利的活动。第一个是在采矿业中,尤其是在西部和北部的行省,那里的地下水常常造成巨大的困难。但没有人找到改进人手舀水、脚踏水车,也许还有使用阿基米德螺旋排水装置的排水方法,使用牲畜力的链泵这一技术上如此简单的装置则闻所未闻。[52]第二个例子更具普遍性。在古代世界使用的主要力量是人力和畜力,古代人随风远航,并且制造了复杂的风标,但从未发明风车。

有个故事,多位罗马作家复述过。说是某个无名氏发明了打不碎的玻璃,并向提比略演示,以期获得大笔赏金。皇帝问发明者,是否有他人知道他的发明,他回答说无人知晓。旋即他被砍了头。提比略说这样做是避免黄金贬值到一文不值。对于这个故事的真实性我不置可否,它仅仅是个故事。但是发明者去寻求皇帝的赏赐,而不是寻求资本投资者,以便将自己的发明投入生产,无论是老普林尼还是佩特罗纽斯(Petronius)或者狄奥·卡修斯对此都未感到不安。[53]这难道不是有意思的问题吗?对这个假设的问题,我的回答多半是否定的(即并非有意思的问题),而非肯定的。我们必须不断提醒自己,直至最近的输出趋势开始之前,中世纪晚期以来欧洲人在技术、经济以及与之相伴的价值体系方面的经验,在人类历史上都是独一无二的。亘古以来,技术进步、经济增长、生产率乃至效率就不是重要的目标。只要能够维持一种可接受的生活方式——无论如何定义它,其他的价值就占住了主导地位。

政府的行为提供了最后的例证。古代国家有能力动员大量资源用于便利设施的建设和军事目的,而且动用资源的趋势是扩大狂似的上升的,从尼禄的金屋到戴克里先在达尔马提亚私人领域面积达9英亩的宫殿,又或者从奥古斯都将罗马改造成为一座大理石的城市,到戴克里先在公共领域建造的面积达30英

第 5 章 城镇与乡村

宙的公共浴池。即便是规模相当有限的城市也能建造加尔高架水道（Pont du Gard），它用于向高卢南部一个不太重要的地方城市供应用水，或者是布特奥利的巨大竞技场。但是除此以外他们还做了些什么呢？亚历山大征服埃及之后的一个世纪里，托勒密王室完全重建了这个国度。它重新开垦了大量土地，改进和扩大了灌溉系统，引进了新的农作物。它将埃及姗姗来迟地从青铜时代推进到了铁器时代，进行了行政和管理改革。所有这些都是为了王室的收入，而且所有这一切不过是将已有的希腊技术和方法带入了埃及。与此同时，托勒密王室建立并资助了亚历山大里亚研究院（Museum），它在两个世纪里一直是西方主要的科学研究和发明中心。研究院里在军事技术和精巧的机械玩具方面产生了伟大发明。但是没有人想到要将克特西比乌斯*这样的人的精力和创造力用于发展农业和工业技术，即便是托勒密王室也未曾想到，而它是有可能直接获利，并且获利丰厚的。这个机构和英国皇家学会的反差是不可回避的。

晚期罗马帝国皇帝们和路易十四的反差也是不可回避的。后者在曾经是罗马帝国一个行省里的军队，就超越了任何古代皇帝所能组织起来的军队，如同吉本所指出的。从公元 3 世纪中期起，负责帝国安危的人不可能不注意到，不得不用于阻止日耳曼人和波斯人不断的和日益增加的入侵的军队数量不足。但也无能为力：戴克里先将军队的力量增加了一倍，至少在纸面上是

---

* 克特西比乌斯（Ctesibius）为公元前 3 世纪的希腊发明家和数学家，可能是亚历山大里亚研究院的首任院长。——译者

如此，但无论是现成的人力还是粮食生产和运输都无法承受比这更重的负担。税收和强制服役增加了，这其中的负担主要落在了最无力承受的那些人头上。人力和物力转移到了面临主要危险的地方，这有时给边疆行省带来益处，却让其他行省付出了代价；并且无法提高整个帝国的生产力或者是重新分配负担。若要做到这些，将需要一场彻底的结构变革。

第6章　国家与经济

公元前5世纪末,一位不知名的富有雅典人被控犯有危害雅典国家的严重罪行,他在法庭上以颇能说明问题的、在法律上不相关的方式开始其辩护(吕西阿斯,21.1—5):

"在特奥旁波斯担任执政官期间(公元前411或前410年),我被指定为悲剧竞赛的资助者(*choregos*),我花费了3000德拉克马。两个月之后,我作为资助者在塔尔格利亚节*上赢得了男子歌队比赛的冠军,又花费了1200德拉克马。"次年"在大泛雅典人节**上我花费了800德拉克马在皮里克俄斯舞蹈队***身上,在狄奥尼索斯节****上我资助的男子歌队获胜,为此加上祭献的三足鼎我又花费了1500德拉克

---

*　塔尔格利亚节(Thargelia)是雅典人祭祀阿波罗神和阿耳忒弥斯女神的主要节日。——译者

**　泛雅典人节(Panathenaia)是雅典人祭祀雅典守护神雅典娜女神的节日。每四年举行更隆重祭祀活动,邀请希腊各地竞技者参加竞技活动,称为大泛雅典人节(Greater Panathenaia),其他年度举办仅雅典人参加的祭祀活动,称为小泛雅典人节(Lesser Panathenaia)。——译者

***　皮里克俄斯舞蹈(Pyrrhichios dance 或 Pyrrhic dance)是希腊最著名的一种战争舞蹈。——译者

****　狄奥尼索斯节(Dionysia)是雅典人祭祀酒神狄奥尼索斯的节日。——译者

马。"再次年,"在小泛雅典人节上我资助转圈歌队*比赛花费了300德拉克马,并且在七年里我一直都是战舰舰长**,并为此花费了6个塔伦特[36 000德拉克马]……这些刚一结束我又成了普罗米修斯节的体育资助者。我获得了胜利并花费了1200德拉克马。然后我资助少年歌队花费了1500德拉克马。"又次年,"我是喜剧诗人克菲索多鲁斯的资助人,也获胜,包括祭献的道具,花费了1600德拉克马,而且我还资助了小泛雅典人节上的青年皮里克俄斯舞蹈队,花费700德拉克马。在苏尼翁的比赛中我资助的三列桨战舰也获胜,花费1500德拉克马。"此外还资助了各种小型仪式,总共花费3000多德拉克马。

这些花费昂贵的公共活动在希腊语中有一个术语,称作"公益资助"(leitourgia)。通过简单的步骤,我们教会中使用的"礼拜仪式"(liturgy)一词从这个古老的词语发展而来(从为人民服务到为国家服务再到为上帝服务)。[1]希腊的公益资助植根于社会尚未完善的时代,其时贵族家庭通过花费私人掌控的劳动力和物质,承担了如修建神庙这样的基本公共服务。在古典城邦中,公益资助同时是强制性的和荣誉性的,通过这一机制,非官僚体制的国家完成一些事情,并非通过国家司库支付,而是通过将花费和实施的责任直接分配给富有的个人。

荣誉的因素通过两个方式得到强调。首先,公益资助活动

---

* 雅典表演酒神颂歌舞的歌队,表演时围绕酒神祭坛而歌,因此得名。——译者
** 战舰舰长负责资助战舰的费用。——译者

的主要领域一直是宗教的。在德谟斯梯尼时期,雅典每年至少指定97项节日公益资助,到大泛雅典人节年(每四年一次)则上升到118项。[2]在雅典和其他一些城邦(不过除雅典以外史料很少),担任战舰舰长一年是另一种主要的公益资助。但是并没有修建城墙或者清理街道的公益资助。其次,其中有一个自由竞争的因素,希腊人称之为"竞赛"(agon)。承担公益资助者并未被征收特定数额的金钱,而是被分配给一项特定任务。对此他可以更有效地实施,或者相反,也可以花费个人更多或者更少的钱。我们上面提到的雅典人夸口说他在八年里贡献的钱超过了法律要求的三倍。我们无法核实他的说法,但是却可以核实他提到的一系列胜利。即便考虑到夸张的成分,花费仍然巨大。八年总计花费9.5塔伦特,当然这八年是在战争的年代。这个总数要超过担任重装步兵财产资格的20倍以上。

今天没有人会以令人信服的方式夸耀其所交纳的所得税,肯定没有人会夸耀他交纳了收税人所要求的三倍。但是在雅典的法庭上,有时在公民大会上,夸耀自己的公益资助,同时指责对手躲避公益资助,是标准的做法。学者们常常告诉我们,这是个传统主题,是平常的言辞手段。毫无疑问是如此,但是有技巧的演说家不会运用不能打动听众的传统主题。荣誉性因素是有意义的,它反映了希腊"共同体"观念的复杂性。亚里士多德不仅将人定义为"属于城邦的动物",而且还定义为"属于家庭的动物"以及"属于共同体的动物",即天性上生活在共同体(koinonia)中的存在,学者们常常忽视了这一点。除了在非常狭隘的意义上,这个词语并不容易翻译。在此我们可以译成"共同体",前提是我们比当今通常使用的意义上更为宽泛地理解它,比如,像早期基督教共同体概念中那样的理解。

城邦作为一个共同体,强调共同承受负担和分享好处,但明显的困难是其成员之间不平等这样一个铁的事实。最为麻烦的不平等不是城市和乡村的不平等,也不是阶级之间的不平等,而纯粹是富人和穷人之间的不平等。在一个真正的共同体中如何克服这一点呢?对此民主政治的部分回答是通过公益资助制度,富人承担大量的经济负担,并以获得荣誉作为补偿。一位公元前4世纪的演说家如此总结公益资助制度:"花我的钱供你们享用"(埃斯基尼斯[Aeschines],1.11)。那些不赞同民主政治的人则强调不同的侧面。一位佚名的公元前5世纪专论作者写道:"民众要求参加唱歌、赛跑、跳舞和舰队出航而获得报酬,这样他们能够获得金钱,而富人则变得贫穷。"(伪色诺芬:《雅典政制》,1.13)

公益资助制度的内在两重性在于,一方面是公共捐助者的荣誉,另一方面则是金钱花费。到罗马帝国后期,这种两重性不复存在。公益资助(拉丁文为 *munera*)的推行完全是强制性的,这意味着在实际上,某些关键群体例如城市元老院和适当的协会(*collegia*)的成员资格现在是强制性的,并且不止于此,还一代代都是强制性的,即是世袭的。[3]这一点我们并不陌生,但是我们必须反对一个观点,即认为它仅仅是晚期罗马帝国军事专制主义的又一个残酷发明。[4]相反,它是一个长期发展过程的无可阻挡的结局,我们可以追溯(但却尚未追溯)这个发展过程的不同

第6章 国家与经济

阶段,不过却不能描述其详情。①

在亚历山大的后继者建立起专制的、官僚的君主制之后,公益资助大量增加,范围扩大,而且负担日益加重。然后罗马的皇帝们接过了这种做法,将它普遍化,并且逐渐系统化。帝国的上层阶级即元老等级和骑士等级的罗马公民被免予责任(退伍老兵部分免责)。没有财产的人则承担强制劳动。剩下行省土地所有者贵族阶级即所谓的城市议员阶层担负主要的负担,当然是在他们无法转嫁给佃农的情况下。事实上有一组重要的公益资助被归类为"世袭的"一类。它不是指定给个人的,而是对特定地产的永久性收费。当地产所有权转手之时,收费也随之转手。我禁不住要特别指出,在罗马帝国后期,这类公益资助包括了船主协会,它是负责运输政府谷物的船主团体。[5]

不同于享有特权的帝国官职担任者,整个罗马帝国的城市官员不领俸禄,还需要提供"荣誉性捐款"(*summa honorariae*),即为赛会、公共建筑、浴池和其他便利设施的捐款。这些"荣誉性款项"是在罗马共和国后期制定的,到公元1世纪成为常规的义务。一般的最低限额根据城市不同而不同,而且担任官职的个人的慷慨程度因人而大异,但是旧有的荣誉性成分仍然很浓,对官职的竞争说明了这一点。[6]对绝大多数人而言,荣誉在于官职本身以及对于地方社会的恩惠,但是不断提高的公益资助则是另一回事了,尤其是一大批花费日益巨大的公益资助,它涉及

---

① 在此以及在别处我忽略了罗马帝国"自由的"和"免责的"城市。尽管它们自己夸张而喧闹地宣称如此,并可也得到现代著作的呼应,但在罗马帝国结构中它们是可以忽略不计的成分。

帝国官道[7]、帝国驿站以及运输系统的维护、军队粮食供应和军队膳宿供应。因此在哈德良统治时期开始出现强制措施,这是远在传统所说的黄金时代结束以前。[8]

因此,公益资助的历史说明了"国家"是太宽泛的范畴这一并不新颖的观点。对于国家和经济之关系的任何研究都不仅要区分自治共同体、城邦和专制君主制,而且在后一类别中,要区分希腊化时期的君主制和罗马君主制。从根本上说,希腊化时期的君主国都是从内部加以统治的独立自主的领土单位,无论是托勒密王国,还是塞琉古王国和阿塔鲁斯王国,都是如此。而至少直到公元3世纪,罗马的皇帝却一直明确区分少数的罗马公民和大多数没有罗马公民权的臣民,明确区分意大利和行省。在这两种君主制里,内部都还有基于等级和地位的区分,例如亚历山大里亚的一个希腊公民和克尔克奥西里斯(Kerkeosiris)的一个埃及农民的区分,"上等人"和"下等人"的区分,而且希腊化时期的统治者不时还拥有域外领地。不过主要的区分一直存在,而且尽管这并不自动地意味着它对经济的影响就有相应的不同,但是我们却要对这样的可能性一直铭记于心。

然而,就分析的目的而言,存在一个跨越这些结构性差别的因素。国家的权威是绝对的,城邦如此,专制国家也如此,并且它触及居住在领土疆界以内的所有人(实际上触及其命令行之有效的任何地方的所有人)。古典时代的希腊人和共和国时期的罗马人拥有相当大的自由,包括言论自由、政治辩论的自由、商业活动的自由,甚至宗教自由。然而他们缺乏不可剥夺的权利,而且肯定会对此一观念感到惊骇。国家的权力在理论上没有限定,没有任何活动、没有人类行为的任何领域,国家是不可合法干预的。只要合法机关认定,无论是因何原因,所做的决定都是合理的。自由意味着法治以及参与决策过程。在这一定义之内存在国家干预的无限空间,这和希腊僭主、希腊化时期君主和罗马皇帝统治之下一样,只是方式不同而已。因此,举例来说,如果一个希腊城邦未能设定最高利率,这需要进行具体解释,而非诉诸超越国家所及的权利或者私人领域。

我几乎不用补充,古代世界任何不干预经济的特定例子都不能用自由放任的理论来解释。在缺乏"经济"概念的前提下,这一信条或者其他任何信条都无法存在。到这个时候我无疑不用再重复此点了。当然,在没有一般概念和理论的情况下,仍然有在这种或者那种情况下做出专门决定的充足经验知识。而且也存在为了其他原因而采取的行动所带来的经济后果,其中一些是预见到的,另一些则没有预见到。经济政策和无意识的经济后果是难以分辨的,尤其是在一个"经济成分和政治与宗教因素紧密结合在一起"的社会中。[9]然而我们必须尝试。

让我说明一下。当罗马通过在提洛岛建立自由港口来惩罚罗德斯岛的时候,罗马的元老们不会不意识到,这会给通过提洛岛进行贸易的商人带来好处。在这个基本上是政治性的决定中,这一点是否纳入考量之中呢?又或者这仅仅是伴随的一个重要后果,尽管不是不受欢迎的?我们是否能像一位经济史家那样,将这看成是伴随罗马所有征服而来的"经济渗透","罗德斯岛的商品流通稳步下降,流向了其罗马竞争者的手中"?[10]波利比乌斯满足于纯粹的政治解释,这个事实也许不能说明太多问题,但是在提洛岛的绝大部分受惠者并非罗马人,而是来自意大利其他地方,包括以前意大利南部的希腊殖民地,但这在公元前2世纪罗马的决策中并不是一个考虑因素。[11]

又或者,希腊城邦普遍将土地所有权限制在公民群体之内,还有公元2世纪罗马两次强制从行省新晋的元老在意大利置地,我们又该将强调之点放在哪儿呢?这些法律和措施造成经济后果,但意图是什么呢?在希腊和罗马这样复杂的社会中,很难想象国家采取的任何行动没有经济因素,既不涉及公共和私人支付,又对经济的这个或那个方面不产生影响。从这个意义上说,所有国家行为同时也是经济行为,但这是一个毫无意义的论断。要充分认识到古代国家如何影响到经济(还有反过来,经济如何影响到国家),不仅有必要区分目的和结果,而且还要正确地找到强调的重点(我避免使用"原因"一词),尽量准确地确定利益之所在。因此在公元前67年,庞培清除了以小亚细亚南部西里西亚为基地横行东部地中海的海盗活动。这看起来是一个并不复杂的行动。然而我们要问,在此前100年里罗马人都没有做到的事,庞培是如何在数月之内就做到了的呢?其答案揭示了存在常见的利益冲突。此前海盗一直是意大利和西西里大庄园使用的奴隶的主要供应者,这是罗马最重要的利益。后来出现了两个新的因素,现在罗马官员和罗马的收入受到海盗攻击,而且亚得里亚海的海盗活动开始威胁到罗马城的粮食供应。这时,也只有到了这时,罗马人才采取了有效行动。[12]

战争和帝国提供了最好的验证例子。其背后隐含的是公开的剥削,这是任何奴隶制和其他形式的依附劳动力广泛存在的社会的特征,这种公开性无须辩护,也无须有关征服和帝国的意识形态。在伦理学史上较少援引的《政治学》的一段话(1333b38—34a1)中,亚里士多德在谈到政治家为何必须懂得战争时,列举的其中一条是,"以便成为那些就应该被奴役的人的主人"。当时很少人——即便有的话——会不同意亚里士多德的说法。我们不应忘记,据我们所知,没有任何雅典人或者罗马人提议放弃帝国。存在的争议是在策略和时机方面,而不是帝国本身。

在这一方面,古代战争的历史范围很广。在古风时期,有些地方性战争不过是抢夺战利品的袭击,后来偶尔也是如此。例如亚历山大的父亲菲利浦二世,据说他在公元前339年成功发动入侵斯基泰的战争,纯粹是为了填满他的金库。[13] 当凯撒进军高卢的时候,他的目的并不仅仅是为自己获取荣耀,以及为自己的国家获取落后地区的领土。另一方面,罗马皇帝发动的任何一场征服都不是因为有可能增加皇室财富。它无一例外都是政治-战略考量的结果。而且尽管军队抢夺了所能找到的战利品,皇帝们也为帝国增加了一些新行省,但是经济因素只是附属的和微不足道的,只不过帝国通常是处于支出的一方,要承受国家金库的开支以及人力的损失。早在公元前54年,西塞罗就致信友人阿提库斯(《致阿提库斯书》,4.16.7),说凯撒第二次远征不列颠引起了罗马的担心。除了其他情况以外,现在已然十分明显,该岛没有白银,并且"除了战俘以外,没有希望获得战利品,而我不相信你能在那里的战俘中找到任何文学和音乐素养高的人"。在后来的世代中,这种思想没有产生任何变化。征服仍然导致剥削,但是征服者的情形却改变了,罗马在业已达到的遥远边界以外的征服和统治能力也发生了变化。

最终而言,"剥削"和"霸权"是太过宽泛的分析范畴。和"国家"一样,它们需要进一步说明。在罗马帝国这个古代史上最伟大、最复杂的帝国里,剥削和霸权采取什么样的形式,又不采取什么样的形式?对罗马国家而言,行省是税收收入的主要来源。少数罗马人聚敛了巨额财富,他们或担任行省总督,或在共和国时期在行省充当收税人和放债人,或在皇帝统治下服务于皇室。有些富有罗马人在行省获取了大量土地,他们通常作为居住异地的地主拥有这些土地;也有贫穷的罗马人,尤其是退伍老兵,他们被安置在行省之中。最贫穷的是罗马城的平民,他们获得少许"面包和马戏"。然而,罗马人既未垄断行省的土地,亦未剥夺当地人自己维持或者成为富有土地所有者的机会。与此相反,趋势是帝国贵族集团的行省化,越来越多的富有行省人也从"罗马的和平"(*Pax Romana*)中获益,获得了罗马公民权,而且在并非少数的例子中,甚至获得了罗马元老的身份。

这个图景中缺失的是商业和资本主义剥削。古代经济有其自身的廉价劳动力形式,因而没有用这样的方式剥削行省。它也没有多余的资本,一定要寻找我们和殖民主义关联起来的更有利可图的投资出路。罗马帝国前两个世纪商业活动的扩张不是罗马人的现象。它是帝国境内许多民族所共有的,并且也不是帝国剥削的一部分。罗马人和非罗马人之间没有市场的竞争。[14]因此在罗马历史上没有商业战争,也没有商业激起的战争,在古代世界的任何时候也都没有。诚然,它存在于我们的著述之中。

公元前7世纪在尤卑亚争夺利兰丁（Lelantine）平原的战争、伯罗奔尼撒战争、罗马和迦太基的战争，甚至图拉真完全错误判断的和昂贵的对帕提亚的战争，这些都被这个或那个现代历史学家归于商业冲突。然而调查下来，很显然这些历史学家对英荷战争感到茫然。他们没能回答几年前向他们其中之一提出的关键问题："我想知道作者的意思是市场的竞争还是商品供应的竞争。无论哪种情况下，在公元前430年左右的希腊技术和心理中，这意味着什么？只要我们甚至尚未提出这些初步的问题，这个听起来很了不起的'解释'仅仅是废话。"[15]当提出这些问题时，史料证明这个"听起来很了不起的解释"是没有根据和错误的。

在最近一本关于罗马帝国海上贸易的巨著中，我们读到这样的话："皇帝们——无论是像尼禄那样的恶魔，还是像图拉真这样的智者——都青睐经济活动，他们完成了对贸易有利的各种大工程，包括修建和扩建港口，疏通连接尼罗河佩鲁西阿克（Pelusiac）支流和红海的运河，恢复其通航……在港口入口和危险地带建造灯塔……而且我们已经看到，因为向罗马城供应粮食的需要，同样这些皇帝是如何留意采取某些措施，支持那些全部或部分活动专注于这一需要的人的。换言之，……帝国专注于经济问题：这意味着帝国插手贸易，帝国初期几乎完全的自由现在开始让位于国家控制了吗？益处并不意味着控制，贸易保持了其自由。"[16]

学者们常常不能将保障罗马民众的粮食供应和一般的经济活动以及"贸易自由"这一动人的过时观念区分开来，这就是我之前强调的不能区分不干预和自由放任（*laissez faire*）信条这两者。我们将这个问题搁置一边,可以问鲁热(M. Rougé)信条所说的经济政策到底是什么。他本可以补充国家的另一类活动的,即旨在强制实施涉及一般买卖,特别是市场规定的刑法的广泛督察活动。然后他本可以记起自己对于帝国港口税的论述,这通常是货物价值(*ad valorem*)的2.5%,但并不总是这个税率,可能在地中海世界的每个主要港口都征收;他也本可以记起自己对经常性的城市通行费的论述,只有帝国粮食供应(*annona*)、军队供应和特别受到照顾的个人才能免予此税。[17]

应该注意的第一点是,除了规模更大之外,这里列举的支持贸易的大工程既非什么新鲜事,也并不是帝国所特有的。在罗马帝国时期,私人捐助人和城市当局也关心港口建设及其他。在此之前,每个城邦也都尽其所能改善这方面的设施,庇里乌斯港的建设不是皇帝推动的。城邦也督查市场,然后向各色人等征收过路费和港口税,无论是进口还是出口,也只有少数主要是荣誉性的豁免。毕竟古代社会是文明的,需要便利设施。他们改善其港口,以满足海军之需和物质需求,这原非什么值得庆祝的大事。我们毋宁要问,此外他们还做了什么(或者没做什么),尤其是罗马皇帝们做了什么。他们拥有空前强大的权力和空前丰富的资源,控制了将近200万平方英里的领土。他们的作为同公元前5世纪的小国雅典和科林斯的所作所为有什么两样。

"满足物质需求"是关键的概念,这和经济需求、贸易需求或者商人阶级的需求不是同义词。有时候后者是受惠者(不过并非总是如此),若如此的话,这也是一个副产品。当其他利益和满足物质需求相抵触,而且并非不常干扰后者时,这些利益是政

第6章 国家与经济

治和军事利益,我把国家金库的利益包括在内。最为引人注目的例子是罗马帝国后期从"相当广泛的经济部门"中清除"私人承包商和商人"。[18] 同样我们不应该把这看成是戴克里先突然的新做法。当西西里在公元前3世纪成为罗马行省、以实物支付税收的时候,罗马国家所采取的第一个重要措施,就是把罗马城和军队的粮食供应、最终还有帝国的其他许多需求——这其中主要是、但不限于军事需求——从市场的左右之下解脱开来,这是一个漫长而曲折的道路。[19] 由此皇帝们创造了他们的军事-工业复合体,其中的力量平衡恰恰和我们的相反,因为其利润——如果这个词适用的话——归于政府及其代理人。[20] 这类措施不仅意味着给下层阶级带来沉重负担,同时也意味着降低了政治和社会精英群体之下富有阶级的经济潜力,意味着人为造成成本和收益的区域的不平衡。这些后果同样是副产品,并非政策或者目的。最终精英阶级的反应是退回到庄园最大程度的自给自足之中,不再惠顾城市里的工业生产者,从而进一步加重了政府业已造成的伤害。[21]

在地中海世界分裂的漫长时期,满足物质需求和经济政策的区别以另一种方式揭示出来。严格地说,使用合适的法律程序是每个共同体成员的特权。尽管外来者事实上通常没有被剥夺合法的关系,但是一旦超出共同体边界的贸易和往来成为经常的和基本的,那么更为正式的法律程序显然是值得拥有的,有时候甚至是必要的。在国外做买卖的人有必要保障其私人契约得到遵守,其人身和财产受到法律保护,其城邦免予赔偿他们所欠的债务和未予解决的纠纷。早期罗马人用两个方式达到这个目的，一是通过与邻邦达成相互协定，先是和拉丁城市，后来是和其他意大利人；二是模仿埃特鲁里亚人的先例，和迦太基签订了一系列商业条约，以简短的表述界定了条件，限定了贸易的领域。[22]然而没有理由相信，随着罗马的扩张，罗马国家在意大利之外扩大了或是发展了这些方法。的确也没有理由相信它为什么要这么做。从此以后，征服者单方面制定并强制实施规则。

至于希腊城邦，他们兴起于不同于罗马的民族、政治和"国际"环境，发展出了不同的做法。在公元前5世纪，他们开始在成对的城邦之间签订初步的协议，称为协约（symbola），为个人之间（任何类型）的纠纷提供法律程序。[23]尽管商人是受益者，但是他们不是唯一的受益者。诚然现有的证据较少，但却完全缺乏任何我们所能认可的商业条款，或甚至是根本没有提及商业。这并不是说商业协议从未进入这类协定。亚里士多德将粮食供应（trophē）——他使用的词语值得注意——包括在政治领袖必须熟知的主题之中，以便能够进行城邦之间的谈判（《修辞学》，1360a12—13）。[24]然而在史料中很难找到具体的例子。在公元前4世纪，克里米亚一个半希腊半斯基泰的王国称之为博斯普鲁斯王国，其统治者授予雅典我们所说的最惠国地位。彼时克里米亚是俄罗斯南部谷物出口希腊的中转中心，前往雅典的货船是最大的雇主，被给予优先装载的便利和港口税减税的优惠。感恩戴德的雅典授予其王室成员荣誉公民作为回报。但是完全不能肯定，这一重要的而且相对长时间的安排通过条约予以正式化了。[25]

请注意这里使用的是"前往雅典的货船"而非"雅典货船"，

说明关注的重点是粮食供应,而非雅典商人即进口商和船主的利益。公元前4世纪中期,雅典城邦采取了新的措施促进、因此也是鼓励外国商人的活动。为此引入了一个法律程序,字面意义上称为"商业诉讼"(*dikē emporikē*),以便快捷裁决航海季节雅典商业交易(并且仅限于此)中出现的纠纷。该程序要求负责的城邦官员在一个月内将案件提交给正常的审判团,允许公民和非公民有同等的诉讼权,无论雅典和涉及诉讼的外国人所属的城邦是否存在协定(*symbolai*)。[26]由此雅典确保了将商品进口到雅典的外来者全面的法律保护和快捷的司法处理。在此需要注意三点。其一是雅典城邦需要非雅典的商人,其需求是如此强烈,以至于雅典并没有要求外邦对己方商人的对等保障。其二是没有任何迹象表明,这些特定和明确的商业措施传到了其他任何希腊国家,无论是古典时期的还是希腊化时期的;这些国家仍然兴高采烈地依赖单方面的诚意及其原始的反对赔偿的双边协定,直至罗马的征服终结了它们的政治独立,正是它们,原本的政治独立使得这些商业措施必不可少。[27]其三是对外邦人的鼓励止于明确划定的分界线。

我反复提到的色诺芬的《论收入》恰恰写于这一时期以及这种氛围之下,其时雅典的商业措施业已制定。他在这个专论中关于增加公共收入的建议是基于人口中的两个群体,即银矿中的奴隶和主要在庇里乌斯这个港口城市的外邦人,这并非出于偶然。他的计划开始就提出了增加雅典外邦人人数的六项建议:(1)免除他们负担沉重的步兵兵役义务;(2)允许他们充当骑兵,这在当时是一种荣誉性服务;(3)允许"有价值的"外邦人在雅典购买宅基地,用于为自己建造房屋;(4)奖励公正和快捷处理纠纷的市场官员;(5)将露天剧场中预留的座位分给有贡献的外国商人,并给予其他形式的款待;(6)在庇里乌斯港修建更多的客栈和旅店,并且增加市场的数量。他勉强增加了第七条,即国家发展自己的商业船队,并就此打住了。

我并不关心色诺芬建议的可行性和不可行性,我也不认为色诺芬是古代人智慧的开始或者终结。然而值得注意的是,所有这些都是在"公共收入"的标题下,他明确说外邦人是最好的来源之一,而且色诺芬的想法尽管在某些方面很大胆,但是却从未真正突破传统的界限。[28]提议打破土地所有权和公民权的关联,以至于到允许外邦人拥有房产(仅限于自己使用)的程度,这是大胆的,然而色诺芬并未更进一步。他也没有触及外邦人人头税(*metoikion*),这是向超过短期居留(也许不超过一个月)、居住在雅典的所有非公民征收的,男性为每月1德拉克马,女性为每月0.5德拉克马。[29]如果提议取消它,不仅会和他增加外邦人人数以增加公共收入的目的背道而驰,而且也会有一个不可接受的政治意味。采取任何形式向公民直接征税都被谴责是僭主式的(除了战争紧急情况以外),而外邦人税是标准的人头税,因此是外来者低级身份的标志。

授予外邦"恩人"荣誉是希腊城邦的通常做法,在希腊化时期更是如此。采取的方式是给予露天剧场中预留的座位(恰如色诺芬所建议的),税收的平等(*isotelia*)——这意味着免交外邦人税,有时还有免除港口税。我们拥有的大量简短铭文很少告诉我们把某个外邦人称为"恩人"的理由。然而可以肯定,大部分情况下,外邦人做出的贡献都是政治上的或者是慈善的,而非贸易和工业方面的,并且肯定不是出口。事实上,豁免的税收常常特别限于获得并带到国外供自己使用的商品。[30]

无论如何,给予个人免税的荣誉本身就说明了许多东西。它说明,我们所说的税收制度影响经济并不包括在希腊的观念世界之内。他们从未暗示,免交港口税被认为有助于(无论是公平的还是不公平的)个人在贸易和生产中处于优越的竞争地位,其重要性和露天剧场中的预留座位一样。税收并未用来作为经济杠杆,甚至即使当它明显成为经济的障碍时(一如既往,对此同样要考虑到常识性的局限),也未进行重新审视。我们只需考虑一下普遍的港口税,对所有进出口都征收同样的税率意味着什么。没有保护当地生产的想法,或者鼓励基本的出口或是关注贸易平衡的想法;而且虽然为粮食供应付出了如此巨大的立法努力,有时还包括军事行动,但通常却并没有对粮食供应免税。[31]

也没有证据表明,对于不同收入来源中哪种有利于经济、哪种不利于经济的考量,导致了有意识的选择。色诺芬关于对白银的需求无限的说法是个罕见的和浅显的例外。选择受制于传统、惯例和社会心理的考量,选择避免财产税和强制公益资助的组合尤其是如此。有时这一制度不起作用,要么收入不足,要么一个强大集团认为自己被榨取到不可接受的极限,无论这想法是正确的还是错误的。然后会出现内战(stasis),随之而来的是没收财产和新的立法,这个循环一再反复。政治颠覆并未导致从根本上对税收和公共支出进行重新考虑,只不过仅仅是在最狭狭的权力和社会结构意义上予以考量罢了。

回到我之前的问题,罗马的皇帝们采取了什么新的做法呢?回答是实际上根本没有。帝国港口税和城市过路费完全是财政收入的办法,仍以传统的方式,对来往者双向征收。只有运往罗马城的谷物和运给军队的商品予以免税。整个税收结构是退化的,而且随着时间的推移愈加如此。① 罗马皇帝们的思想距离托马斯·孟*和他那个时代的君王的思想之远,正如同小国寡民的希腊城邦一样。通过进口补充粮食短缺、满足军队需要和元老阶层消费者的需求,这不是孟所说的"对外贸易获取的财富"。如果是某个人将我在前一章提到的打不碎的玻璃这个发明呈现给查理一世,他可能会要求获得专利。罗马的发明者则仅仅要求获得赏赐,因为英国皇家财库通过鼓励专利、特许经营状、垄断、补贴等商业精神的标准商业办法,在古代社会都未使用。

这并非因为皇帝们反感在物质上支持个人,或者是厌恶垄断本身。所有古代国家至少保留了矿产资源的专有权。在此之外,在希腊城邦中垄断是罕见的紧急措施。希腊化时期的国王们很快追随近东君主的先例,垄断了广泛的经济活动,同样也是通过规定而非通过直接操作进行的,罗马的皇帝们紧随其后。[32] 但是动机完全是财政上的。没有人宣称帝国垄断提高了生产和生产率,政府对这一方面的此类事情毫无兴趣,就像对技术的态度一样。

不过无论是城邦还是帝国,所有古代国家都保留了一种垄断,那就是铸造货币的权利。然而,它们并没有履行这一特权应

---

① 如果贵族集团不是免于公益资助的话,本可以认为它能调整收支平衡的。

* 托马斯·孟(Thomas Mun, 1571—1641),英国重商主义的最后一个代表人物,贸易差额说的主要代表。——译者

有的义务,那就是保持足够的钱币供应,仅仅在国家自身需要支付的时候——通常是军事上的——才铸造了充足的钱币。[33]金钱仅仅采取钱币的形式,没有别的。而钱币短缺是经常性的,无论是总数量还是特定类型或者币值的短缺。如同我们看到的,即使是在所谓的信贷危机时期,国家也没有真正努力解决短缺问题,仅仅是偶尔迫使囤积者吐出囤积的钱币,但这注定起不到根本作用。同样,希腊化时期的君主和罗马帝国的皇帝也没有超越城邦的思维。实际上,到罗马帝国早期的时候,皇帝们就禁不住利用其权力和对钱币铸造的垄断,通过降低钱币成色来发财。但这个做法完全无助于健康的钱币流通。

皇帝们不再需要面对的一个问题,是希腊城邦时期大量存在的独立的钱币制度(除了纯粹地方性的铜币以外)。它们是由希腊世界大量独立的城邦分别铸造的,标准不同,技术也各异。希腊人对钱币的热情,尤其是对漂亮钱币的热情为人所共知,但有时是被人误解的。在很长时期,和希腊人相邻的许多最发达民族如腓尼基人、埃及人、埃特鲁里亚人和罗马人都没有这种热情,因为这根本上是一种政治现象,"一个地方性虚荣、爱国主义或是宣传,没有影响深远的重要性"(近东世界在几千年里只用金属货币的重量进行交换,而未铸造钱币,即使是在广泛的贸易之中也是如此,但仍然运转良好)。[34]因此除了雅典这个重要的例外,强调钱币的艺术性从经济上而言没有意义(钱币兑换商不会因为叙拉古的4德拉克马钱币上有欧爱内托斯[Euainetos]签名就给它更高的兑换率)。也因为如此,希腊城邦普遍避免降低货币的成色,并且对仿冒和覆镀钱币的行为予以严厉惩罚,将它视作叛国罪,而非微不足道的市场犯罪。①

大量不同钱币的存在是个麻烦,仅仅使无处不在的货币兑换者获利。不过我们不应夸张,任何熟知文艺复兴时期贸易的人都会明白这一点。麻烦的程度根据金属的不同而不同。青铜不带来什么麻烦,因为它仅用于在地方流通的小币值钱币。白银和黄金的兑换率是较为固定的和传统的,变化缓慢,并且货币兑换者有能力验证其重量和成色。②只有金银合金即白金和银金合金是超出控制的,无论是用天然合金铸造的,还是用人造合金铸造的。小亚细亚库兹科斯(Cyzicus)城邦广受欢迎的合金斯塔特尔(stater)钱币在阿基米德发现测定特定物质重量的方法以前,无法进行化验,因此按照一个习惯的价值进行流通。35

考虑到钱币的政治意义,独立的希腊城邦并没有试图消除多种钱币带来的麻烦,也就并不令人吃惊了。例如,城邦之间关于钱币兑换率的协定如此罕见,以至于实际上并不存在。36在眼下的讨论中,重要的是一直没有能够提供足够大币值的钱币,以足以支付大额款项。德谟斯梯尼在控告监护人的诉讼中一度言辞炫耀地对审判团说(27.58),"你们一些人"看到过特奥格内斯"在市政广场上数钱"。他所提到的是一笔3000德拉克马付款,希腊人通常使用的银币中币值最大的是4德拉克马。要在证人面前数清总数3000德拉克马的4德拉克马钱币,不是一个简单的活儿,尤其是如果收款人怀疑许多钱币的重量和成色的

---

① 罗马人开始铸币以后,对仿冒也保持了这种严厉态度。

② 亚历山大征服之前,金币主要为波斯人所铸造,但是也在希腊人中间流通。后来马其顿和希腊化时期国王也铸造金币。

话。我认为,这是为什么在公元前5世纪和前4世纪波斯大利克(darics)金币和库兹科斯斯塔特尔金银币如此流行的原因,它们各值20多德拉克马银币。[37]

因此个人只能自己解决这些问题,他们得不到国家帮助,只能依靠积累的经验和钱币兑换商,并且在有限的范围内选择某些钱币,例如雅典的猫头鹰币*和库兹科斯斯塔特尔金银币。[38]公元前4世纪黑海北岸希腊城邦奥尔比亚(Olbia)的一条法令较好概括了这个模式。[39]它制定了四条基本规则:(1)在城邦内的交易中只能用奥尔比亚银币;(2)金银币和当地钱币的兑换率应由国家确定;(3)和其他钱币的兑换"按照双方同意的条件";(4)进出口各种钱币的权利不受限制。因此除了在金银币的困难情况下国家出面干预——而这是可以理解的——以外,通常国家在钱币事务上完全不干涉,仅仅从政治角度考虑要求使用当地货币。相对于外国人,国家并没有优待奥尔比亚人,所有交易方受同样规则限制。一个将谷物运到外国出售、带回外国钱币的奥尔比亚人在用钱之前,不得不付给钱币兑换商同样多的折扣,就像一个带着自己本国或者其他国家钱币来奥尔比亚的外国人一样。

公元前5世纪雅典的一条法律规定,在雅典帝国内所有的交易中都要使用雅典钱币,这同样是政治性的。[40]通过这条法令的具体年代具有争议,这一点某一天可能根据铭文证据(也许在钱

---

* 雅典的钱币上一面雕铸雅典娜女神头像,一面雕铸象征雅典娜女神的猫头鹰,因而称猫头鹰币。——译者

币学分析的帮助下）予以解决，但不会像有学者尝试的那样，通过引入复杂的政策考量予以解决，比如说它带有克勒昂（Cleon）的味道，而非伯里克利的味道。然而其政治因素是明白无误的。其时同盟贡金是雅典公共收入的最大来源，统一的钱币大大便利了雅典空前巨大的军事和行政支出的支付。而且现在雅典能够，也愿意通过剥夺臣服国家传统的独立象征即他们的钱币，来证明谁才是帝国的主人。雅典人可能也意图获得铸币的利润，但是在发现回收钱币进行重铸的收费证据之前，我们不会确切知道。

也有学者认为存在商业动机，希望给予雅典商人相对于其他商人的优势。我不明白这个观点的逻辑。大量不同币制的存在同样给每个人带来不便；如果雅典人能够有效实施其法令足够的年头，帝国内部的每个人都会略微受益，但却是同等受益，除自豪和爱国主义情怀以外，雅典人的受益也并不多于其他人。只有货币兑换商会是受到损失的人，但是并没有人认为雅典通过如此强力的法令，仅仅是为了打击他们。无论如何，即便是在雅典在伯罗奔尼撒战争中战败、帝国瓦解之前，这一法令也没能成功执行。直到希腊化时期的国王和罗马帝国的皇帝们废除了城邦的政治独立性，从而清除了多种币制的基础之前，雅典法令的目标没有达到，也无法达到。

雅典人在利用其帝国——在它存在的时期——来保障粮食和木材供应方面同样不遗余力，但却要成功得多。[41] 古代世界技术水平较低，分配方式有限，食物保存的能力也有限，一直受到饥荒的威胁，尤其是城市。在雅典城邦，在其帝国丧失许久之后的亚里士多德时代,每个月的主公民大会(kyria ekklesia)都要考虑"粮食和城邦的防卫"问题(毫无疑问更早的时候也要考虑,不过我们不知道早自什么时候),这个归类非常有意思(亚里士多德:《雅典政制》,43.4)。到这个时候,还有35名监粮官(从最初的10名增加到了这个数字)。这个委员会非同寻常地大,亚里士多德说(《雅典政制》,51.3),它的责任是"首先保证谷物在市场上以公平价格出售,然后保证磨坊主以和大麦相应的价格出售大麦粉,面包房以和小麦相应的价格出售面包,并且保证面包达到他们规定的重量"。公平价格是中世纪的概念,而不是古代概念,国家的这种持久性干预完全是例外的,足以说明粮食问题的紧迫程度。当这种干预和我在其他场合提到的所有其他立法措施都不起作用的时候,作为最后的手段,国家任命购粮官(sitonai)。他们四处收购粮食,发动公共捐款筹集必要的资金,并且采取降价和配额措施。[42]

任命购粮官最初是一个临时性的措施,但是从公元前4世纪后期起,日益增加的趋势是将它转变成永久性制度。公元前330—前326年的粮食普遍短缺也许是个推动因素。[43]很可能是在同一个时期,库列涅向分散在希腊本土和诸岛上的41个城邦分送了120万阿提卡斗(medimnoi)的谷物,这相当于15万人一年的配额。其中给雅典10万斗,科林斯、阿耳戈斯和帖撒利的拉里萨各5万斗,罗德斯岛3万斗,给了亚历山大的母亲奥林匹亚丝(Olimpias)7.26万斗,其姊克丽奥帕忒拉5万斗,等等。记录这一行动的铭文文本说库列涅城给予(edoke)了这些谷物。[44]对此一些学者持怀疑态度。但是有赠送谷物的真实例子,其中之一是公元前445年埃及法老向雅典赠送的谷物。毫无疑问还有以优惠价出售的例子。获赠的谷物免费发放,但是仅限于公民。所有公民都有资格分得。这是一个古老原则的遗留,即共同体的物质属于其成员,在某些情况下,应该由他们分享。[45]

"某些情况"包括意外之财、征服和帝国带来的战利品和贡赋。公元前58年,罗马开始了向城内公民免费分发谷物(后来包括其他食物)的漫长历史。居住在城里的公民无论其财富多少,都有资格分得粮食,但是只有公民才有资格。这个原则一直维持到公元3世纪早期。其时塞维鲁王朝将粮食分配转变成了罗马穷人的救济粮,不管其政治地位如何,因此实际上终结了公民权作为帝国内部正式身份地位的历史。[46]当公元4世纪君士坦丁堡成为东部都城的时候,这座城市的穷人和罗马的穷人一样,也获得了救济粮。不过皇帝的关注仅止于此。[47]虽然在帝国的其他城市也有粮食分配的迹象,例如亚历山大里亚和安条克,但是这些分配不是经常性的。而且更重要的一点是,这些粮食分配更经常是个体捐助者的赠礼,而非皇帝或者地方城市的责任。[48]

不可避免的是,现存罗马文献反复提到恶意领取救济粮的例子,富人接受免费分配的份额,其他人则解放自己的奴隶,以便将养活奴隶的花费转移给国家。一些例子可能是真实的,但是毫无疑问,免费粮食一直被看成主要是给穷人提供福利的措施。此外国家还做了什么呢?穷人有从参与公共工程劳动中获得的临时性收入,从战争和帝国中获得的非常规性和间接性收获,不征收土地税(在这么做的地方)给农民带来的好处,偶尔给体弱多病的人发放的救济粮。然而当出现必须要处置穷人的情况时,主要办法是移走他们,让别人付出代价。

我们所称的古代世界的"殖民活动",其历史漫长而复杂。"殖民活动"并不是一个准确的词语。希腊世界长达几个世纪的扩张开始于公元前750年之前,它导致了希腊人在从黑海东端一直到今法国马赛的地方都建立希腊城邦,把多余的公民人口分离到了他国的土地上。有时是通过征服,并且并不总是得到派出的殖民者同意。[49]到公元前5世纪,这种可能性逐渐消失了,但是只要有机会,希腊人仍然这么做。这类例子有雅典的军事殖民地,它占据其帝国内部反叛的盟邦的土地而建立了这些殖民地。提摩勒昂(Timoleon)在公元前4世纪征服半个西西里岛后从希腊引进了大约60 000移民,这得到了他们所属城邦的合作。还有在亚历山大继承者们统治之下移民东方的大量希腊人,他们的数量无法估算。罗马在被征服领土上建立"殖民地"的做法无须详细分析。这也是一种以他人付出代价、将穷人分离出去的方法。但是殖民活动是一种逃避,而不是一种解决穷人需要这一问题的根本办法,而且到了某个时候,不再有土地用于安置穷人。

罗马殖民活动的大部分历史上,退伍老兵都是主要的因素。这反映了罗马军队复杂的历史,具体而言,反映了其逐渐职业化的复杂历史。在传统上,城邦中的军事服役是部分较富有公民的义务,即那些能够负担所需重装武器装备的公民的义务;虽然在他们参与军事活动期间,国家努力提供他们的开支,但是并不总是能做到。[50]若国家不付钱,他们也不能解除其义务;并且服役结束之后他们也不会得到物质奖励,仅仅获得荣誉。雅典和其他一些城邦支付微薄生活费抚育战争孤儿,直至他们成年。考虑到按服役资格规定,他们牺牲的父亲曾是较富有的人,这几乎不能归类为穷人的福利。[51]

在雅典舰队服役有全额报酬。除了在金融拮据的时候,海军为成千上万名雅典桨手(而且有成千上万名非雅典人)、成百上千造船者以及维护人员提供了常规的就业,支付的报酬在那时是比较好的。我们无法确定到底有几千人,但是他们是公民总人数的相当一部分,特别是比较贫穷的一部分,或者说是潜在的比较贫穷的部分,例如小土地所有者之子。

在一段"臭名昭著"的话中(《雅典政制》,24.3),亚里士多德写道,多亏了其帝国,"雅典为普通民众提供了充足的收入……盟邦缴纳的贡赋和税收养活了20 000多人,有7000名审判员,1600名弓箭手,1200名骑兵,500名议事会成员,500名武器守卫,50名卫城守卫,城邦内有约700名官员,还有700名驻外官员。此外,战争期间有12 500名重装步兵,20艘海岸护卫舰,还有征收贡金的海船,其2000名船员是抽签选出来的,另有主席团(prytanes),战争孤儿和狱卒"。这里的计算方法荒谬可笑;并不是所有类别的人都是雅典公民,甚至不都是自由人;令人意外的是海军完全被忽略了;重装步兵则经常缺钱;每年选拔出的6000名审判员并非人人每天都参加审判。然而,亚里士多德把握了雅典制度的关键,即为公民参与公共服务、履行其公民义务支付报酬。除了海军以外,这些报酬都不是常规收入。绝大部分官职都任期一年,而且不能连任,而担任审判员的机会则不可预料。除开所有的政治意味,这些额外收入就像偶尔参加公共工程的劳动一样,起到了支撑作用,尤其是偶尔的或者临时的报酬加在家庭正常收入之上的时候,例如老人的额外收入。这是阿里斯托芬的喜剧《蚂蜂》(*Wasps*)背后反映的真实情况。

值得注意的事实是,没有证据表明任何其他城邦像雅典这样,向担任各种官职的公民支付报酬,也没有任何其他城邦在几十年长的时间里拥有像雅典那样规模的海军。同样引人注目的是,除了伯罗奔尼撒战争期间的两个事件以外,雅典在近两个世纪的时间里都没有出现内部冲突,甚至没有出现传统的内战的预兆,诸如要求废除债务和重新分配土地。我毫不怀疑,首先,公共资金的广泛分配是个关键;其次,帝国是其财政体系的后盾。公元前5世纪末帝国丧失之后,雅典人成功维持了这个体系,尽管存在巨大困难和财政压力。这却是另一个故事,是有关雅典民主政治的韧性的。[52]在此重要的是,其他城邦缺乏帝国资源,因而没有模仿雅典的模式。后来罗马在无可比拟的更大规模上获得贡赋,但是罗马从来不是个民主政体,而且罗马对帝国收益的分配采取了一条不同的道路。

我不用讨论公元前4世纪雅典政治家如欧布洛斯(Eubulus)、德谟斯梯尼和吕库古努力提供政治体制所需之财政的确切方式,[53]但是它说明古代国家被迫进行财政运作的空间十分有限。古代国家没有现代意义的预算,这是个常识。然而希腊和罗马政治家对于年收入和支出有相当丰富的经验知识,他们能够比较两者的多少。从这个意义上说,他们也进行了预算。我们有必要再次提醒自己,这些国家不是简单的社会,如果没有某种预算的预测,国家根本不可能运转。我们必须分析的是其局限。

首先,国家和任何个人一样,受到手头所有现金多少的束缚(偶尔也受到常常是被迫的短期借贷的束缚)。在公元前2世纪,提洛岛富有的阿波罗神庙在受到神明保护的储藏室中储存了自身的存款和提洛城邦的存款,古典时代雅典的雅典娜神庙也起到同样作用。[①]这两个金库分别称作"神圣金库"和"公共金库",每个金库里都有一批陶罐,"上面标明所装钱款的出处或者是用途"54。实际上提洛城邦拥有大量存款,一批装有48 000德拉克马钱款的陶罐至少从公元前188年到前169年就未开启过。总之,因其规模很小,也因其作为国际性圣地的独特特征,提洛城邦并非一般古代国家的榜样。现金储存的原则同样严格限制了罗马的皇帝们,尽管他们的储钱柜可能分散在帝国的各个中心。当新皇帝登位时向士兵发放赏钱成为习惯后,他捐出的现金多少主要取决于储钱柜里储存的钱的数额。另一方面,绝大多数希腊城邦早就在财政收入和支出之间取得了平衡,很少或者没有存款,因此不得不依靠临时性特别措施筹措资金,来支付特别活动诸如战争、饥荒救助乃至修建新神庙。

在许多世纪里,实际上只要自治的城邦存在的时期,这些临时性措施都还是临时性的。雅典从未被诱使将战时征收的非常规财产税即 eisphora 改变成为常规的土地税,至少它抵制了任何这样的诱惑。罗马人也是这么做的,最终他们能够通过从外部获得的资源支付战争费用,从而有助于抵制常规土地税的诱惑。

[①] 在此我指的仅仅是钱币,而不包括这个神庙和许多其他神庙里不常用、数量大得多的未铸成钱币的宝藏。

"被诱使"并没有道德意味,现实中这一选择并不存在。无论是对收入还是对土地直接征税在政治上都是不可能的。没有弹性的市场、技术和农业组织的传统方法妨碍了生产力的显著增长,即我们所说的国民生产总值的显著增长,因此也妨碍了间接税收入的稳步增长。无论出于什么原因,当对可得到的粮食、对国家金库,以及对富人通过公益资助这类制度进行的捐助的需求大大超出公共资源的时候,古代世界只有两种可能进行回应。一是将人口外移,以减少总人口;二是以战利品和贡赋的形式从外部获得额外的资源。但是如同我已经说过的,这两者都是权宜之计,而非根本的解决之道。希腊殖民运动没有带来爱琴海地区原有希腊居民地的结构变化,因此也没有一劳永逸地解决后者的问题,包括公共财政问题。

罗马征服和庞大罗马帝国的建立带来了变化,首先是根本的政治变化。在财政领域,可以确定是两种主要方式的变化:一是土地税成为了帝国全境最大的财政收入来源(不过我们不应低估无处不在的港口税);二是大部分财政负担从人口中较为富有的阶级转嫁到了更为贫穷的阶级,伴随而来的是后者地位的降低。①这两个变化均非一夜之间完成的,并且我们无法每隔十年追踪这些变化,但是到3世纪,变化明显发生了。与此同时进一步从外部寻找解决办法、进一步征服然后殖民的可能性逐渐没有了。可动用的资源根本不允许进一步征服,图拉真对帕提亚的灾难性远征证明了这一点,如果还需要证明的话。在图拉

---

① 意大利免于征收土地税并不影响我的观点。

真之后的半个世纪里，表面上出现了稳定和平静的局面，这是吉本所说的"黄金时代"。从假设上说，如果彼时罗马帝国像称颂者所说的那样涵盖了文明世界的话，那么没有明显的理由说明为什么今天欧洲、西亚和北非不是仍然处于罗马皇帝统治之下，而美洲则仍然处于棕色印第安人统治之下。

然而在2世纪末之前出现了外部压力，罗马帝国无法永远抵御这种压力。军队不可能扩大到充足的地步，因为土地无法承受进一步的人力消耗。土地上的情形恶化了，因为税收和公益资助都太高。负担之所以太重，主要是因为军事需要在增加。灾祸的恶性循环汹涌而来。古代世界的社会和政治结构，其深深嵌入的和制度化的价值体系，而且作为其总体基础的对生产力队伍的组织和剥削，都加速了它的寿终正寝。如果我们愿意这么说的话，这是古代世界走向终结的经济解释。

第7章 进一步的思考（1984年）

1. 古代经济

16世纪的最后二十五年里，阿姆斯特丹的谷物价格和但泽的谷物价格之间有着很高的关联度，我们正巧拥有必要的数据。[1]那时西欧是波兰谷物的一个常规市场，阿姆斯特丹则是主要的交易中心，但是经济相互依赖的观念并不仅仅意味着这些。它意味着16世纪的数据所揭示的，即在生产和销售中心都存在产量和价格的直接关联，这体现在正向关联之中，但也体现在因为可以理解和解释的原因这种关联性被打破的时刻。长距离贸易的存在本身当然是相互依赖性的一个必要条件，但并非充分条件。毕竟自石器时代以来长距离贸易即已存在了。[2]贸易本身并不是证明"大型统一经济空间"[3]这类行话正当的理由，除非能够证明，或者至少能够带有一定合理性地提出，存在于波兰谷物生产和荷兰谷物进口之间的那类互惠关系是在场的，例如像罗马时期科隆生产的玻璃出口到埃及那样。不然，"大型统一经济空间"就不过是一种异想天开的说法，仅仅意味着物品在这个区域内获得交换罢了。果真如此的话，我认为没有理由不把中国、锡兰（今斯里兰卡）和马来西亚包括在和罗马同一个经济空间之中，因为后者从东亚接受了丝绸和许多香料。

不幸的是，相互依赖的问题永远无法用数据来解决。认为收集更完整的价格数据足以说明什么，是一个乌托邦式的想法。[4] 我们只须分析一下邓肯-琼斯煞费苦心收集起来的罗马帝国时期意大利和北非的数据就够了，它包括雕像、神庙、坟墓、墓葬的花费，除日用品外的所有东西的花费，因为"缺乏日用品的明确价格"。[5] 另外的唯一办法是分析贸易中涉及的因素，并从中得出任何合理的推断。

谷物贸易提供了一个合理的验证例子。[6] 谷物价格波动幅度很大，而且波动快速，几乎立即回应供应的情况（例如伪德谟斯梯尼，56.9所载），除非国家直接干预规定了供应和价格。在可能的情况下，谷物种植者和船运商试图瞄准他们所知的对出售者更有利的市场。尽管他们受到信息传播和大宗商品运输的低级技术的束缚，他们有时还是能够引起进口地的谷物短缺乃至粮食危机。亚历山大统治时期埃及总督克勒奥美内斯（Cleomenes）在爱琴海地区建立的信息员和代理人网络是个明显的例子。[7] 生产者和船运商也通过垄断供应，一段时间内囤积商品和其他方法试图影响当地出售的价格。[8] 然而这些伎俩不过在供需之间制造了暂时的不平衡罢了，它们自身对谷物生产没有结构性影响，甚至对生产者的收益也不必定产生结构性影响。我们继续以雅典为例，我不知道有任何证据证明，俄罗斯南部草原或者埃及的谷物生产受到了吕西阿斯猛烈抨击的谷物商人的影响，或是受到了克勒奥美内斯在爱琴海地区的代理人活动的影响，或者甚至是有这种影响的可能性。经济相互依赖需要某些比我们在这

第7章 进一步的思考（1984年）

个特定领域能够了解的更多的（定性的）东西。

任何论证古代经济相互依赖性的尝试从一开始就面临一个难题，即在所想象的关系的生产一端并不是一种组织生产的方式，而是各种各样的方式。在我看来，有必要一劳永逸地驱除把奴隶制生产方式看成古代经济标志这个鬼魂。[9]首先，希腊罗马世界大型经济领域（无论是就时间而言还是就空间而言）从来没有在较大规模上使用生产性奴隶。现在这点在古风时代的希腊和罗马都是很清楚的，[10]对于亚历山大征服之后纳入希腊罗马统治范围的东部地区而言，这点也是肯定的。在东部地区，真正希腊城市的数量相对很少，其中一些像亚历山大里亚和安条克实际上很大，它们似乎在家庭劳动和行政管理服务方面使用了大量奴隶，并且在一定程度上在生产领域也使用奴隶，但是农村地区和之前的数千年一样，要么完全由独立的小农劳动，要么更为重要的是，完全由这种或那种形式的依附劳动力进行劳动。他们事实上束缚在土地上，但不是严格意义上的奴隶或农奴。希腊人建立了一套有效的土地所有制和农业劳动力制度，如同我注意到的（见第69—71页），他们没有理由改变这套制度。也没有证据表明，他们或者后来的罗马人做出了很大的改变。[11]现在我也相信，和东方一样，在罗马征服之后不同类型的地方性依附劳动力在西部继续存在，在北非肯定如此，在西班牙和高卢很可能也如此。[12]而在后来罗马在中欧征服的地区，独立的小土地所有者占统治地位。[13]

"奴隶制生产方式"概念的第二个难题是，在历史上动产奴隶融进了其他生产方式之中，最明显的是融进了资本主义生产方式之中。马克思本人说得直截了当:"我们现在不仅把美国南方种植园主称为资本家,而且他们事实上是资本家,这样一个事实是基于在一个以自由劳动力为基础的世界市场中,他们的存在是异常现象。"[14] 这种异常现象是当代马克思主义学说中引入"社会构成"(其表述各种各样)概念的一个主要原因,据说在这个概念中,一种占据支配地位的生产方式和其他次要生产方式并存。那么问题就是,次要的生产方式——在美国资本主义这个例子中是奴隶制生产方式——并不仅仅为主要生产方式"所支配",而且还纳入它之中,以至于"生产方式"概念失去了其意义,只不过是特定劳动力类型的代名词罢了。[15] 当像美国的奴隶这类劳动力用于为资本主义世界市场生产时,在这个语境中再谈论奴隶制生产方式,就变得毫无意义,而且事实上是误导性的了。

所有这一切并非是说,在古典世界没有一系列不同的社会生产关系,它们在任何较长历史时期都存在。我反对的仅仅是使用"生产方式"标签把情况"规律化"的尝试。[16] 也许还值得在我业已提出的两条反对意见上增加第三条反对意见,即若非严重歪曲历史情形的话,基于生产方式的体系无法避免人为添加很长的过渡时期,沃勒斯坦正确地将这种观念斥之为"缺乏操作指标的模糊的伪概念"[17]。只要关注一下从古代世界到封建主义的"过渡"就足够了。无论怎么说,即便是在意大利,到公元4世纪或公元5世纪的时候,动产奴隶已不占支配地位了。而要说在查理大帝的时代之前封建主义即已存在,则又不正确,这就使得"过渡"的时间长达三四百年。[18] 而对那些认为"奴隶制生产

第7章 进一步的思考（1984年）

式"结束于公元2世纪的人——比如卡兰蒂尼学派*——来说，过渡时间更是长达至少六个世纪。用一个推测得出的"大庄园方式"（latifundia mode）来填补这个过渡时期，是一种绝望的尝试。[19]

同样绝望的是最近一阵风似的借用库拉《封建制经济理论》中"二分经济"概念的著述，[20]也同样是以卡兰蒂尼为首的。尽管有一次库拉写道（《封建制经济理论》，第24页），他的模式"代表了所有前工业社会经济分析的出发点"，但是很明显他的讨论仅仅涉及封建社会，其中经济的两个部分，即仅仅为生存生产物品的部分和为市场生产的部分，都是属于领主的一个单一领地的两部分，在这个领地中为市场生产的部分，没有劳动力成本。[21] 卡兰蒂尼试图将封建主的估算转移到公元1世纪的意大利，以便说明科卢美拉臭名昭著的错误的葡萄园估算站得住脚（3.3.8—10），但是科卢美拉笔下的葡萄园艺工是需要主人养活的奴隶，而非自己养活自己的农奴，这一基本事实使他的理论陷入坍塌。卡兰蒂尼写道（上引，第194—195页）："一旦产生了最早的葡萄园艺工核心群体，他们会栽种葡萄，培训庄园里的奴隶，而将来的葡萄园艺工需求就会归于户内需求部分，而处于资本部分（vitisratio）的账册之外。"那些物品"未被列入是十分合理的，它们属于十分不同的一类账册，即物质部分的账册"。

所有这些既没有丝毫的证据，也没有丝毫的可能性。希腊罗马的记账是极其初级的，基本上限于罗列收入和支出。在这样混

---

* 安德里亚·卡兰蒂尼（Andrea Carandini, 1937—），意大利考古学家，主要专长是古罗马考古。——译者

杂的记录中不可能确定任何单项活动的盈利与否。因此才有加图直截了当陈述的为人所熟知的座右铭：卖出，但不要购买。[22]然而如此看待渴望获取利润的复杂的罗马人，这理所当然被认为是荒谬的，它促使卡兰蒂尼迸发出一串巧辩："看起来从扬（Young）到米克维兹（Mickwitz）再到芬利，存在一个传统，它传承对罗马经济的否定判断，乃因为罗马人不是英国人，而且他们并不生活在18世纪。"（上引书，第179页）但是库拉指出，17、18世纪同样贪婪的波兰土地所有者也不能做出好的判断："他们无法……客观地确定是否真正出现了破坏（dezolacja）以及破坏到什么程度。"[23]

所有这些将我带回到了我在本书初版第一章结尾所阐明的观点，即基于希腊罗马古代世界的政治和文化史，仅仅出于和经济很少或者没有关系的原因，我们才可以谈论"古代经济"。适当的是在这个特别意义上形成古代经济的概念并加以讨论。尽管好几位批评者提出了反对意见，但这在我看来仍然有效。[24]例如，援引某位古代作家一段特定的话或是提到一个特定经济行为的例子作为反对的理由，并不形成严肃的反对意见，除非能够合理地论证说，这段话或者这个例子并不仅仅是一时的例外。[25]对古代经济的任何分析若要宣称并不仅仅是对互不关联的数据的古物学式的罗列，就必定要运用模式（韦伯的理想类型）。有学者将模式定义为"关于现实的简单化了的结构，它以概括的形式呈现出可能的重要关系。模式是高度主观性的近似，它并不包括所有相关联的观察资料和测量数据，但正因为如此，它隐去了偶然的细节，使得现实的根本性方面显现出来"[26]。或者如同

第7章 进一步的思考(1984年)

韦伯所写的:"从其观念的纯粹性而言,在现实中无法用经验的方法发现这种思想上的建构。它是个乌托邦。历史研究面临的任务是确定在每个案例中,这种理想建构在多大程度上近似或是背离现实,例如某座城市的经济结构在多大程度上应归类为'城市经济'。"[27]

最近两个关于罗马帝国贸易的不同模式,提供了在研究古代经济中以适当方式运用模式的良好例子。凯斯·霍普金斯(Keith Hopkins)建立了一个精巧的模式,说明在三四个世纪里贸易量出现了相当幅度的增长,因此帝国在这一时期也出现了较大的经济增长。[28]托马斯·佩卡里(Thomas Pekáry)则建立了一个不同的模式,否认贸易量有任何大的变化,因此不存在经济的任何大幅增长。其模式的要素是:(1)"消费者阶层"规模很小;(2)钱币数量很小(在这点上他和霍普金斯直接冲突);(3)高昂的运输成本,尤其是陆上运输。[29]

要在这两个模式中做出选择(或者是提出另一个模式),会需要长篇大论的分析,在此不可能展开。但对我而言很清楚,这才是增进我们理解古代经济的方式,而非不断援引一个个"事实"。也许我应该说,目前我倾向于佩卡里的模式,而非霍普金斯的模式。因为在我看来,后者忽视了在生产力没有增加的情况下进行剥削的可能性,罗马"行省完全受到系统剥削,而无须假定任何贸易结余用以为行省人提供他们用来缴纳贡赋的资金"[30]。

在这个语境之下,对于批评我忽视希腊化世界,甚至是"因为它并不恰好符合这些概念"而有意忽视的说法,[31]我应该予以说明。"希腊化"这一术语是伟大的德国史家德罗伊曾在19世纪

30年代发明的,用以界定希腊史上从公元前323年亚历山大大帝之死至公元前30年克丽奥帕忒拉之死的时期。这一概念几乎得到普遍接受,然而对于古代经济研究而言,它是严重误导的,因为在这三百年间存在两个基本不同的"希腊"社会。[32]一方面,旧希腊世界尽管无疑发生了所有那些政治和文化变化,但是其经济并未经历需要特别关注的变化。[33]另一方面,在新近纳入进来的东方地区,包括小亚细亚大部、埃及、叙利亚和美索不达米亚,其根本的社会和经济体系并未被地中海地区的征服者所改变,也未被随之而来的希腊移民或者是后来的罗马移民所改变,如同我业已指出的那样。因此,并不存在"希腊化经济";从一开始就存在两个部分的经济,即古代部分和东方部分。

2. 阶级和地位,自由劳动力和非自由劳动力[34]

在许多语境下,我们都会模糊地和在非严格意义上谈论"阶级",这并不会导致理解的困难。[35]马克思本人也是这么用的,尽管"阶级"在马克思主义著述中最终获得了一个十分僵化的严格含义,并且在马克思主义历史理论中也获得了一个关键位置。但是马克思和恩格斯都没有对阶级做出缜密的定义,他们也没有注意这个概念在非资本主义社会中的运用。例如在1848年《共产党宣言》的开头我们读到:"至今一切社会的历史都是阶级斗争的历史。自由民和奴隶、贵族和平民、领主和农奴、行会师傅和帮工,一句话,压迫者和被压迫者,始终处于相互对立的地

第7章 进一步的思考(1984年)

位……";但是在《路易·波拿巴的雾月十八日》的第二版前言(1869年)中,马克思则说:"在古罗马,阶级斗争只是在享有特权的少数人内部进行,只是在富有的自由民与贫穷的自由民之间进行,而从事生产的广大民众,即奴隶,则不过为这些斗争者充当消极的舞台台柱。"

除非马克思从来没有真正专注于前资本主义社会阶级关系的问题——在我看来似乎明确如此,不然对马克思这样一个对其范畴和术语十分细心的作者而言,上述两处陈述就会成为不可容忍的不一致了。波托摩尔(Bottomore)最近写道,阶级结构"比马克思和恩格斯绝大部分著作所表达的要复杂和模糊得多,他们受到早期资本主义中阶级关系毋庸置疑的突出性的巨大影响,尤其是受到工人阶级运动闯入政治生活之中的巨大影响"[36]。

尤其是,奴隶本身并非一个单一阶级的成员,奴隶主也不是一个单一阶级的成员。他们在生产体系中的位置差异太大。[37]只有作为奴隶劳动力直接从事生产的奴隶或那些在生产中使用其奴隶劳动力的奴隶主,才可以被看成是同一个阶级的成员。这并不仅仅是个词义学问题或者马克思主义文本考据问题;问题的核心是古代社会和古代经济的观念,因为我刚刚陈述的标准进一步缩小了古代经济中奴隶制起到中心作用的时空范围。拒绝将"农奴"这个词(以及概念)引入古代世界,用作黑劳士或 *penestae*(农奴)或者希腊化时期小亚细亚依附农业劳动力(希腊语文本中称为 *laoi*)的标签,亦非纯粹是词义学上的逃遁。农奴制和封建制的欧洲太过紧密联系在一起,因此并不仅仅和束缚在土地上联系在一起,而且同样和封臣制这类封建关系、和土地所有者个人的法律管辖权联系在一起,而无法从其社会背景挣脱开来,但这样的社会背景在古代并不存在,无法维持传统的三分术语(奴隶、农奴、自由劳动者)。[38]例如,黑劳士最终受到斯巴达国家控制,它能够处死他们,征召他们入伍,或是解放他们,因此地理学家斯特拉波称他们"某种意义上是公共奴隶"(《地理志》,8.5.4);据我们所知,甚至没有近似于以农奴(或佃农)份地和领主领地划分为特征的封建庄园制这样的制度;既没有封地,也没有"惩罚"制度,没有私人管辖权。

总而言之,现在我更加体会到古代世界的生产制度,尤其是劳动力队伍的性质是多么复杂和变化繁复。在我看来,我提出的两个总体上的论点仍然有效,其一是自由人雇工是临时的和季节性的(第73、107页),其二是在奴隶和自由人之间没有真正的竞争或者竞争的感觉(第80—81页),但是这两点需要进一步分析和细致入微的讨论。

这里涉及的相对数量我们甚至都无从估计,这从一开始就造成了障碍。然而现在对我而言很清楚,在绝大部分人口从事的农业劳动中,出于基本的经济原因,即便是采用奴隶劳动的大地产,也总是需要自由人的补充劳动力,最为明显的是参加收割,但并不完全限于此。因此在其农事手册的开头(1.1.3),加图建议应该选择一个地点,除了其他的考虑,那里的"劳动力供应是充足的"。对这种劳动力供应的使用可以是临时的和季节性的,但是却不可缺少,这是为什么我近来谈到自由人劳动力和奴隶劳动力共生的原因。[39]我接受进一步的论点,认为大量农村季节性劳动力是小土地所有者,他们试图以此补充处于生存边缘的

第7章 进一步的思考(1984年)

生机。[40]

城镇的情况有些不同,至少在少数大城市是如此。随着时间的推移,它们吸引了大量的移民,其中许多是不熟练的或者至多半熟练的劳动力。毫无疑问在有机会的时候,许多熟练的手工匠人承担了公共工程中的临时工作(当他们需要的时候,而他们应该是经常需要的)。最好的例子不是出自大城市,而是出自提洛岛的大型神庙建筑群。那里详细的财务记录表明,附近岛屿上的手工匠人经常出现几天,以承担一项特定的工作任务,但却一连几个月或者几年都不再出现,甚至永远不再出现。这些人和农村里在收获季节承担临时劳动的小土地所有者相似。在罗马、亚历山大里亚,甚至是在规模小得多的古典时代的雅典,成千上万的不熟练和半熟练劳动力肯定经常在建筑行业寻找到工作,不过严格地说都是临时性工作,建筑行业是所有前工业社会中主要的城市活动。这些劳动之外,他们还辅以搬运、叫卖、乞讨和偷摸。[41]这些劳动力的生产要比农村里的临时劳动力少得多,在这个意义上说,他们和奴隶劳动力共生的看法就没那么贴切了。

我们不应该期望会从这样一个劳动力队伍中产生任何对于劳动的肯定性的意识形态。我所强调的像独立的农民和手工匠人这样为自己劳动的人与为他人劳动的人之间的区别(见第79—82页)仍然是根本性的,并且在整个古代世界都未受到挑战。例如,主要根据金钱是否易手来划分劳动安排的方法遮蔽了这种区别,[42]这就导致了对古代世界雇工位置的扭曲评估。我们在文献中遇到的革命口号、表现出的阶级意识属于农民阶级,而非工人阶级。细致分析之下，我们发现学者们引证的十几个晚期古代世界工人罢工的事例（第226页注57）根本并非如此。[43]因此既没有肯定劳动的意识形态，也不存在对奴隶"竞争"的憎恨。[44]无论如何，在大型城市中，尤其在帝国时代的罗马，生活条件强化了基本的心理。在贫穷城区，大量贫穷自由人和奴隶生活及劳动在一起。因此，公元61年当尼禄的城市近卫军长官佩达尼乌斯·塞孔杜斯（Pedanius Secundus）遭其奴隶刺杀后，皇帝下令按照古老原则将其"生活在同一屋檐下的"所有奴隶处死，但是平民的示威活动暂时阻止了命令的执行，直到皇帝出动军队（塔西佗：《编年史》，14.42，称之为 seditio）。没有史料细致讲述过平民做出示威反应的原因，但是似乎有可能出于这样一个简单的事实，即平民暴动的目的是挽救和他们（其中许多是被释奴或者被释奴的后代）朝夕相处的奴隶的生命。[45]

对佩达尼乌斯·塞孔杜斯事件的记录中缺乏的是对奴隶制本身的批评。在奴隶一方也没有这种根本性的批判，即便是在少有的奴隶起义中也没有。三次大规模奴隶起义产生于特殊情形，而古代世界也仅有这三次奴隶起义。除此之外奴隶的敌对行动是个人的，包括盗窃、破坏、个人暴力、逃亡。尽管这样的行为足够常见，但是不得不得出的结论毫不令人吃惊，绝大部分奴隶尽力适应这个制度。[46]自由人口中的不同阶层在相当广泛程度上害怕奴隶。例如，罗马法无法阻止自由人穷人和奴隶同居以及进行社会交往，但是它能禁止奴隶在没有主人明确许可的情况下加入慈善的"协会"（《学说汇纂》，47.22.3.2）。而帝国西部充分的史料表明，除了加入宗教崇拜的协会以外，奴隶主不愿

第7章 进一步的思考(1984年)

给予其他所需的许可。[47]对此不难解释：罗马人害怕协会中密切的个人和社会联系会"感染"奴隶会员。然而无论记载多么丰富，也不能像最近有学者长篇大论地再次论证的那样（该学者陈明是针对本书的论述的），从存在害怕就推出结论说，是奴隶的敌对行为促使了古代奴隶制的衰落。[48]

无论如何，罗马帝国的法律规定和实际做法之间的差异巨大。一个世纪以前蒙森就已注意到（不过他指出的这一点没有引起学者们的足够注重），除了少数例外，文献或者铭文史料中明确说明其来源的奴隶个人要么来自意大利，要么来自帝国境内的行省之中。[49]之后的少量研究证实了这一说法。[50]很显然帝国颁布了足够多的法令禁止各种形式的"内部奴役"。我们仅知一部分这样的立法，[51]而几乎完全不知道当局执行这些法律的能力（以及意愿）。无论如何，不论法律如何规定，似乎通过职业奴隶贸易者的中介，在很大规模上进行着自我卖身、出卖自由人儿童以及明目张胆的拐骗等活动。这还意味着，有权有势的庇护人的存在是必要的条件。

最近发现的圣奥古斯丁的（额外）书信提供了令人印象深刻的新证据。[52]其中一封书信（第10封）的年代是公元422年或423年，其中抱怨北非广泛存在的拐骗自由人儿童和青少年的行为，他们被从希波港运往海外充作奴隶。奥古斯丁还说，父母不仅在法律许可的二十五年之内出卖子女，而且之后也一直这么做。没有其他史料提及这样一条法律，不过其他一些文本中有神秘的线索，表明在帝国后期，在禁止这类买卖的（虽非执行的）基本法律规定中有些例外。[53]奥古斯丁在第24封书信中询问一位懂法的友人有关这种和相似情形的法律,但是其回复没有能保存下来。很显然在这一领域还需要做许多研究。我们的出发点应该是,奥古斯丁的书信反映了罗马帝国社会盛行的一种情况,而非一种新的"前汪达尔人"情形。[54]

3. 土地利用、财富与利润

学者们普遍接受,在整个古代世界,人们青睐的财富形式是土地。那么随之而来的自然应该是,土地的利用通常涉及使用所有资源,目的是以各种方式致富或是提升社会地位和权力,这不仅包括狭隘意义上的利润,而且包括,例如土地所有者个人影响或者直接控制之下的人力的增加。在我看来这是不证自明的,然而我发现有必要抗议(第52—60页)历史学家坚持不懈地拒不接受如此简单的逻辑,他们坚持这样一个谬论,认为在"生存经济"和成熟的以利润为目的的资本主义剥削之间没有中间地带。十年之后维特克(Whittaker)感到有必要重复同样的抱怨:"富有土地所有者没有涉足其土地的利润或者对此不感兴趣,这样的看法……相当明确是荒唐的。这一类的'生意',剩余产品的直接处理和必需品及奢侈品的获取(毕竟对富人而言奢侈品也是必需品),无论是否通过市场,也无论是否通过代理人,应该和'以买卖的利润为生'明确区分开来,就如同罗马立法者试图定义的"(着重号为笔者所加)。[55]

要描绘大土地所有者利用其土地的复杂而多样化方式之具体面貌,一个核心困难是众所周知的,那就是在土地所有者采用

第7章 进一步的思考（1984年）

何种程序处理其产品方面，我们的文献和档案史料几乎完全沉默。然而，学者们正从不充分和晦暗的史料中一点一点地榨取信息，或者至少是假设和可能性。例如现在我们知道，在经济范围的低端，在某些条件下（尤其是在罗马帝国），对大土地所有者和国家而言，农民市场都成为收入和权力的来源。[56]在经济范围的高端，不仅在市场上出售产品，而且利用农业财富作为建立庇护关系的手段，还有大量农产品以其他方式进行非商业性流动。[57]

然而就我眼前的目的而言，集中于大庄园的商品生产方面就已足矣。在希腊和罗马历史的古典时期以及紧接着的后古典时期，这成为核心。我们的理解取得的最大进步是在利用黏土层制作陶器和砖瓦方面，迄今为止它被认为居于非常边缘的地位。在列举土地的产品时，我们并不会"自然而然"想到黏土，历史学家们大体上忽略了它，也许并非太出人意料。即使是罗马官僚和法律人士也不确定其位置：只要注意一下法学家们的不同意见（《学说汇纂》，8.3.6；33.7.25.1），对于应把黏土层算在庄园为了用益权还是地役权目的的工具之内，他们意见不一；或者注意一下公元4世纪君士坦丁制定了五年税（*collatio lustralis*），即对批发商人（*negotiatores*）的税收之后，[58]皇帝们通过免除庄园管理正常生意的税收来缩小该税影响范围的反复不断的努力（《提奥多西法典》，13.1）。

然而，这些论点尽管在特定语境下具有意义，但在研究日益证明土地所有者相当注重其黏土资源的情况下，不过是法律人士的精细之谈。他们要么直接加以利用，要么作为大庄园所有者，将其租给他人。迄今为止令人印象最为深刻的论证出自对帝国前两个世纪罗马砖块印章的细致分析。这时砖块成为最为重要的建筑材料,因此需求量巨大。[59]研究显示,黏土层的拥有者不同于经营者和砖块生产者,主要是上层阶级成员。随着时间的推移,皇帝们成为日益重要的拥有者。在意大利和西西里,甚至圣地也做起了这个生意。也有迹象表明,陶器生产也经常出现类似情况。当然并非雅典和其他地方生产的精美彩陶——这是城镇小规模的工业产品,而是大量生产的陶罐和餐具。在古代世界的任何地方,这些陶器的生产规模都在数百万件以上。有关公元前4世纪和前3世纪爱琴海北部塔索斯岛、罗马共和国晚期和帝国早期意大利中部科撒(Cosa)地区的出色考古研究说明了这一点。[60]学者们对于高卢赤陶生产中心,尤其是拉格罗菲桑克的研究也令人信服地说明了这一点。[61]

当然,考古学无法说明的是土地所有者和陶器、砖瓦生产者的法律及经济关系。出人意料的是,发现的相关窑址很少,而这真正是考古学的工作;而且进行过系统调查的更少。[62]然而,最近发表的三件出自奥克西林科斯(Oxyrhynchus)的纸草文书说明了土地所有者和陶匠一种可能的关系。而据我所知,迄今为止这种关系在所有的讨论中都忽略了。[63]这些纸草文书是大庄园里(文本中如是说)陶器作坊的两年租赁契约。租户把自己说成是"制作酒罐的陶匠",他们保证每年分别生产15 000只、24 000只和16 000只4"库斯"*陶罐。在前两份契约里,他们每

---

* "库斯"(chous)为古希腊语中的液体度量单位,1库斯约相当于3.3升。——译者

生产100只陶罐获得32德拉克马报酬,而在第三份契约里每生产100只获得36德拉克马报酬。他们还生产少量2库斯陶罐和8库斯陶罐,报酬是若干罐葡萄酒和一定数量的小扁豆。地主要提供陶器作坊、原材料和设备,陶匠只需提供劳动力(未说明数量)。而且在两个(未出版的)例子中,其他有证据证实了这些地主是非常富有的人的观点。[64]

我并不是说,奥克西林科斯发现的契约代表了罗马世界陶器生产的常见方法(不过我也无法证明这是不常见方法)。但是我相信可以肯定的是,第一,不仅在阿雷佐、比萨、布特奥利、勒祖、拉格罗菲桑克这样的大型生产中心,而且在无数纯粹满足当地需要的小型生产中心,都有着各种各样的方法;其次,幸运地拥有原料的大小土地所有者都直接和间接从利用这些原料中获益。这是内在于他们作为土地所有者这一事实中的。

4. 消费城市和城镇生产[65]

从表示"乡巴佬"这类带有明显轻蔑意味的词语开始,古代文献中充斥着城乡对比的陈述。然而,这些文献中缺乏的是城乡之间存在根本经济差别的观念,无论是在亚当·斯密的和谐构想意义上,还是在马克思和恩格斯表达的根本上敌对的意义上。前者在《国富论》第3卷开头说道:"每一文明社会的大商贸都是在城乡居民之间进行的……我们不应该……设想城镇的收获就是乡村的损失。两者的收获是互相的和互惠的……";后者在《德意志意识形态》(1846年完稿)中做了阐述,之后马克思又在《资本论》第1卷中予以了重复:"一切发展到某种程度的、由商品交换产生的劳动力分工的基础,都是城乡分离。可以说,社会的全部经济史,都概括为这种对立。"[66]

当然希腊人和罗马人意识到了城乡之间的商品交换,甚至意识到了它们之间的利益冲突。每一个不识字的农民生活中也一直遇到这类交换和这类冲突。这毫不重要,因为即便是知识分子也没能在这个基本的观察基础上建立经济和社会理论,没能发展出任何概念。只是到了18世纪才发展出这样的理论和概念,并且只是到了19世纪末期和20世纪初期,人们才清楚认识到古代城市和中世纪晚期及近代欧洲城市的巨大分别。这是马克斯·韦伯和维尔纳·松巴特(Werner Sombart)的贡献,他们在许多年里关系密切,而他们的先驱则是卡尔·比歇尔。后者写道,中世纪城市"并不仅仅是消费中心,这和古代希腊人和罗马人的城市不同"[67]。松巴特接着进一步阐述和提炼了这一观点:"我说的消费城市是指不用自己生产的产品……支付其消费的城市,因为它没有必要这么做。它的消费来源毋宁说是基于合法的索取,例如税收和租金,而无须提供回报价值。"[68]

古典史家通常忽视了这些观点,或者说追随了爱德华·迈耶(Eduard Meyer),把比歇尔、韦伯和松巴特看成是无知的和不太聪明的入侵者,侵入了一个他们不该进入的领域。我想在此不必重复我关于韦伯的理想类型(或模式)的著述,而且我不必长篇大论论述这一点,即他和其他人完全明白,城市人口的绝大部分,包括奴隶、外邦人和公民,都作为工匠、体力劳动者、店主、专门职业者为生计而劳动。许多人制造商品用于本地销售或者出

第7章 进一步的思考（1984年）

口,在这一方面他们是奴隶还是自由人并无差别。对这些从未出现真正的意见分歧。我强调当初我关于阿雷佐彩陶、塔尔苏斯亚麻服装和帕塔维乌姆羊毛制品的讨论（第136—137页），不过我也接受,这类活动要比有据可依的更多。例如现在很清楚,马赛在早期"殖民"时期可能是和内陆蛮族人进行进出口贸易的货物集散地（第131页），但是此后并非如此。[69]研究也证明,塔伦图姆的所谓羊毛产业（罗斯托夫采夫把它列入"古代世界的大型产业中心"之中）没有丝毫古代史料的支撑。[70]

最近有学者说,我的大量分析"基于缺乏反证的论证及其伴生的、缺乏足够数据的概括"[71]。我们似乎正在用我在别处所说的"缺失人员论证"（missing persons argument）大量取代令人生厌的基于反证的论证,就是说,猜测和断定文本中会有什么,但事实上这些并不存在。无论花多少篇幅分析这类论证都是无用的,但是考虑到当前充斥着这一做法,在此可以举出两个例证。达尔姆斯（D'Arms）在一篇论述罗马世界商人地位的论文开头,引证最近发现的18世纪初拉罗谢尔（La Rochelle）一个贵族家庭的私人通信,其中明显透露出对家庭财富来源的不快,因为虽然这些财富恰如其分地投资于土地上了,但是却来源于奴隶贸易的利润。达尔姆斯继续说道,罗马的证据"尤其在一个方面是缺失的……据我所知,我们甚至没有一个例子表明,罗马元老像德庞（Depont）那样蔑视商人,但我们却能证明其背景中有商业的成分",他得出结论如下:"如果罗马存留下来更多的和文学通信区分开来的更为私人的通信……我敢肯定,我们确实会在古代罗马找到我们的让·萨缪尔·德庞。"[72]

一个更为巨大和令人叹为观止的尝试是摩勒尔（Moeller）的。他试图论证在庞贝存在大型羊毛制品产业，它基于当地的养羊业，但根本没有证据证明当地存在养羊业，除非我们接受他所宣称的，说拉克塔里乌斯山（Lactarius Mons）这个意味着奶制品的名字是个养羊区，而不顾古代史料中已明确说明它指的是养牛业这样一个事实。摩勒尔说存在一个缩绒工控制和协调的商业性出口行业，这整个论证的结构基于一系列这类猜测和错误。例如，从一座房屋墙上的涂画中辨认出一人是织工，他就以此为基础将这座房屋说成是一个有20名左右工人的小作坊。缩绒工在一座大型建筑里竖立了一尊欧马基亚（Eumachia）的雕像，他就不顾考古学研究提出的种种可能性，说这个建筑是缩绒工的协会会所和"布料交易所，大宗商品在此拍卖"[73]。

就这类令人痛苦的入门级方法论讨论而言，这已足够多了。在庞贝新发现的少数纺织作坊，以及新发现一些元老贵族积极从事商业和制造业，根本不会影响或者削弱"消费城市"的模式，实际上也不会影响或削弱我试图对古代经济做出的总体分析。存在例外的人，甚至例外的城市，这是无可争议的。任何历史或者社会学模式都并不宣称囊括了全部已知或者可能的事例。在缺乏有意义的量化数据情况下，最好的办法就是判断一个模式、一组概念是否相比起其他的模式而言，更令人满意地解释现有材料（罗列所有已知不相符合的"事实"这一仍然盛行的古物学做法根本不是方法）。消费城市的模式不仅基于存在一个决定性的阶层，它拥有"城市外的"农业部门，依靠租金和税收而非商业交易维持生计，而且基于大部分城市生产局限于小规模的商品

第7章 进一步的思考（1984年）

生产,局限于独立工匠的生产,其商品用于当地消费的零售。即便是罗马这个典型的消费城市需要大量这类生产者,但是通常也仅仅是为了小规模商品生产。紧接着我业已援引的界定消费城市的那段话之后,松巴特阐述了关键的主张。他写道,"原初的、最早的城市创造者是消费者,衍生的第二级(第三级等)城市创造者则是生产者",而后者是依附成分,"他们的存在是由他们能够享有的、消费阶层给予他们的消费资金所决定的"。

这是我们的论证必须针对的问题。换言之,问题在于古代世界的城镇制造业和贸易是否在重要的程度上创造了财富,或者它们是否仅仅分享了农业和采矿业创造的消费资金。在整个古代世界,这后两个行业大幅增长,是毫无疑问的,如果说存在不平衡的话。所有那些领土纳入进来,最终形成罗马帝国就是足够的证据。松巴特所说的第二级和第三级城市创造者也大量增加。不过我相信到了某个时候,比如到公元3世纪并且仅仅是在帝国西部,城市商品生产开始下降,这是因为相当一部分土地所有者逃离城市,以及国家需求日益脱离市场(见第160页的简短讨论)。迄今为止对这个问题的研究不够,需要更多的研究。无论如何,在当前的讨论中其意义主要在于确定一个时间,此时即连城市经济增长的可能性也不复存在。[74]

最后,在集合了所有真实的和想象的例外情况之后,最近将古代城市生产提高到近似于近代状况的种种努力,并未触及我的一些一般性论点。第一点是,在古代世界没有行会(第138页)。关于罗马时期的协会(collegia)的最新研究在此证实了这一点。[75]第二点随之而来,即如果没有行会,那么就更不容置疑地没有行会会所、没有布匹交易所，进一步说就没有交易所（第137—138页）。偶尔进行的寻找交易所的尝试非常可怜，就如我们业已注意到的庞贝的欧马基亚建筑，或者如同奥斯提亚所谓的"行会广场"，这是典型的考古学家为一座功用不确定的建筑取的名不副实的名字，它至多不过是有着一系列小房间的商业办公建筑。[76]在我看来，这类一般性论点（以及下一节将要讨论的论点）在任何总结古代经济的特征的尝试中都是根本性的。

5. 金钱和信贷

对于今天生活在西方资本主义国家的人来说，要理解金钱基本上是铸币金属而非别的东西，没有信用货币（不同于作为代币、以约定价值流通的基础金属）和流通纸币的社会，并非易事。最为明显的是，对于古代通货膨胀，尤其是公元3世纪和公元4世纪所谓通货膨胀的讨论，如果不是以这个基本事实为中心，在根本上都是有缺陷的。[77]同样明显的是，钱币供应大体上依赖于发行当局所能掌握的黄金和白银数量，而且毫无疑问钱币供应常常不足以满足社会的正常需要，更不用说满足经济增长的需求了。罗·卡斯齐奥（Lo Cascio）坚持不懈地论证说，从罗马共和国的最后一个世纪起，罗马当局对"某些经济观念"拥有足够的"经验的理解"，来发展一种"货币政策，意图"之一在于"为市场提供充分的交换手段"。[78]我并未完全被他说服，但是即使我们同意罗·卡斯齐奥的说法，甚至罗马偶尔也因为钱币短缺而陷入危机，这一点仍然无可争议，无论我们如何解释钱币的短

第7章 进一步的思考（1984年）

缺。[79]罗马和其他霸权国家以外，古代国家长期面临钱币短缺，除非通过征服和幸运地发现矿藏而获得意外之财，这也是无可争议的。

然而，这里我关心的是信贷，而非钱币。具体地说，我关心的是超出钱币借贷的信贷机制。在初版中我强调，古代世界缺乏中世纪晚期和近代早期人们熟悉的机制，它容许产生信贷。就是说，通过允许出借者或者出借方使用这类或那类代币——就如同它们是现金——的技术，来延伸社会的资源。我特别注意到流通纸币的缺乏，以及相应的交易所的缺乏，还有以官方钞票或者类似的信用货币为形式的公共债务的缺乏（第141—143页）。对于任何经济史家而言，这些制度和技术在现代经济增长中必不可少的作用太为众所周知了，而无须进一步证明。而如果它们在古代世界的确不存在的话，则这一点和行会以及行会会所的缺乏同样是根本的。无论提出多少可能的例外，也无法克服古代商业做法和金融的这个基本限制条件。

现在对我的观点出现了两个巨大的"反原始派"的攻击，这就是安德罗（Andreau）和汤普逊的攻击，因此有必要追问他们是如何看待信贷的产生这个问题的。[80]在此不值得花费笔墨专门讨论常见的"缺失人员论证"，汤普逊精于此道。对于史料的沉默，他提出的个人的解释如下：雅典"审判员不想听到田庄管理的细节"[81]。但是当这两位学者都十分依靠这类论证办法，来宣称古代金钱借贷的相当重要一部分特意用于生产用途时，我们就有必要打断他们的说法，而坚持依据史料了。近来"从整个古典希腊搜罗出来的近900项各种类型交易的清单"中包括"也许五项——除海运借贷以外——可以令人信服地归类为生产性交易"。[82]关于这份清单中任何单项交易的分类的质疑和争议都不能改变这一数字的冲击。我们没有关于希腊化世界和罗马时期的这类总括性数字,只能依据猜测或者直觉进行判断。尽管我不能肯定地断言,非生产性借贷的总体面貌没有出现引人注目的改变,但是我所知道的史料表明的情况大体如此。

汤普逊似乎并没有注意到信贷的产生这一点。安德罗注意到公共债务的缺失,但是仅用片言只语错误地把它说成是局限于工业革命时期"以及紧靠它之前的时期"的现象。然后他提出,即便是在古代世界,钱庄业"产生的效果也是在固定的金钱经济批量框架中增加整体的购买力",因为它使得金钱数量增加了一倍,一方面金钱仍然是存款人的财产,与此同时钱庄也可出借这些金钱。这令我费解,我不得不把它看成是一个奇怪的差错而置之不理。[83]创造信贷的手段和机制的缺失仍然是古代经济不可动摇的一个基础。

也许在离开这个主题之前,我要再次说我一点儿都不质疑,在古代世界存在大量金钱借贷,其中一个未知的和不可发现的部分采取的形式,是给城镇和乡村穷人的高利贷。金钱借贷的利息产生的利润是上层阶级的经常性收入。但问题不在于此,而在于金钱借贷在生产和经济增长中的作用。我的立场是几乎完全否定的。

6. 城市粮食供应

一些古代城市被迫经常性进口相当数量的粮食,最为明显的

第 7 章 进一步的思考（1984 年）

是雅典和罗马。后者的进口量无可比拟，从公元前 1 世纪到公元 3 世纪，（根据一个现代学者的保守估计）每年都要进口至少 15 万吨粮食。（这是除了驻扎在各处的军队的粮食供应之外。）[84] 有学者注意到，如此巨大的数量（还有公元 332 年之后君士坦丁堡的粮食供应）是"古代世界远距离运输大量廉价粮食的仅有例子"。这"是个非常复杂的体系，很容易受到破坏"，然而我们应该"不是强调这个体系的明显缺陷，而是它通常运作良好这样一个事实"。[85] 进口的粮食部分是通过实物地租和税收获得的，部分是通过（私人和国家）购买获得的，其来源地有意大利中部、西西里岛、撒丁岛、北非，最后还有埃及，少部分数量的粮食来自高卢和西班牙。这庞大数量的供应中的绝大部分，猜测起来约其中的 85% 是（在大约七个月的航海季节里）通过海上运输来的。在克劳狄皇帝开始修建奥斯提亚港口之前，不是直接运到罗马，而是运到那不勒斯海湾的布特奥利港。即使是在修建了奥斯提亚港口之后，也是通过第伯河的河运完成运输的最后阶段。最大的船只在 400—600 吨，而用于第伯河河运的船只只有 150 吨左右。然而，我们无法知道有多少粮食是用小船运输的，尤其是从布特奥利到第伯河的沿海航运。在粮食短缺期间，为了鼓励造船者造船，克劳狄皇帝向所有制造能够运载至少 70 吨小麦的船只的人提供各种奖励。[86]

我给出这些数字，仅仅是为了具体说明向罗马城的居民提供粮食所需的巨大努力。对于从粮食供应地区将粮食运输到港口，装卸船只，在布特奥利、奥斯提亚和罗马储存粮食，将谷物从仓库运到磨坊、面包房以及最终到批发商手中所需的人力物力，我们无从量化。[87]我们只能说,在意大利、西西里、埃及、北非和其他地区从事相关劳动的人数众多,而且管理机构相当复杂,在一个基本上非官僚制的社会中越发如此。然而,就像克劳狄皇帝所采取的鼓励造船业的措施所说明的,国家的干预机制缓慢发展,而且干预规模一直有限。在罗马共和国时期,只是在危机时期才进行干预。然后在元首政治时期,在奥古斯都统治的早期,通过一个"并非自由贸易或自由主义、放任自由的",但仍然远非统制(*dirigisme*)的行动,[88]国家建立了管理机制,[89]但是国家仍然倾向于"奖励和优惠条款"而非"强制性服务",直到公元3世纪后期或公元4世纪。在这一方面它和我们知道得足够多的仅有的另一座古代城市即古典雅典的对比十分引人注目。那里一方面相对有一大群官僚进行管理,有严格的规定要求以雅典为基地的商人和航运者将粮食运到雅典,另一方面则并不干预从业人员,他们其中的许多是外邦人,而非公民。[90]雅典甚至没有使用其税收体系来进一步满足其粮食供应的需求,而是对进口粮食征收和其他商品一样的港口税(第164页)。对于其他城市,我们所知太过零散,而无法进行适度的判断。亚历山大里亚和迦太基是在规模上最接近罗马的两座城市,但是在这个问题上我们没有关于它们的有用信息。

比起为大型城市提供粮食这一日常问题,历史学家对救济粮发放和应对危机的措施要关注得多,我想这是不可避免的。尽管铭文和纸草文书的新史料很少,仅仅提供了少量的和偶然的信息,但是最近的讨论足以需要我重新检视我最初的分析(第40、169—171页)。只有在罗马本身,后来还有君士坦丁堡,(罗

第7章 进一步的思考（1984年）

马）国家才大规模定期发放粮食或者最终是面包（以及其他一些食品），这一点仍然是真实的。不然还能怎样呢？罗马皇帝的财富不可能应付又一个哪怕是稍微接近罗马城救济粮发放规模的计划。已知的其他计划数量很少，而且所有这些计划要么是私人资助的，要么是自治市资助的，仅仅惠及少数人口，并且维持时间不长。[91]这些各种各样计划的大多数用于资助竞技活动、宴会、纪念雕像等，而非用于粮食发放和救济，对于所资助的总量以及接受者的人数，我们不得而知。无论如何，我们的史料似乎明确表明，在罗马帝国时期的意大利，除了自治市和帝国寡头阶层中少数成员的捐助以外，捐款的数额相当少。[92]最近发表的一份公元2世纪中期的铭文说明了有时候数额是多么的小。它出自吕西亚的特洛斯（Tlos），记载一位名叫拉拉（Lalla）的女性捐助的12 500第纳尔（*denarius*）有息存款。该城用这笔捐款的收入确保在每年的6月15日，向有资格获得该自治市粮食分配名单中的1100位市民每人发放1第纳尔。[93]

我在最初讨论罗马救济粮发放时（第40、170—171页），强调说这一例外证明了普遍的情形，即在罗马帝国基督教化之前，即便是国家也并不十分照顾其穷人。[94]这是一个真正的例外，当时对我而言这一点似乎是确定的，而且现在仍然似乎是确定的。现代学者的论述中反复强调这样一个事实，即救济粮是发放给所有公民的，根本没有对每家经济状况进行审查的迹象，但如此则错过了重点。关键不是哪些人有资格的问题，而是实际操作的问题。在免费分发救济粮的数百年里，是哪些人实际上领取了呢（而非哪些人有资格）？古代史料一致认为，是平民经过艰苦斗争之后,才赢得了分发救济粮的做法,目的是为了济贫。[95] 甚至有史料记载说,有些"公民"通过虚假释放其奴隶的做法,来骗取国家分发的救济粮。在我看来,要反驳这样的记载,反驳基本的常识,争辩说每个元老也有权利排队领取自己的那一份,或者是派仆人替自己领取,是学究的谬论。当保民官克劳狄乌斯·普尔克(Claudius Pulcher)在公元前58年引入定期发放救济粮的做法的时候,他把这确定为公民的权利,而非对穷人的慈善行为。这在象征意义上和意识形态意义上说是引人注目的,但是并未改变这在他的支持者和一代代罗马评论者眼中的真实意义。[96] 从奥古斯都开始,皇帝们很快看到了他们自己作为免费救济粮提供者在政治上能够获得的好处,但是这也并不会减少救济粮作为济贫方式的意味。

图拉真(或者也有可能是涅尔瓦)皇帝在意大利推行的所谓"粮食补贴"计划引出了又一个例外。皇帝拨出一大笔资金——具体数字不得而知——用于养育较贫穷家庭的男童(和少些的女童),也许分别养育到18岁和14岁。皇帝并非直接把资金交给地方权力机构,而是通过分配大土地所有者从最初基金中借贷而支付的利息。大土地所有者支付的利息是8%,而皇帝分配的利息是5%。这一计划较为复杂,涉及相当多的价值评估,而且据我们所知是永久性的,不过任何规则都无法阻止经济破产和个人拖欠。今天我们知道,一共有49个城市纳入了这一计划,其中近四分之三位于意大利中部的四个地区。[97] 尽管全部的史料都是铭文资料,因此存在偶然性,但现在我们几乎可以肯定该计划并未包括意大利的所有城市。我们不知道是如何选择那些城市和那些受惠的儿童的,也不知道他们占每座城市中全部自由人儿童的比例。

无论这一计划的目的何在,它都限于意大利。其政治意味显而易见。除此以外,也许出人意料的是,该计划的目的仍然处于较大的而且是没有结论的争论中。表面上看,该计划的目的是通过给儿童提供养育费来减轻那些家庭的经济负担,对此无可争议。但是尤其是维恩(Veyne)提出,如果不是另有所图,对穷人如此关心是不可理解的,他认为这另外的图谋是促进生育率。[98] 我最初接受了这一说法(第40页),但是现在我有所怀疑。我们有关维雷亚城(Veleia)的信息最为详细,维恩估计每10个儿童中有一个是受惠者。这只是个估计,但也够了。该计划将受惠者限定在一些城市中,而且限定在这些城市的少部分人中,又怎么能增加意大利的出生率呢?为什么皇帝们要采取这样间接的办法,而不直接采取惩罚单身汉和奖励生育超过特定数量孩子的父母这样标准的办法呢?我们熟知其他社会采用过这些办法,而且奥古斯都统治早期在罗马也采用过这些办法。维恩对这些质疑的回答是,政府的人口政策从来都是盲目的,并且不应该根据计划的有效与否来判断图拉真的目的。也许如此,但是我不能肯定扩大皇帝的庇护这一简单的政治解释就不比维恩的解释更好,而且我更不相信最近重提的一个旧有说法,即该计划同时旨在通过创设土地基金来促进意大利的农业。[99] 土地所有者借贷产生的利息等同于土地税,会迫使他们提高效率,以收回花费,而且由于不停缴纳年利息,他们的努力也不会停止。这一观点在我看来完全不可行。我们知道,在认为需要的时候,同样可以采用直接的、不讲理的办法,就如同图密善皇帝短暂实施的限制葡萄栽种的办法(第244页注47)。

我们还需要讨论"粮食补贴"的另一个谜团。史料中最后提及这一计划是在3世纪中叶不久,因此它至少延续了一个半世纪。没有理由相信另外的帝国都市加入其中,而且毫无疑问在如此长时间里肯定出现过破产和拖欠的情况。参与该计划是自愿的还是强制的?若是前者,出资者能否自由退出?有学者有力而具有说服力地论证说,无论是直接证据还是少有的间接证据(尤其是普林尼:《书信集》,10.55)都表明,强制是不太可能的。[100]我接受这一观点,但是我怀疑自愿的说法得到了正确的解释。在我看来,成千上万的富有土地所有者为了皇帝的更大光荣,承担永久性的经济负担以帮助养育贫穷人家的孩子(更不用说促进意大利的生育率),比起皇帝毫无图谋地救济穷人的善举这一想法,更违背当时的社会心态。在这种情形下,除了立法命令,还有许多方式施加"道德"压力。自愿和诚实一样,是不可靠的东西。

1972年发表的一组纸草文书,使得关于罗马粮食分配的讨论出现了新的动向。这组纸草文书出自奥克西林科斯,其年代在268—272年,其中记载了每个月向当地可能达4000名土地所有者发放谷物的事情。纸草文书的编辑者说,文书表明"救济粮不是供应给最贫穷的人的,而是给城市中业已富足的中产阶级的额外补贴,就如同在罗马"(着重号为我所加)。[101]这一令人惊奇的结论完全错误地理解了克劳狄皇帝及以后(甚至之前)的罗马内部历史,但却获得了一些出人意料的赞同,完全是因为奥克西林科斯的登记簿中记载的填补空缺和确定接受者的一些机制似乎是罗马帝国皇室做法的翻版。[102]现在这一解释受到尖锐的而且我相信是决定性的挑战。[103]无论如何,直至罗马帝国结束,所有已知的粮食分配材料几乎不能说明什么,除了一点,那就是罗马和君士坦丁堡仍然是例外情况。其他的粮食分配计划也不是永久性的,尽管我们不知道它们是何时开始以及为何实施的,如果最终放弃了的话,又是为何放弃的。有学者正确地说道,在像奥克西林科斯的粮食分配那样的制度"过度增加的情况下,行省经济会难以维系"[104]。我仍然更相信从罗马帝国第二个都城君士坦丁堡的做法,而不是从奥克西林科斯这个微不足道的埃及村庄在一小段时间里的做法,来判断帝国后期皇帝们的心态。

7. 战争与帝国

除了罗马帝国后期的特定问题(第90—93页)以外,这两个相关的主题自然而然地出现在本书中(尤其是第156—161、169—176页)。某些方面或至少某些细微差别,亦需在此进一步讨论。

帝国带来的利益也许巨大,但是并没有商业战争,也没有商业霸权主义,对于这一核心观点,我没有理由改变我的看法。[105]为防止任何误解,也许值得重复的是,我并不是说要弱化国家及个人对被征服和从属人民的剥削,也不否认贸易从战争和帝国中获益。然而这大体上是一个并非蓄意为之的副产品,而非战争和征服的根本动机。并且确定无疑的是,从做出战争决定的人的思想中找不到考虑商人利益的迹象。国家从未使用税收作为贸易杠杆,我一两次简短注意到这一点,也许更值得强调,同样,这一否定性要点最具特征的征兆也许也值得强调。

一如既往,在此也有例外情形,但是出人意料地少。其中一个例外仅仅从西塞罗《共和国》(3.16)里半句嘲讽的话里得知:"我们是最为公正的民族,我们不允许阿尔卑斯山以外的人们种植橄榄和葡萄,以使得我们种植的橄榄和葡萄更值钱。"西塞罗既未提及时间,亦未提及背景,而且在罗马历史上没有其他已知的类似措施。因此有学者怀疑这一说法的真实性。尽管西塞罗在历史记载方面是不可靠的,也很难想象他为何要虚构这个特定的规定(暂且不管这一规定的实施以及可行性等所有问题)。现在有考古学理由将这一措施定在公元前2世纪后期。[106] 从公元前2世纪最后二十五年到公元前1世纪最后二十五年,意大利每年向高卢出口的葡萄酒可能多达1000万升,主要产自第勒尼安沿岸;而且这个数字还不包括向驻扎在高卢的罗马军队供应的葡萄酒。

当然主要的受益者是意大利的大土地所有者,而非独立商人和船运者。有学者进一步注意到,尽管1000万升是个庞大的数字,但是这可能不到罗马帝国时期罗马城消耗的葡萄酒的十分之一,因此我们有权要问,这是否能够为如此不公正的规定(西塞罗本人的描述)辩解。现在有学者提出了诱人的假说,即在这个世纪里,高卢的精英阶层仍处在前商品阶段,而且人尽皆知地沉醉于纯葡萄酒消费(狄奥多鲁斯,5.26.3)。对罗马人而言,葡萄酒在礼物交换体系里起到某种货币的作用,特别用于获取奴

第7章 进一步的思考（1984年）

隶。然后在高卢被纳入帝国、高卢人再不能被合法变为奴隶的时候，这种特别贸易就终止了；而且大约在同一时期，高卢的社会经济结构也经历了内部的转变。[107]

除了这类奇怪的情况以外，我们今天对古代世界帝国带来的利益已足够了解，但是对战争带来的利益仍然分析不够（当初在本书中讨论得也不充分）。[108]现在在我看来，有两个区分是根本性的。其一，小国和大国的区分，并不是数量标准上的区分，而是有效使用军事力量的能力的区分。[109]古代世界一旦发展到超过相邻群体经常性的掠夺袭击的阶段——小国在其中也起到了作用，战争带来的利益就仅限于大国了。这引向了我的第二个区分，即少数"征服国家"和其他国家的区分。前者是侵略性国家，从战争和帝国中获益，是古代世界的稳定国家。[110]

我们无法计算一场古代战争带来的总收益或净收益（抑或损失），战争的参与方自身也无法计算。当修昔底德记载说对波提得亚（Botidaea）的两年围困消耗了雅典城邦2000塔伦特的时候（《伯罗奔尼撒战争史》，2.70.2），他之所以能够给出这个数字，仅仅是因为雅典城邦能够用臣服诸邦缴纳的贡金建立巨额的现金储备，这在古代世界是非常罕见的现象。但是修昔底德甚至没有试图猜测其他花费，更不用说将它们和个人以及国家从战利品中获得的收入进行比较了。因此，当我写到（第157页）罗马皇帝们的所有征服战争中，"经济因素……通常是处于支出的一方"时，存在错误理解其意味的危险。到罗马帝国建立的时候，可以征服的地区离帝国中心如此之远，以至于扰乱了全部的传统成本计算。因此，对罗马帝国战争和征服的经济学分析和古代帝国主义的限度这一极其困难的问题纠缠在了一起,和到奥古斯都去世时,罗马是否已达到其技术、人力、经济和社会组织的极限这个问题纠缠在了一起。毫无疑问到公元3世纪和公元4世纪的时候,帝国不再能够扩张其征税能力,因此也不能够根据新情形的需要增加其军事力量。此时是税收(如同我之前所写的那样,见第89—90页)事实上变得太过严酷,还是如同现在有学者极力主张的那样,困难主要在于突出的不平衡以及帝国中心面对精英阶层越来越强的自我主张时的软弱,[111]需要进一步探究。即使如此的话,也不可能有分歧的是,在奥古斯都去世前的四个世纪里,罗马的战争为个人和国家带来越来越多的利益。古典雅典的征服也是如此,不过其规模小得无法和前者相比。[112]

基本的要点是,到共和国结束之时,甚至很有可能在此之后,罗马人认为战争会带来利益,他们也据此做出决定。西塞罗抱怨凯撒入侵不列颠(见第157页所引),因为这一次战争的获利不足:即便是战俘也不够好(值得我们记住的是,迟至公元4世纪末,罗马皇帝们的战争持续不断地将大量战俘输入帝国,使他们成为奴隶)。然而,我最后引证的不是罗马人的话,对他们关于这些事的看法,我们逐渐认为是理所当然的了。我要引证的是修昔底德的话。在解释为什么在公元前415年雅典公民大会那次至关重要的会议上,所有人最终投票支持西西里远征时,他归纳如下(《伯罗奔尼撒战争史》,6.24):"大部分的人民,包括那些将要出征的人,都认为他们现在能够挣钱,并且增强力量(即帝国的),以至于确保将来他们获得永久性的报酬。"

缩略语与标题简称

Andreau, "Banque"—J. Andreau, "La Banque antique et l'économie moderne", *Annali... Pisa*, 3rd ser., 7 (1977), 1125-52

Annales—*Annales: Economies, Sociétés, Civilisations* (先前刊名为*Annales d'histoire économique et sociale*)

ANRW—*Aufstieg und Niedergang der römischen Welt*, H. Temporini编

Ausbüttel, *Vereine*—F. M. Ausbüttel, *Untersuchungen zu den Vereinen im Westen des römischen Reiches* (Frankfurter Althistorische Studien II, 1982)

Balland, *Xanthos*—*Fouilles de Xanthos*, vol.7, A. Balland主编

Bogaert, *Banques*—R. Bogaert, *Banques et banquiers dans les cités grecques* (莱顿, 1968年)

Brunt, *Manpower*—P. A. Brunt, *Italian Manpower 225 B.C.-A.D. 14* (牛津, 1971年)

Carrié, "Distributions"—J. M. Carrié, "Les distributions alimentaires dans les cités de l'Empire romain tardif", *MEFRA* 87 (1975), 995-1101

Crook, *Law*—J. A. Crook, *Law and Life at Rome* (伦敦, 1967年)

De Ste. Croix, *Struggle*—G. E. M. de Ste. Croix, *The Class Struggle in the Ancient Greek World...* (伦敦, 1981年)

Duncan-Jones, *Economy*—R. D. Duncan-Jones, *The Economy of the Roman Empire: Quantitative Studies* (剑桥, 1982年第2版)

EcHR—*Economic History review*

Finley, *E. & S.*—M. I. Finley, *Economy and Society in Ancient Greece*, B. D. Shaw和R. C. Saller编(伦敦和纽约, 1981年)

Finley, *Land and Credit*—M. I. Finley, *Studies in Land and Credit in Ancient Athens* (新布伦斯维克, 1952年)

Finley, *Roman Property*—*Studies in Roman Property*, M. I. Finley编(剑桥, 1976年)

Finley, *Slavery*—M. I. Finley, *Ancient Slavery and Modern Ideology* (伦敦和

纽约,1980年)

Finley, "Slavery and Freedom" —M. I. Finley, "Between Slavery and Freedom", *Comparative Studies in Society and History* 6 (1964), 233-49

Finley, *Studies*—M. I. Finley编, *Studies in Ancient Society* (伦敦,1964年)

Finley, "Technical Innovation" —M. I. Finley, "Technical Innovation and Economic Progress in the Ancient World", *EcHR*, 2nd ser., 18 (1965), 29-45

Frank, *Survey*—T. Frank编, *An Economic Survey of Ancient Rome* (6卷本,巴尔的摩,1933—1940年)

Frederiksen, "Caesar" —M. W. Frederiksen, "Caesar, Cicero and the Problem of Debt", *JRS* 56 (1966), 128-41

Garnsey, *Labour*—*Non-slave Labour in the Greco-Roman World*, P. Garnsey编 (剑桥古典学会增刊第6卷,1980年)

Garnsey, *Trade*—*Trade in the Ancient Economy*, P. Garnsey等编 (伦敦和伯克利,1983年)

Giardina/Schiavone—*Società romana e produzione schiavistica*, A. Giardina和 A. Schiavone编(3卷本,巴里,1981年)

Heitland, *Agricola*—W. E. Heitland, *Agricola* (剑桥,1921年)

Jones, *LRE*—A. H. M. Jones, *The Later Roman Empire 284-602* (3卷本,牛津,1964年)

JRS—*Journal of Roman Studies*

Kohns, *GGA*—H. G. Kohns载于*Göttingische gelehrte Anzeiger* 230 (1978), 120—132的对于本书的书评

Kreissig, *Seleukidenreich*—H. Kreissig, *Wirtschaft und Gesellschaft im Seleukidenreich* (柏林,1978年)

Kula, *Theory*—W. Kula, *An Economic Theory of the Feudal System* (伦敦,1976年)

Liebeschuetz, *Antioch*—J. H. W. G. Liebeschuetz, *Antioch...in the Later Roman Empire* (牛津,1972年)

Lo Cascio, "Coinage" —E. Lo Cascio, "State and Coinage in the Late Republic and Early Empire", *JRS* 71 (1981), 76-86

MEFRA—*Mélanges de l'École française de Rome. Antiquité*

Ossowski, *Class Structure*—S. Ossowski, *Class Structure in the Social Consciousness*, S. Patterson英译(伦敦,1963年)

PBSR—*Papers of the British School at Rome*

Pritchett, *Military Practices*—W. K. Pritchett, *Ancient Greek Military Practices*, pt. 1 [*Univ. of California Publications: Classical Studies*, Vol.7 (1971)]

Proceedings…Aix—*Proceedings* of the 2nd International Conference of Economic History, Aix-en-Provence, 1962, Vol. Ⅰ: *Trade and Politics in the Ancient World* (巴黎和海牙,1965年)

Rostovtzeff, *RE*—M. Rostovtzeff, *The Social and Economic History of the Roman Empire*, 第2版, P. M. Fraser编(2卷本,牛津,1957年)

Rougé, *Commerce*—J. Rougé, *Recherches sur l'organisation du commerce maritime en Méditerranée sous l'empire romain* (巴黎,1966年)

Salvioli, *Capitalisme*—G. Salvioli, *Le capitalisme dans le monde antique*, A. Bonnet译自意大利文手稿(巴黎,1906年)。我未能读到1929年出版的意大利文版

Sherwin-White, *Pliny*—A. N. Sherwin-White, *The Letters of Pliny. A Historical and Social Commentary* (牛津,1966年)

Syll.—W. Dittenberger编, *Sylloge inscriptionum graecarum*, 第3版, F. Hiller von Gaertringen编(4卷本,莱比锡,1915—1924年)

Thompson, "Entrepreneur" —W. E. Thompson, "The Athenian Entrepreneur", *L'Antiquité classique* 51 (1982), 53-85

Tod, *GHI* Ⅱ—M. N. Tod编, *A Selection of Greek Historical Inscriptions*, Vol.2, 403-323 B.C. (牛津,1948年)

VDI—*Vestnik drevnei istorii*

Veyne, "Alimenta" —P. Veyne, "Les 'alimenta' de Trajan", 载*Les empereurs romains de l'Espagne* (巴黎, CNRS,1965年)

Veyne, "Trimalcion" —P. Veyne, "Vie de Trimalcion", *Annales* 16 (1961), 213-47

Whittaker, "Inflation" —C. R. Whittaker, "Inflation and the Economy in the Fourth Century A.D.", 载*Imperial Revenue, Expenditure and Monetary Policy in the Fourth Century*, C. E. King编 (*British Archaeological Reports*, Intl. Series 76, 1980), 1-22

ZSS—*Zeitschrift der Savigny-Stiftung für Rechtsgeschichte, Romanistische Abteilung*

注 释

第1章

1　*Moral Philosophy*（第3版，格拉斯哥，1764年），第274页。

2　参见亚里士多德在《政治学》1278b37—38中的定义："家政艺术是对子女和妻子及家庭总体上的管理。"最近有关"家庭"和"户"的区别的人类学讨论，见D. R. Bender, "A Refinement of the Concept of Household", *American Anthropologist*, 第69期（1967年），第493—504页。要是扩大视野，既包括人类学家习惯研究的那种有限的社会，也包括历史上的社会，讨论会受益。

3　见O. Brunner, "Das 'ganze Haus' und die alteuropäische Ökonomik", 载其*Neue Wege der Sozialgeschichte*（哥廷根，1956年），第33—61页，引文见第42页（初版于*Zeitschrift für Nationalökonomik*, 第13期 [1950年]，第114—139页）。C. Ampolo, "Oikonomia", *Archeologia e storia antica*, 第1期（1979年），第119—140页取代了之前所有关于希腊世界这一词语的历史的讨论。

4　Brunner，前引文及H. L. Stoltenberg, "Zur Geschichte des Workes Wirtschaft", *Jahrbücher für Nationalökonomik und Statistik*, 第148期（1938年），第556—561页。

5　译本极易误导。最好的译本是P. Chantraine的法文译本，收入布袋（Budé）文库中他所编订的*Oikonomikos*（巴黎，1949年）。见我在*Classical Philology*, 第46期（1951年），第252—253页发表的书评。

6　见G. Mickwitz, "Economic Rationalism in Graeco-Roman Agriculture", *English Historical Review*, 第52期（1937年），第577—589页。

7　*History of Economic Analysis*, E. B. Schumpeter编（纽约，1954年），第9、54页。

8　E. Cannan, *A Review of Economic Theory*（伦敦，1929年，1964年重印

版),第38页。Cannan简短的第二章"经济理论的名称"为我下面的说法提供了基本的参考资料;参见《牛津英文词典》中"经济"一词的释义。

9 分别见Dinarchus 1.97和Polybius 4.26.6。Polybius在别处(4.67.9)使用改词表示"军事安排"的意思。

10 Quintilian,1.8.9; 3.3.9。后期希腊作家采用这种用法(就此而论,还有英语中)的例子在词典中比比皆是。

11 Karl Bücher早在1893年就注意到了这一点。见其*Die Entstehung der Volkswirtschaft*(第5版,图宾根,1906年),第114页。

12 见Talcott Parsons和Neil Smelser, *Economy and Society*(伦敦,1956年)。

13 见拙文"Aristotle and Economic Analysis", *Past & Present*,第47期(1970年),第3—25页,收入Finley, *Studies*,第二章。

14 "Of the Populousness of Ancient Nations",见其*Essays*(伦敦,世界经典丛书,1903年),第415页。

15 "Der 'Sozialismus' in Hellas",载*Bilder und Studien aus drei Jahrtausenden—Eberhard Goitein zum siebzigsten Geburtstag*(慕尼黑和莱比锡,1923年),第15—59页,引文见第52—53页。

16 *A History of Economic Thought*(修订版,伦敦1945年),第373页。Roll在其定义中没有引入其他定义中常见的"稀缺资源"因素,但是这一点儿也不影响到我的观点。

17 引自Cannan, *Reivew*,第42页。

18 见M. Blaug的评论文章"Economic Theory and Economic History in Great Britain, 1650-1776", *Past & Present*,第28期(1964年),第111—116页。

19 有关罗马工钱水平的证据甚至比希腊更少, M. H. Crawford, *Roman Republican Coinage*(2卷本,剑桥,1974年),第2卷第6章表明,一个常例的数字而非市场决定的数字占据统治地位。

20 见G. E. M. de Ste. Croix, "The Estate of Phaenippus(Ps.-Dem. Xlii)",载*Ancient Society and Its Institutions*: *Essays for V. Ehrenberg*, E. Badian编(牛津,1966年),第109—114页。Duncan-Jones, *Economy*,附录1反映了罗马财产量化信息令人绝望的缺乏。

21 Appian, *Civil War*, 1.14.117。Velleius Paterculus, 2.30.6和Orosius, 5.24.2记载的人数(分别为90 000和70 000)并不仅仅因为更少就更为可信。理论上讲,至少就意大利和其他地区而言,罗马作家有可能根据人口调查数据算出合理的奴隶总数,因为奴隶这样的财产是罗列清单的。然而基本的要点是，从未有人如此做过，而且即使有人做过，也不会有关于斯巴达克的支持者人数的可靠数字。
22 R. J. Fogel, "The New Economic History, Its Findings and Methods", *EcHR*, 第2辑第19卷（1966年），第642—656页，引文见第652—653页。
23 A. N. Whitehead, *Modes of Thought*（纽约，1938年），第195页，引文引自Barrington Moore, Jr., *Social Origins of Dictatorship and Democracy*, 附录："A Note on Statistics and Conservative Historiography"（企鹅版，1969年），第520页注15。
24 现代数理经济学的开拓者之一、Nicholas Georgescu-Roegen写道："不过，我们能用数字做到的是有限的，如同我们在没有数字时能够做到的那样。"见其*Analytical Economics*（马萨诸塞州剑桥，1966年），第275页。
25 J. Stengers, "L'historien devant l'abondance statistique", *Revue de l'Institut de Sociologie*（1970年），第427—758页，引文见第450页。
26 引自H. Westergaard, *Contribution to the History of Statistics*（伦敦，1932年），第40页。
27 托勒密埃及异乎寻常的广泛记录在多大程度上更经常地反映了官僚体系的作假，而非真实的情况，这个问题并不相关，因此我不必讨论。见P. Vidal-Naquet, *Le bordereau d'ensemencement dans l'Égypte ptolémaique*（布鲁塞尔，1967年）。
28 *An Essay on the Distribution of Wealth...*（伦敦，1831年）；见Karl Marx, *Theorien über den Mehrwert*, 载其*Werke*, 马克思列宁主义研究所出版，第26卷（柏林，1968年），第390—393页。
29 见拙作*Proceedings...Aix*, 第11—35页；E. Will, "Trois quarts de siècle de recherches sur l'économie grecque antique", *Annales*, 第9期（1954年），第7—22页；E. Lepore, "Economia antica e storiografia moderna (Appunti per un bilancio di generazioni)", 载*Ricerche...in memoria di Corrado Barbagallo*, 第1卷（那不勒斯，1970年），第3—33页。Polanyi的相关著述便利地收集在*Primitive, Archaic and Modern Economies*（G. Dalton编，纽约州花园城，1968年）中。参见W. Nippel, "Die Heimkehr der Argonauten aus der Südsee", *Chiron*, 第12期（1982年），第1—39页。
30 阅读E. Lepore和W. Johannowsky（以及其他研究西部希腊人的专家）在*Dialoghi di Archeologia*（1969年），第31—82、175—212页的讨论是有益的。

31　H. Mitchell, *The Economics of Ancient Greece*（第2版, 剑桥, 1957年）。对比C. Mossé, *The Ancient World at Work*, Janet Lloyd英译（伦敦, 1969年）, 此书是法文版的修订版。

32　*A Theory of Economic History*（牛津, 1969年）, 第42—43页。

33　A. French, *The Growth of the Athenian Economy*（伦敦, 1964年）, 第54页。

34　Georgescu-Roegen, *Analytical Economics*, 第111页。其著作的整个第一部分有力地论证, 不能将为资本主义体系构建的经济理论和概念运用于其他社会。亦见第360—362页简练的表述。

35　G. H. Nadel, "Periodization", 载*International Encyclopedia of the Social Sciences*, 第11期（1968年）, 第581—585页, 引文见第581页。

36　有关西方历史的分期、分类和概念无法运用于中国历史的问题, 见A. F. Wright和D. Bodde在*Generalization in the Writing of History*, L. Gottschalk编（芝加哥, 1963年）, 第36—65页的论述。

37　F. Panofsky在一个相关的注释的开头说:"一些历史学家似乎无法同时认识延续性和区别。"见其*Meaning in the Visual Art*（企鹅版, 1970年）, 第26页注3。

38　见拙文"Slavery and Freedom"; 更为总体的论述见J. Gernet和I.-P. Vernant, "L'évolution des idées en Chine et en Grèce du VIe au IIe siècle avant notre ère", *Bulletin de l'Association Guillaume Budé*（1964年）, 第308—325页富于提示性的"对话"。

39　我不得不简要而教条地陈述我的观点, 并且我仅仅引用了A. L. Oppenheim, *Ancient Mesopotamia*（芝加哥和伦敦, 1964年）, 第2章及其"Trade in the Ancient Near East", 这是为1970年在列宁格勒举办的第五届国际经济史大会准备的一篇论文, 由科学出版社出版（莫斯科, 1970年）。并非所有研究古代近东的专家都赞同。例如见S. L. Utchenko和I. M. Diakonoff, "Social Stratification of Ancient Society"。这是一篇类似的为1970年在莫斯科举办的国际历史科学大会准备和发表的论文, 需要参照当今马克思主义圈子里关于"亚细亚生产方式"的讨论来阅读此文。这是我所知道的关于我正在考虑的分类的唯一严肃的理论上的讨论。("亚细亚"是个不幸的、历史限定的和不确切的分类标签。它在亚洲的大河河谷之外, 很可能包含米诺斯和迈锡尼时代的希腊、阿兹特克和印加帝国, 也许包括埃特鲁里亚人, 但不包括腓尼基人。）

　　相关参考文献变得几乎无法全部考虑。我挑选出E. J. Hobsbawm

为Karl Marx, *Pre-capitalist Economic Formations*, J. Cohen译（伦敦，1964年）所作的导言。本书仅包含备受忽视的马克思大部头德文手稿的摘要；还有J. Pecírka在*Eirene*，第3期（1964年），第147—169页和第6期（1967年），第141—174页发表的两篇总结和讨论苏联学者研究的德文论文；G. Sofri, "Sul 'modo di produzione asiatico'. Appunti per la storia di una controversia", *Critica storia*, 第5期（1966年），第704—810页；H. Kreissig和H. Fiacher, "Abgaben und Probleme der Wirtschaftsgeschichte des Altertums in der DDR", *Jahrbuch für Wirtschaftsgeschichte*, 第1期（1967年），第270—284页；I. Hahn, "Die Anfänge der antiken Gesellschaftsformation in Griechenland und das Problem der sogenannten asiatischen Produktionsweise",前引期刊第2期（1971年），第29—47页。N. Brockmeyer, *Arbeitsorganisation und ökonomisches Denken in der Gutswirtschaft des römischen Reiches*（波鸿大学学位论文，1968年）似乎完全不了解这一争论。他在概述马克思主义取向的研究文献（第33—70页）和弥漫全书的和马克思主义观点的辩论中都未提及。对他而言，正如对他的老师Kiechle而言一样，"马克思主义"似乎就限于苏联和其他东欧国家的历史学家。

40　*The Decline and Fall of the Roman Empire*, J. B. Bury编，第1卷（伦敦，1900年），第18页。

41　对古代人口数量的基础研究仍然是Julius Beloch的*Die Bevölkerung der griechischen-römischen Welt*（莱比锡，1886年）；见Brunt, *Manpower*在对这一领域之一部分进行了大规模的重新探讨之后所得出的结论。

42　见F. Braudel, *The Mediterranean and the Mediterranean World in the Age of Philip II*, S. Reynolds英译，第1卷（伦敦，1972年），第1部分。E. C. Semple, *The Geography of the Mediterranean Region*（纽约，1931年）第5章中的地理资料仍然有用。

43　Josephus, *Jewish War*, 2.385.

44　当代学者中，Lynn White, Jr.最坚定地认为黏重土壤具有影响，例如见其*Medieval Technology and Social Change*（伦敦，1962年），第2章。关于内陆定居的长久后果，现在见G. W. Fox, *History in Geographic Perspective. The Other France*（纽约，1971年）。

45　A. Déléage, *La capitation du Bas-Empire*（*Annales de l'Est*, 第14期［1945年］），第254页。出于同样的原因，多样化的税制在帝国早期同样

普遍，但是现代学者没有对这一问题进行全面研究。

46 F. W. Walbank, *The Awful Revolution. The Decline of the Roman Empire in the West*（利物浦，1969年），第20、31页。参见"Mit der politischen Einheit verband sich die kulturelle und wirtschaftliche Einheit": S. Lauffer, "Das Wirtschaftsleben im römishcen Reich", 载 *Jenseits von Resignation und Illusion*, H. J. Heydon和K. Ringshausen 编（法兰克福，1971年），第135—153页，引文见第135页。

47 Walbank, *Awful Revolution*, 分别见第28、26页。

48 Rostovtzeff, *RE*, 第69页。

49 M. Wheeler, *Rome beyond the Imperial Frontiers*（企鹅版，1955年），第109页。文中说是"400平方英里"，明显是个笔误。

50 类似的例子见Rougé, *Commerce*, 第415—417页。

51 Julian, *Misopogon*, 368c-369d.

52 F. M. Heichelheim, "On Ancient Price Trends from the Early First Millennium B.C. to Heraclius I", *Finanzarchiv*, 第15期（1955年），第498—511页的尝试完全不切实际。J. Szilagyi, "Prices and Wages in the Western Provinces of the Roman Empire", *Acta Antiqua*, 第11期（1963年），第325—389页中精心得出"价格指数"和其他计算同样不能认真对待：他使用的材料分散在太广泛的时空范围内。例如，其计算没有能充分区分农民和城市雇工。此外，它基于太多无法证明、有时是显然错误的假设，而作者甚至没有说明这些假设。很早以前K. Riezler, *Über Finanzen und Monopole im alten Grieschenland*（柏林，1907年），第54—56页就敏锐地指出"世界贸易"并不自动意味着一个"世界市场价格"这一基本要点。

53 B. J. L. Berry, *Geography of Market Centers and Retail Distribution*（新泽西州恩格尔伍德克利夫，1967年），第106页。

第2章

1 Augustus, *Res gestae*, 16.1及附录1。

2 Petronius, *Satyricon*, 48.1-3, J. Sullivan英译（企鹅版，1965年）。

3 总体上见Veyne, "Trimalcion"。

4 见Wilhelm（Gulielmus）Meyer, *Laudes Inopiae*（哥廷根大学学位论文，1915年）; R. Visscher, *Das einfache Leben*（哥廷根，1965年）。

5 关于这个词的用法的简便概述，见H. Hunger, "Φιλανθρωπία. Eine griechische Wortprägung auf ihrem Wege von Aischylos bis Theodoros Metochites", *Anzeiger d. Oesterreichischen Akad. d. Wiss., Phil.-hist. Kl.*,第100期（1963年），第1—20页。

6 见M.-Th. Lenger, "La notion de 'bienfait'（philanthröpon）royal et les ordonnances des rois Lagides",载*Studi in onore di Vincenzo Arangio-Ruiz*,第1期（那不勒斯,1953年），第483—499页。罗马"皇帝的仁慈"是完全相似的，见J. Gaudemet, *Indulgentia Principis*（Instituto di storia del diritto, Univ. of Triesto专辑，第3辑，1962年），第14页。

7 总体上见A. R. Hands, *Charities and Social Aids in Greece and Rome*（伦敦,1968年），尤见第3—6章；H. Bilkestein, *Wohltätigkeit und Armenpflege im vorchristlichen Altertum*（乌得勒支,1939年）。

8 见R. Duncan-Jones, "The Finances of the Younger Pliny", *PBSR*,新第20辑（1965年），第177—188页，修订后收入其*Economy*。

9 现代研究者有时讨论古代世界的罪恶这一事实是无关紧要的。见K. Latte, "Schuld und Sünde in der griechischen Religion", *Archiv für Religionswissenschaft*,第20期（1920/1921年），第254—298页，收入其*Kleine Schriften*（慕尼黑,1968年），第3—35页。

10 最好的分析是R. Duncan-Jones, "The Purpose and Organisation of the Alimenta", *PBSR*,新第19辑（1964年），第123—146页，修订后收入其*Economy*。虽然Duncan-Jones的一些批评是有效的，但是P. Veyne, "La table des Ligures Baebiani et l'institution alimentaire de Trajan", *Mélanges d'archéologie et d'histoire*, 第70期（1958年）, 第177—241页仍然是该计划在意大利这一狭小地区的目的的有价值论述（尤其是第223—241页）。亦见P. Garnsey, "Trajan's Alimenta: Some Problems", *Hisroria*,第17期（1968年），第367—381页。也有一些私人的粮食发放计划，但在总体面貌中无足轻重。（见本书第7章第6节）

11 只要引注Frederiksen, "Caesar"就足矣。

12 Thorstein Veblen, *The Theory of the Leisure Class*（现代图书馆版,纽约,1934年），第15页。

13 Visscher, *Das einfache Leben*,第31页；参见C. J. Ruijgh, "Enige Griekse adjectiva die 'arm' betekenen",载*Antidoron...S. Antoniadis*（莱顿,1957年），第13—21页。

14 J. Hemelrijk, *Πενιά en Πλοῦτος*（乌得勒支大学学位论文，1928年）；J. J. Van Manen, *ΠΕΝΙΑ en ΠΛΟΥΤΟΣ in de periode na Alexander*（乌得勒支大学学位论文，1931年）。

15 Visscher, *Das einfache Leben*，第30—31页。

16 引自M. L. Clarke, *Classical Education in Britain 1500-1900*（剑桥，1959年），第169页。

17 B. Dobson, "The Centurionate and Social Mobility during the Principate", 载*Recherches sur les structures sociales dans l'antiquité classique*, C. Nicolet编（巴黎，1970年），第99—116页。

18 L. Dumont, *Homo Hierarchicus. The Caste System and Its Implications*, M. Sainsbury英译（伦敦，1970年），第xvii页。

19 Veyne, "Trimalcion", 第238—239页。

20 我将种姓制度排除在讨论之外，充分的理由是古代希腊罗马世界并不存在种姓制度。见Dumont, *Homo Hierarchicus*, 尤其是第21、215页；E. R. Leach, "Introduction: What Should We Mean by Caste?" 载*Aspects of Caste in South India, Ceylon and North-west Pakistan*, Leach编（剑桥，1960年），第1—10页；J. Littlejohn, *Social Stratification: An Introduction*（伦敦，1972年），第4章。关于种姓制度的定义大不相同，但是C. Bouglé的简便定义对我的论述而言已足够了。Dumont的表述（第21页）如下："种姓制度将整个社会划分成大量等级群体，他们通过三个特征区分开来或联系在一起：在婚姻和联系方面隔离，无论是直接的还是间接的（食品）；劳动力分工，每一群体在理论上或按照传统拥有一个行业，其成员只在某些限定范围内能够脱离此行业；最后是等级体系，它将不同群体排为优越等级或是劣等等级。"当研究古希腊罗马史的历史学家使用"种姓"一词的时候，他们的意思其实是"等级"。

21 P. A. Brunt, *Social Conflicts in the Roman Republic*（伦敦，1971年），第47页。其第三章"公元前509—前287年平民与贵族的斗争"也许是关于这一问题的最好简述。

22 M. I. Henderson, "The Establishment of the Equester Ordo", *JRS*, 第53期（1963年），第61—72页，引文见第61页，收入R. Seager编, *The Crisis of the Roman Republic*（剑桥和纽约，1969年），第69—80页。我不必详细讨论被授予公共战马的骑士的混乱历史，关于这一问题，最近的讨论见T. P. Wiseman, "The Definition of 'Eques Romanus' in the

Late Republic and Early Empire", *Historia*,第19期（1970年），第67—83页。

23 P. A. Brunt, "*Nobilitas and Novitas*", *JRS*,第72期（1982年），第1—17页; Keith Hopkins, *Death and Renewal*（剑桥，1983年），第2章。有关这个层次的社会流动性，现在见T. P. Wiseman, *New Man in the Roman Senate 139 B.C.-A.D. 14*（伦敦，1971年）。尽管我之后在本章一个注释中会提出反对意见，它还是一本有用的书。

24 见K. Hopkins, "Elite mobility in the Roman Empire", *Past & Present*, 第32期（1965年），第12—26页，收入Finley, *Studies*,第5章; H. Pleket, "Sociale Stratificatie en Sociale Mobiliteit in de Romeinse Keizertijd", *Tijdschrift voor Geschiedenis*, 第84期（1971年），第215—251页; M. Reinhold, "Usurpation of Status and Status Symbols in the Roman Empire", *Historia*,第20期（1971年），第275—302页。

25 见Crook, *Law*,第37—45页。

26 尼科莱（Nicolet）在注17所引关于社会结构的论文集的导言中说（第11—12页），研讨会最初的题目是"古代世界的等级和阶级"，这个标题被抛弃了，因为它会"事实上排除希腊中学者"。在我看来，这个决定基于太过狭隘的、罗马法的等级概念。

27 希腊化时代发展起来的社会与政治情形中引入了新的复杂情况，就这里讨论的有限目的而言会需要太多篇幅。我同样认为没有必要讨论（除了顺便提及外）罗马帝国的双重公民权，以免造成更多混乱。

28 梭伦的体制是出自古代世界的一个经典例子，是"一个地位并非由出生先定的等级结构"：Ossowski, *Class Structure*,第42页。

29 见拙文"Land, Debt, and the Men of Property in Classical Athens", *Political Science Quarterly*,第68期（1953年），第249—268页，重印于Finley, *E & S.*,第4章。

30 关于这一点的研究文献不胜枚举，简要论述见Ossowski, *Class Structure*,第44—49页。

31 见Ossowski,前引书的精彩分析，尤其见第5章。

32 见P. Vidal-Naquet, "Les esclaves grecs étaient-ils une classe?"载其*Le chasseur noir*（修订版，巴黎，1983年），第211—221页；更为展开的讨论参见下文第7章第2节。

33 我非常肯定地这么写，是多亏了P. A. Brunt, "The Equites in the Late

Republic",载 *Proceedings... Aix*,第117—149页的决定性研究以及随后T. R. S. Broughton的评论,第150—162页,两文都收入Seager, *Crisis*,第83—130页;还有C. Nicolet, *L'ordre équestre à l'époque républicaine (312-43 av. J.-C.)*(巴黎,1966年),见Brunt在*Annales*,第22期(1967年),第1090—1098页中对此书的评论。

34 *History and Class Consciousness*(伦敦,1971年),第55—59页;参见W. G. Runciman, "Capitalism without Classes...", *British Journal of Sociology*,第34期(1983年),第157—181页;J.-P. Vernant, *Mythe et société...*(巴黎,1974年),第11—19页。

35 见C. Habicht, "Die herrschende Gesellschraft in den hellenistischen Monarchien", *Viertljahrschrift für Sozial- und Wirtschaftsgeschichte*,第45期(1958年),第1—16页。

36 拉丁文为*quorum ordini conveniunt*,但是在此西塞罗肯定是在一般意义上而非在专门的等级意义上使用*ordo*一词。我业已说明我并非像罗马人在司法意义上那样使用"地位"一词。

37 Veyne, "Trimalcion",第244—245页。

38 同上书,第240页。

39 见Ossowski, *Class Structure*,第7章。

40 见H. G. Pflaum, "Titulature et rang social durant le Haut-Empire",载*Recherches*(引于注17),第159—185页;P. Arsac, "La dignité sénatoriale au Bas-Empire", *Revue historique de droit français...*第4辑第47期(1969年),第198—243页。

41 S. Treggiari, *Roman Freedmen during the Late Republic*(牛津,1969年),第88—89页。

42 T. P. Wiseman, "The Potteries of Vibienus Rufrenus at Arretium", *Mnemosyne*第4辑第16期(1963年),第275—283页。在*New Men*,第77页,Wiseman说《论义务》中的这段话表达的态度"是基于……对像辛辛纳图斯(L. Cincinnatus)这样的人的理想化记忆……,他们耕种自己的小田庄,无须金钱。一旦罗马发展到超出基本上是生存经济的水平,这种理想就实际上遭到抛弃了,它的幸存很大程度上是由于老加图的观点和影响。"加图或西塞罗是在保存一个"无需金钱"的理想的看法如此令人吃惊,以至于我不知如何回答,只能推荐读者阅读加图和西塞罗的著述,并且考虑希腊思想对《论义务》这段话的影响(例如见Seneca,

	Moral Epistles, 88.21-23); 参见D. Nörr, "Zur sozialen und rechtlichen Bewertung der freien Arbeit in Rom", *ZSS*, 第82期(1965年),第67—105页,引文见第72—79页。
43	Frederiksen, "Carsar", 第131页注26。
44	在后文中我将大体集中于惯例,而忽略像公元前218年通过的这类法律,它限制元老拥有的船只的大小,实际上限于足够运输他们自己庄园的产品的近海船。总体上法律禁令仅是细节,只在社会氛围有利时才有效,因此后者才是重要的。
45	相关资料收集在G. Billeter, *Geschichte des Zinsfusses im grieschisch-römischen Altertum*(莱比锡,1898年)这部相当混乱的书中。
46	见Frederiksen, "Caesar"; J.A. Crook, "A Study in Decoction", *Latomus*, 第26期(1967年),第363—376页。
47	*Letters to his Friends* 5.6.2。参见其在《论义务》,2.78—84中对减免债务措施的严厉谴责,尤其是对凯撒的措施的严厉谴责,他称之为和农业立法一样的抢劫。他保护的是财产,而非借贷者。
48	*Letters to Atticus*, 5.4.3; 7.3.11; 7.8.5。
49	见O. E. Schmidt, *Der Briefwechsel des M. Tulius Cicero von seiner Prokonsulat in Cilicien bis zu Caesars Ermordung*(莱比锡,1893年),第289—311页。
50	简要分析见Gelzer, *Nobility*, 第114—147页。西塞罗在公元前54年提到的凯撒对他本人和他兄弟的慷慨行为(*Letters to his Friends*, 1.9.18)指的不必定是80万塞斯特斯贷款。该笔贷款的年代无法确定,最早见于公元前51年的记载(*Letters to Atticus*, 5.5.2)。然而如果西塞罗对"慷慨行为"(*liberalitas*)一词的使用前后一致的话(如《论义务》,1.43—44;《法律篇》,1.48),那么它无疑不包含利息。认为凯撒收取利息的说法基于致阿提库斯的两封信(5.5.2; 5.9.2)中"20 000和80 000"这个省略性的短语。但是如果20 000是80 000的利息的话(即2.5%),是令人疑惑的。古代世界的利率通常是12的倍数或者分数,即每月多少。
51	主要的文献是西塞罗*Letters to Atticus*, 5.21; 6.1;见E. Badian, *Roman Imperialism in the Late Republic*(第2版,牛津,1968年),第84—87页的简短论述。
52	关于在此讨论的情况,见A. Bürge, "Vertrag und personale Abhängigkeit in Rom der späten Republik und der frühen Kaiserzeit", *ZSS*, 第97期

(1980年),第105—156页,尤其见第114—138页。
53 W. V. Harris, *War and Imperialism in Republican Rome*(牛津,1979年),第68—104页; Badian, *Imperialism*, 第5—6章; A. H. M. Jones, *The Roman Economy*, P. A. Brunt编(牛津,1974年),第114—122页。(进一步的讨论见第7章第7节)
54 见Brunt, *Manpower*, 第301—305页。
55 在Lily Ross Taylor, *Party Politics in the Age of Caesar*(伯克利和洛杉矶,1949年)这部权威著作的索引中,"贿赂,见选举,审判员,玩忽职守条目"词条包含财产方面的所有讨论,这几乎不能算什么。参见D. Stockton, *Cicero, A Political Biography*(伦敦,1971年),第240页有关布鲁图斯(Brutus)向萨拉米斯人借贷的评论:"这整件事散发出腐败的恶臭。"
56 一个世纪以后,当个人巨额财富稳步增加的时候,并不非常富有但也绝非最穷的元老小普林尼的年收入估计在200万塞斯特斯上下。见Duncan-Jones, "The Finances of Pliny"。顺便说,西塞罗将他在担任西里西亚总督时的收入存放在以弗所的收税人那里,最终被庞培的下属没收。见Schmidt, *Briefwechsel*, 第185—189页。
57 Prichett, *Military Practices*, 第85页。
58 I. Shatzman, "The Roman General's Authority over Booty", *Historia*, 第21期(1972年),第177—205页。
59 塔西佗:《编年史》,13—42; Dio, 61.10.3。
60 Crook, *Law*, 第90页。
61 K.-H. Below, *Der Arzt im römischen Recht*(慕尼黑,1953年),第7—21页;参见K. Visky, "La qualifica della medicina e dell' arhitettura nelle fonti del diritto romano", *Iura*, 第10期(1959年),第24—66页。
62 Broughton在Seager, *Crisis*, 第119—121页中冷静地论述了这些可能性。
63 Rougé, *Commerce*, 第311页。
64 Brunt文,载Seager, *Crisis*, 第94页。
65 Broughton,前引书,第118、129页。
66 Tenney Frank, *An Economic History of Rome*(第2版,伦敦,1927年),第230—231页。罗马法学家对黏土是否算作农庄的工具以及是否隶属用益权进行过争论。《学说汇纂》,8.3.6; 33.7.25.1。
67 Rostovzeff, *RE*, 第176—177页。

68　见其 *The Roman Economy*,第2章:"罗马帝国城镇经济生活"。
69　同上书,第183—184页。
70　Broughton,载Seager, *Crisis*,第129—130页。
71　Cicero, *Letters to Atticus*, 1.17.9具有指示性。
72　简要论述见J. Pečírka, " A Note on Aristotle's Conception of Citizenship and the Role of Foreigners in Fourth Century Athens", *Eirene*, 第6期（1967年）,第23—26页。

第3章

1　见Y. Garlan, "Les esclaves grecs en temps de guerre", 载 *Actes du Colloque d'histoire sociale*, Univ. of Besançon 1970（巴黎,1972年）,第29—62页。

2　每一本罗马法教科书都讨论了罗马授产制度;有关雅典则见E. L. Kazakevich, "Were οἱ χωρὶς οἰκοῦτες Slaves?" *VDI*, 第3期（1960年）,第23—42页及其"Slave Agents in Athens", *VDI*, 第2期（1961年）,第3—21页（均为俄文）; L. Gernet, "Aspects du droit athénien de l'esclavage", 载其 *Droit et société dans la Grèce ancienne*（重印版,巴黎,1964年）,第151—172页,引文见第139—164页（最初发表于 *Archives d'histoire du droit oriental*, 第5期 [1956年], 第159—187页）。

3　授产制度的意义在古代奴隶制研究中并未完全被阐述出来,我相信这主要是因为过于集中于奴隶制的司法方面。早期一个重要的例外是E. Cicotti, *Il tramonto della schiavitù nel mondo antico*（都灵,1977年重印版）,第2部分第9章。然后作者将授产的作用和工钱联系起来,因而削弱了其论断。E. M. Shtaerman, "Slaves and Freedmen in the Social Struggles at the End of Republic", *VDI*, 第1期（1962年）, 第24—56页（俄文）对两者的区分很清晰,但是却因其视野狭窄而未能阐发其论文标题所表示的意义。一个有用的类比是H. Rosovsky, "The Serf Entrepreneur in Russia", *Explorations in Entrepreneurial History*, 第6期（1954年）,第207—233页。

4　例如见《提奥多西法典》,5.17.1:试图逃跑的隶农"应该像奴隶一样铐上枷锁,以便用奴隶的惩罚迫使他们行使作为自由人的合适职责";《查士丁尼法典》,11.53.1:隶农和佃农（*inquilini*）应该是"土地上的奴隶,并非出于税收纽带,而是在隶农的名称下"。

5 要确切定义农奴并不易,只有根据他和主人的人身关系才能描述其身份,这种关系由关于权利和义务的习惯法则所左右,尤其是以主人(严格意义上)的全部司法权为标志。例如见Marc Bloch,载*Cambridge Economic History*,第1卷, M. M. Postan编(第2版,剑桥,1966年),第253—254页。无法用这类名称定义"黑劳士"。任何偶然阅读到我为D. Daiches和A. Thorlby编, *Literature and Western Civilization*,第1卷(伦敦:阿图斯图书公司,1972年)所撰的导言一章的读者,都有可能对第30页"黑劳士(农奴)"的说法感到费解。对此的解释是"农奴"一词是在我确定定稿之后,在我不知情的情况下增加的。

6 劳动制度和时间意识的相互关系本身是有启发性的。据我所知,没有关于古代世界这一问题的研究。关于近现代史方面,见E. P. Thompson, "Time, Work-Discipline, and Industrial Capitalism", *Past & Present*,第38期(1967年),第56—97页,附有大量参考文献。

7 见J. A. C. Thomas, "'Locatio' and 'operae'", *Bulletino dell' Institudo di diritto romano*, 第64期(1961年),第231—247页; J. Macqueron, *Le travail des hommes libres dans l'antiquité romaine*(模版印刷之"Cours de Pandectes 1954-5", Aix-en-Provence),第25—29页。

8 参见希罗多德讲述(8.37)的关于马其顿王朝建立者的传奇故事。

9 见"Debt-Bondage and the Problem of Slavery", 载Finley, *E. & S.*,第9章。

10 关于其在现代组织下的简要理论分析,见Ossowski, *Class Structure*,第92—96页。这是我最早在"Servile Statuses in Ancient Greece", *Revue internationale des droits de l'antiquité*,第3辑第7期(1960年),第165—189页和"Slaves and Freedom"中最早发展出来的方法。

11 出身奴隶的知识分子亦未产生任何反奴隶制的思想,事实上或者说未产生任何将他们和自由人出生的知识分子区分开来的思想。见Shtaerman, "Slaves and Freedmen",第34—35页。

12 D. M. Pippidi, "Le problème de la main-d'oeuvre agricole dans les colonies grecques de la Mer Noire", 载*Problèmes de la terre en Grèce ancienne*, Finley编(巴黎和海牙,1973年),第3章。该文是关于这一点的决定性分析。

13 见拙文"Debt-Bondage"; Frederiksen, "Caesar",第129页; W. L. Westermann, "Enslaved Persons Who Are Free", *American Journal of Philology*,第59期(1938年),第1—30页,引文见第9—18页。

14 凯撒：《内战记》，1.34.2；参见1.56.3。
15 N. D. Fustel de Goulanges, "Le colonat romain", 载其 *Recherches sur quelques problèmes d'histoire*（巴黎，1885年），第15—25页。所提及的史料是普林尼：《书信集》，9.37；科卢美拉：《论农事》，1.3.12；瓦罗：《论农事》，1.17.2；参见撒路斯特：《喀提林阴谋》，33.1。
16 我本人在撰写"Debt-Bondage"时忽视了Fustel de Goulanges的论文；今天我在第159页会注重不同的细微差别。现在见拙文"Private Farm Tenancy in Roman Italy before Diocletian"，载拙著 *Roman Property*，第6章。
17 对希腊化时代和罗马统治时期东部土地上的劳动力要做全面的再探讨。现有研究充满了不相干的内容、模糊的术语和概念，以及不确凿的"量化"断言（例如所谓独立的自由农在数量上占优）。下面引述的文献非常具有选择性：M. Rostowzew, *Studien zur Geschichte des rümischen Kolonates*（*Archiv für Papyrusforschung*，附册1，1910年）及其 *The Social & Economic History of the Hellenistic World*，修订版（3卷本，牛津，1953年）。后一著作关于小亚细亚神庙庄园的讨论分散且需要更正（对我的目的而言这并非核心问题），对此见T. R. S. Broughton, "New Evidence on Temple-Estates in Asia Minor", 载 *Studies...in Honor of Allan Chester Johnson*, P. R. Coleman-Norton编（普林斯顿，1951年），第236—250页及T. Zawadzki, *Problems of the Social and Agrarian Structure in Asia Minor in the Hellenistic Age*，波兹南科学之友协会之历史协会出版，第16卷第3期（1952年），波兰文，附英文摘要，第67—77页；Westermann, "Enslaved Persons"; E. Bikerman, *Institutions des Séleucides*（巴黎，1938年），第172—185页；H. Kreissig, "Hellenistische Grundbesitzverhältnisse im oströmischen Keinasien", *Jahrbuch für Wirtschaftsgeschichte*，第1卷（1967年），第200—206页；Liebeschuetz, Antioch，第61—73页。马卡比起义后犹得亚的特殊情况终结了希腊化的所有制（但未终结债务奴隶制），这反过来是重要的：Kreissig, "Die landwirtschaftliche Stuation in Paläistina vor dem judäischen Krieg", *Act Antiqua*，第17期（1969年），第223—254页。（见本书第7章，注11）
18 见S. Gsell, "Esclaves ruraux dans l'Afrique romaine", 载 *Mélanges Gustave Glotz*（2卷本，巴黎，1932年），第397—415页。罗马作家们把迦太基人马戈（Mago）称之为"农业之父"。元老院下令将他的28卷本

著作翻译成拉丁文（科卢美拉，1.1.13）。高卢、西班牙和北非其余地区的劳动力情况仍在争议之中。我的观点是农业奴隶比大多数现代学者认为的要普遍得多。例如，对于帝国时代高卢的大型农庄建筑，我找不到别的解释。（关于这一问题我改变了我的观点，见下文第7章第1节。）

19 关于20 000这一数字，见A. H. M. Jones, *Athenian Democracy*（牛津，1957年），第76—79页；40万这一数字记载在Athenaeus, VI 272c中，尽管W. L. Westermann, "Athenaeus and the Slaves of Athens", *Harvard Studies in Classical Philology*，副刊（1941年），第451—470页的摧毁性批评，仍然有人相信它。见L. Gallo在*Annali...Pisa*, 第3辑第9期（1979年），第1595—1605页对最近研究的概述。

20 凯撒死时，意大利的奴隶人口可能是成年男性公民人数的两倍：Brunt, *Manpower*, 第10章。

21 见K. M. Stampp, *The Peculiar Institution: Slavery in the Ante-Bellum South*（纽约，1956年），第29—30页。

22 普鲁塔克：《凯撒传》，15.3；Appian, *Celtica*, 1.2.也见Pritchett, *Military Practices*, 第78—79页表格中罗列的数据，并且总体上见P. Ducrey, *Le traitement des prisonniers de guerre dans la Grèce antique*（巴黎，1968年），尤见第74—92、131—139、255—257页；H. Volkmann, *Die Massenversklavungen der Einwohner eroberten Stadte in der hellenistisch-römischen Zeit*（美因茨科学与文学学术院，*Abhandlungen der geistes- und sozialwissenschaftliche Klasse*, 第3期［1961年］），对后者的引用需加小心，见我在*Gnomon*, 第39期（1967年），第521—522页的评论。

23 尤其是Westermann, "Athenaeus"。

24 S. Lauffer, *Die Bergwerkssklaven von Laureion*（美因茨，*Abhandlungen*, 第15期［1955年］，第11期［1956年］），第2卷，第904—912页。根据波利比乌斯的记载（斯特拉波，3.2.10引述），在公元前2世纪早期西班牙迦太基纳（Carthagena）的银矿经常使用的奴隶达到4000名。

25 严格地说，这120名奴隶是斯克法洛斯之子吕西阿斯和波勒马科斯（Polemachus）的财产。他们俩也是外邦人。在公元前404年这些奴隶被"三十僭主"查抄，想来其中少数可能是家奴，而非盾牌制作者：吕西阿斯，12.19。

26 L. R. Taylor, "Freedom and Freeborn in the Epitaphs of Imperial Rome", *American Journal of Philology*, 第82期（1961年），第113—132页。

27 关于达西亚（Dacia）金矿中对自由人矿工的自由的限制，见A. Berger, "A Labor Contract of A.D. 164", *Classical Philology*，第43期（1948年），第231—242页；参见Macqueron, *Travail*，第202—226页。

28 在雅典，临时工每天在市政广场附近的一个特定地方"等待雇主"。见A. Fuks, "Κολωνὸς μίσθιος: Labour Exchange in Classical Athens: ", *Eranos*，第49期（1951年），第171—173页。我应该提到在突尼斯中部马克塔（Maktar）发现的3世纪墓碑（*Corpus Inscriptionum Latinarum*, VIII 11824），它纪念一个后来当上元老的农庄雇工。我尊重这名死者，但是直至发现更多的这类墓志铭，我还是不能被现代学者对这个"收割者铭文"的大量关注所说服，其中包括这类并非不常见的谬论：它"光荣见证了维吉尔在《农事诗》中理想化了的那种辛勤劳作和节俭的生活所带来的物质和精神回报"：见G. Steiner, "Farming"，载*The Muses at Work*, C. Roebuck编（马萨诸塞州剑桥，1969年），第148—170页，引文见第169—170页。

29 Demosthenes, 27.19, 26; 28.12。更多的证据见拙著*Land and Credit*，第66—68页。

30 对于阿雷佐和勒祖存在争议。见G. Pucci, "La produzione della ceramica arretina", *Dialoghi di archeologia*，第7期（1973年），第255—293页；F. Kiechle, *Sklavenarbeit und technische Fortschritt im römischen Reich*（威斯巴登，1969年），第67—99页；总体上见W. L. Westermann, "Industrial Slavery in Roman Italy", *Journal of Economic History*，第2期（1942年），第149—163页。拉格罗菲桑克（La Graufesenque）的模式看起来更为复杂。见R. Marichal在*Comptes rendus de l'Acad. des Inscriptions...*（1971年），第188—208页的分析。即使情况是古代世界的一些作坊雇用了自由人雇工，这也不会改变我们拥有的史料如此一致地见证的模式。

31 A. H. M. Jones, "The Caste System in the Later Roman Empire", *Eirene*，第8期（1970年），第79—96页，引文见第83页。关于帝国工场的最好描述仍然是A. W. Persson, *Staat und Manufaktur im römischen Reiche*（*Skriften...Vetenskaps-Societeten Lund*，第3期[1923年]），第68—81页。N. Charbonnel撰写下文时，显然不知这一成果。"La condition des oeuvriers dans les ateliers impériaux au IVe et Ve siècles", *Travaux et recherches de la Faculté de Droit de Paris*, Série "Sciences historiques",

第1期(1964年),第61—93页。

32 也许希腊最好的证据是提洛岛神庙的记录。对它的分析见G. Glotz, "Les salaires à Délos", *Journal de Savants*, 第11期(1913年), 第206—215、251—260页 和P. H. Davis, "The Delos Building Accounts", *Bulletin de correspondance hellénique*, 第61期(1937年), 第109—135页。亦见A. Burford, *The Greek Temple Builders at Epidaurus* (利物浦,1969年),尤见第191—206页及其"The Economics of Greek Temple Building", *Proceedings of the Cambridge Philological Society*, 新第11辑(1965年), 第21—34页。罗马治下并没有如此详细的数据。我们必须承认有些是例外,本章后文会讨论其中(雅典的)一个。

33 见Crook, *Laws*, 第191—198页。根据罗马法,为报酬而在斗兽场和野兽搏斗的自由人是"丢脸"的,但为娱乐而和野兽搏斗的人则不是。见《学说汇纂》,3.1.1.6。这正是我强调的另一个领域里的区别,历史学家普遍忽视了这种区别,例如Frank, *Survey*, 第5卷, 第235—236页的这段话:"非常大而活跃的木匠协会证明自由人建筑者仍然在都城谋生……从一项关于其会员名单的研究中,似乎有可能这1000—1500名工匠是成功控制了大量奴隶劳动的木匠……因此很有可能在公共工程中雇用了大量自由劳动者"(着重号为笔者所加)。

34 "标准的表述是'面包和马戏'……他们依赖这些以使下层人口不幻想把他们从艰难生活中解救出来的徒劳方法":T. Veblen, *Essays in Our Challenging Order*(纽约,1954年重印版), 第450页。他以自己典型的方式补充道:"就马戏而言……在这期间的世纪里有了变化和改进……因为普通人事后的情绪得到调剂,唯有他们承担花费才是合理的。"罗马平民不可能"将大量的时间花在观看竞赛、剧场和角斗中",对这一点的证明不关乎这里的要点:J. P. V. D. Balsdon, "Panem et circenses", 载 *Hommages...Renard*, 第2期(布鲁塞尔,1969年), 第57—60页;参见A. Cameron, *Bread and Circuses*(就职演说,伦敦国王学院,1973年);J. Le Gall, "Rome ville de fainéants?", *Revue de études latines*, 第49期(1971年), 第266—277页。

35 Frontinus, *On the Aqueducts of the City of Rome*, 第96—118页。关于总体上奴隶在建筑行业的作用,史料十分稀少,见于H. J. Loane, *Industry and Commerce of the City of Rome (50 B.C.-200 A.D.)*(巴尔的摩,1938年), 第79—86页。

36 Lucian, *Apology*, 10；见D. Nörr, "Zur sozialen und rechtlichen Bewertung der freien Arbeit in Rom", *ZSS*, 第82期（1965年）, 第67—105页, 引文见第75—76页。

37 Westermann, "Industrial Slaves", 第158页。

38 例如A. M. Duff, *Freedmen in the Early Roman Empire*（剑桥, 1958年重印版）, 第11页：一场"不势均力敌的对精明的东方人斗争"。

39 M. L. Gordon, "The Freedman's Son in Municipal Life", *JRS*, 第21期（1931年）, 第65—77页。此研究基于1000多份文献。

40 克劳狄一封信的第56—57行，最先发表于H. I. Bell, *Jews and Christians in Egypt*（1924年），最晚近则收录于*Corpus Papyrorum Judaicarum*, V. A. Tcherikower和A. Fuks编，第2卷（马萨诸塞州剑桥，1060年），第153条。

41 分别见一份希腊文长篇铭文的第59—60行和第99—101行，发表于J. H. Oliver, *Marcus Aurelius: Aspects of Civic and Cultural Policy in the East*（赫斯皮里亚副刊，第13期[1970年]）。

42 J. Day, "Agriculture in the Life of Pompeii", *Yale Classical Studies*, 第3期（1932年），第166—208页，引文见于第178—179页（其对田庄面积的估计的基础太不可信）。Shtaerman, "Slaves and Freedom", 第26—27页 和S. Treggiari, *Roman Freedmen during the Late Republic*（牛津，1969年），第106—110页收集了一些文献和碑铭资料，但是两者都没有试图进行评价。

43 见Veyne, "Trimalcion", 第230—231页。他把他们称为"流产的阶级"。

44 J. H. Plumb, *The Growth of Political Stability in England 1675-1725*（企鹅版，1969年），第21—22页。

45 最能令人想到施托尔茨的是泽农（Zenon），托勒密二世时期阿波罗纽斯（Apollonius）的大庄园的管理者。现在已很明显他是例外的，而且最终是失败的；见J. Bingen和D. J. Crawford在*Problèmes de la Terre*（Finley编）中的论文。

46 Catullus, 23.1; 24.5, 8, 10.

47 *Orations*, 31.11；见Jones, *LRE*, 第851页。

48 Jones, *LRE*, 第647页。

49 资料见J. H. Randall, Jr., "The Erechtheum Workmen", *American Journal of Archaeology*, 第57期（1953年），第199—210页。

50 如果我们知道如何计算的话，按件计酬的工钱也许不一样。

51　经典的文本是Appian, Civil Wars, 1.9—11。
52　见Shtaerman, "Slaves and Freedmen",第25—26、36、41—43页。
53　*Eastern Tour*,第4卷(1777年),第361页,引自R. H. Tawney, *Religion and the Rise of Capitalism*(企鹅版,1947年),第224页。
54　K. Hopkins, "Slavery in Classical Antiquity", 载*Caste and Race: Comparative Approaches*, A. de Reuck和J. Knight编(伦敦,1967年),第166—177页,引文见第170—171页。
55　Brunt, *Manpower*,第19章。
56　有关公元前2世纪的土地分配,见Livy, 35.40; 39.44, 55; 40.29; 42.4。有关凯撒采取的措施的复杂史料,见Brunt, *Manpower*,第312—315页。想来施行者期望如此小块份地的接受者会通过在公地上放牧以及农忙时在临近大庄园里干活儿来补充收成。尽管如此,如此小块的份地是得到可靠证明的,而其接受者的穷困前景也是可以预料的。
57　在这一领域有和上文注28评论过的"收割者铭文"相对应的东西,那就是学者们反复提到一词"面包师罢工",据称是记录在以弗所可能属于2世纪晚期的一件残损的铭文中。该铭文发表在W. H. Buckler, "Labour Disputes in the Province of Asia", 载*Anatolian Studies Presented to Sir William Ramsey*(曼彻斯特,1923年),第27—50页,见于第29—33页;又便利地由T. R. S. Broughton再版于Frank, *Survey*,第4卷,第847—848页。这一孤立、不完整且远非清晰的文本对面包师"参与煽动"的原因没有提供任何线索,也没有提供任何基础让我们认为存在行会性质的集体经济不满或是要求。罗斯托夫采夫在论及罗马治下的小亚细亚时说,"在劳动者不再是农奴但却尚未成为城市公民的地方",他们举行了"真正的行业罢工",并且进行了"社会革命的真正尝试"(*RE*,第178—179页),这是富于想象力的编造。
58　见J.-P. Vernant, *Mythe et pensée chez les Grecs*(巴黎,1965年),第4部分; F. M. De Robertis, *Lavoro e lavoratori nel mondo romano*(巴里,1963年),第9—14页;参见H. Altevogt, *Labor improbus*(明斯特,1952年)的开头几页; B. Effe, "Labor improbus—ein Grundgedanke der Georgica in der Sicht des Manilius", *Gymnasium*,第78期(1971年),第393—399页。
59　见Marie Delcourt, *Héphaistos ou la légende du magicien* [*Bibliothèque de la Fac. de philosophie et lettre*,第146期(列日,1957年)]。H. Philipp, *Tektonon Daidalos. Der bildende Künstler und sein Werk im vorplatonischen*

Schrifttum（柏林，1968年），第3章试图论述情况相反（根本未提及Delcourt的著作），但却是没有说服力的特殊辩护。也许有必要补充一点，即罗马帝国时期——主要是235—270年的混乱年代里——小亚细亚刻画赫菲斯托斯的钱币大量增加，应该和阿喀琉斯的传说联系在一起，而非和当地的赫菲斯托斯崇拜联系在一起。见F. Brommer, "Die Kleinasiatischen Münzen mit Hephaistos", *Chiron*，第2期（1972年），第531—544页。

60 尽管Shtaerman, "Slaves and Freedmen"，肯定地评价了"协会"中自由人和奴隶的"关联"（第31—33页），但是她坚决反对这一点。很遗憾关于公元前132或前131年小亚细亚阿里斯托尼克斯（Aristonicus）起义这一不常见的事例，我们所知仅仅是，"他很快集合了一群穷人和奴隶（*douloi*），他许诺后者以自由，而获得了他们的支持，并称他们为赫利奥波利斯（太阳城。——译者）人"（Strabo, 14.1.38）；较近的研究见J. C. Dumont, "A propos d'Aristonicus", *Eirene*，第5期（1966年），第189—196页，以及拙文"Utopianism Ancient and Modern"，载The *Critical Spirit. Essays in Honor of Herbert Marcuse*, K. A. Wolff和B. Moore, Jr编（波士顿，1967年），第3—20页，引文见于第10—12页的简析，该文重印于拙著*The Use and Abuse of History*（伦敦，1975年），第11章。斯特拉波也许用"奴隶"（*douloi*）一词指代独立劳动者而非动产奴隶，但在本文的讨论中这点并不重要。

61 Petronius：*Satyricon*, 69.3；75.11等；参见Veyne, "Trimalcion"，第218—219页。

62 例如第二次西西里起义中的摩尔岗提纳（Morgantina）之战就是如此：Diodorus, 36.3；见拙著*Ancient Sicily*（伦敦，1979年修订版），第11章。

63 见Garlan, "Esclaves on guerre"，第45—48页。

64 例如Max Weber, "Die soziale Gründe des Untergangs der antiken Kultur"，载其*Gesammelte Aufsätze zur Sozial- und Wirtschaftsgeschichte*（图宾根，1924年），第289—311页，引文见第299—300页；Salvioli, *Capitalisme*，第250—253页；E. M. Schtajerman, *Die Krise der Sklavenhalterrordnung im Westen des römischen Reiches*, W. Seyfarth译自俄文（柏林，1964年），第34—35、69页及他处。

65 相关研究文献数量庞大而且不断增加，仅举下列一些即已足够：R. W. Fogel和S. L. Engerman编，*The Reinterpretation of American Economic*

History（纽约，1971年），第7部分的论文，以及N. G. Butlin, *Ante-Bellum Slavery—A Critique of a Debate*（堪培拉澳大利亚国立大学，1971年）的批评；E. D. Genovese, *The Political Economy of Slavery*（纽约，1965年），第2部分；R. S. Starobin, *Industrial Slavery in the Old South*（纽约，1970年）这一方法论薄弱但却有用的著作，尤其第5章；M. Moohr, "The Economic Impact of Slave Emancipation in British Guiana, 1832-1852", *EcHR*, 第2辑第25期（1972年），第588—607页。后者得出结论说："假设种植园主和官员们……在确保殖民地从前的奴隶没有土地的企图上取得完全成功的话，那么解放奴隶就会导致一个很难和解放奴隶之前区分开来的经济。"我们也应该认可C. A. Yeo的开拓性研究，见其"The Economics of Roman and American Slavery", *Finanzarchiv*, n.F., 13（1952年），第445—485页，不过现在其关于美国奴隶制的分析业已过时，而且一些观点是错误的。

66 Schtajerman, *Krise*, 第90—91页。

67 中世纪的相关史料是公认的少，但却很持续，罗列于B. H. Slicher van Bath, *Yield Ratios, 810-1820*（*A. A. G. Bijdragen*, 第10期[1963年]）；参见其*The Agrarian History of Western Europe, A.D. 500-1850*（伦敦，1963年），第18—20页以及第328—333页的表格。Slicher van Bath没有早于18世纪的关于意大利的数据，考虑到古代和中世纪的史料状况，这使得本已十分困难的比较变得更为复杂。而且，单独的产出率远非农业产量的充分指标；例如见P. F. Brandon, "Cereal Yields on the Sussex Estate of Battle Abbey during the Late Middle Ages", *EcHR*, 第2辑第25期（1972年），第403—420页。但是除了在此不与讨论的托勒密时期和罗马时期的埃及以外，这就是我们所知的关于古代世界的全部情况（而且即便对此我们所知也不够）。至少我不知道有材料能够支撑我在此反对的观点。

68 见拙文"Technical Innovation", 第43页。关于罗马人在西班牙采矿中取得的相当大的技术成就（而并未有创新），见P. R. Lewis和G. D. B. Jones, "Roman Gold-mining in North-West Spain", *JRS*, 第60期（1970年），第169—185页。

69 A. Fishlow和R. W. Fogel, "Quantitative Economic History: An Interim Evaluation", *Journal of Economic History*, 第31期（1971年），第15—42页，引文见第27页。

70　E. M. Shtaerman, "The 'Slave Question' in the Roman Empire", *VDI*, 第1期(1965年), 第62—81页出色地收集了这些文献。在某一处(第66页)她似乎说害怕起义造成了严重的经济问题, 但是她的材料导致她在后文放弃了这一想法。

71　Ammianus, 31.4-6; 见E. A. Thompson, *The Visigoths in the Time of Ulfila*(牛津, 1966年), 第39—42页。

72　分别见《提奥多西法典》, 10.10.25; 5.7.2; 5.6.3。

73　"隶农"(*colonus*)原意为"农民"、"乡下人", 然后也意为"佃农", 但是我会限于使用它后来所具有的"依附佃农"的意思。见J.-P. Johne等人, *Die Kolonen in Italien und den westlichen Provinzen des römischen Reiches*(柏林, 1983年), 该书覆盖至2世纪末。关于意大利等同于英国版的隶农, 见P. W. de Neeve(阿姆斯特丹, 1984年)。拥有土地的自由农同样存在, 但没有办法估算其比例。我认为历史学家倾向于夸大它, 比如就利巴尼乌斯在他的第47篇演说词中热情谈及的农民而言。

74　关于这一点的较详细讨论及参考文献, 见下文第7章第2节。

75　见W. L. Westermann, *The Slave Systems of Greek and Roman Antiquity*(费城, 1955年), 第32—33页(公元前150年之后中部希腊的奴隶贸易主要转移到了罗马); I. Biezunska-Malowist, "Les esclaves nés dans la maison du maître...en Égypte romaine", *Studii Clasice*, 第3期(1962年), 第147—162及其"La procréation des esclaves comme source de l'esclavage"(和M. Malowist合写), 载*Mélanges offerts à K. Michalowski*(华沙, 1966年), 第275—280页。

76　总体上见P. Garnsey, *Social Status and Legal Privilege in the Roman Empire*(牛津, 1970年); 关于惩罚, 见其"Why Penal Laws Became Harsher: the Roman Case", *Natural Law Forum*, 第13期(1968年), 第141—162页, 引文见第147—152页。

77　*Corpus Inscritionum Latinorum*, 第8卷, 第10570条; R. M. Haywood在Frank, *Survey*, 第4卷, 第96—98页提供了文本和译文。

78　Rostowzew, *Kolonat*, 第370—373页。

79　Garnsey, *Legal Privileges*, 第274页。

80　关于早期基督教态度的史料很少, H. Gültzow, *Christendum und Sklaverei in den ersten drei Jahrhunderten*(波恩, 1969年)对其进行了冗长的分析。

81　参见斯多葛派和基督徒对于惩罚总体上的态度, 见Garnsey, "Penal Law",

第154—156页。

82　见D. B. Davis, *The Problem of Slavery in Western Culture*（伊萨卡, 1966年）, 第1—3章。

83　见E. A. Thompson, "Peasant Revolts in Late Roman Gaul and Spain", *Past & Present*, 第2期（1952年）, 第11—23页, 重印于Finley, *Studies*, 第14章。考古学上可见4世纪高卢南部遭到破坏, 有可能是"巴高代"所为。见Fouet, *Villa de Montmaurin*, 第311页。

84　Rostovtzeff, *RE*, 第514页。

85　Jones, *LRE*, 第469页；参见其"Over-Taxation and the Decline of the Roman Empire", *Antiquity*, 第33期（1959年）, 第39—43页。（见下文第7章第7节）

86　例如, 没有理由否定*Panegyrici latini*, 5.5-6中描绘的对勃艮第的破坏情况。

87　见A. L. Rivet, "Social and Economic Aspects", 载*The Roman Villa in Britain*, Rivet编（伦敦, 1969年）, 第173—216页, 引文见第189—198页；参见Erik Gren, *Kleinasien und der Ostbalkan in der wirtschaftlichen Entwicklung der römischen Kaiserzei* (*Uppsala Universitets Arsskrift*, 第4期[1941年]), 第135—149页。不列颠出产的粮食也供应了莱茵河流域的军队：Ammianus, 18.2.3; Libanius, *Orations*, 18.83。

88　Ammianus, 16.5.15；参见Salvian, *On the Government of God*, 4.30—31; 5.35。

89　Salvian, *On the Government of God*, 5.25, 38-45.

90　简论见A. Grenier, "Aux origines de l'histoire rurale: la conquête du sol français", *Annales*, 第2期（1930年）, 第26—47页, 引文见第40—41页。

91　Fustel de Coulanges, "Colonat"从法典出发简洁地证明实践先于立法（尤其是第92、119页）。马克斯·韦伯同样指出了这一点, 以我之见是他独立得出这一结论的。见其*Die römische Agrargeschichte*（斯图加特, 1891年）, 第219页。

92　见Ernst Levy的基础性研究"Von römischen Precarium zur germanischen Landleihe", *ZSS*, 第66期（1948年）, 第1—30页, 引文见第17—25页。

93　例如甚至在北非：H. D'Escurac-Doisy, "Notes sur le phénomène associatif dans le monde paysan à l'époque de Haut-Empire", *Antiquités Africaines*, 第1期（1961年）, 第59—71页。

230　94　P. Collinet, "Le colonat dans l'empire romain", *Recueils de la société Jean Bodin*, 第2期 (1937年), 第85—122页; 有关区域差异, 亦见J. Percival, "Seigneurial Aspects of the Late Roman Estate Management", *English Historical Review*, 第84期 (1969年), 第449—473页。

95　下列两种成果收集了可用的史料并说明了对未加利用的史料的忽视: I. Hahn, "Freie Arbeit und Sklavenarbeit in der spätantiken Stadt", *Annales Univ....Budapestiensis, Sectio historica*, 第5期 (1961年), 第23—39页。我的简要论述主要基于此文; W. Seyfarth, *Soziale Fragen der spätrömischen Kaiserzeit im Spiegel der Theodosianus*(柏林, 1963年), 第104—127页。关于罗马城里的暴乱, 见H. P. Kohns, *Versorgungskrism und Hungerrevolten in spätantiken Rom*(波恩, 1961年); 有关更早时期的情况, 见C. R. Whittaker, "The Revolt of Papirius Dionysius A.D. 190", *Historia*, 第13期 (1964年), 第348—369页。

第4章

1　Tertullian, *Apologeticum*, 13.6称直接税为"奴役的标记"(*notae captivitatis*)。

2　从贯穿*Peasant and Peasant Societies*, T. Shanin编(企鹅版, 1971年)的政治主题可以看出这在过去是(而且现在也是)多么特别。

3　分别见Heitland, *Agricola*, 第226、200—201页(呼应Lucretius, 3.1060-70)。本书仍然是关于和这一主题有关的希腊罗马文献史料的最全面讨论。安条克的贵族提供了一个东部的相似例子, 见Liebeschuetz, *Antioch*, 第51页。

4　色诺芬:《希腊史》, 5.2.5-7记载, 斯巴达在公元前385年摧毁了阿卡地亚的曼提涅亚, 这提供了一个提醒我们的例子。

5　史料来源见Dionysius of Halicarnassus, *On the Rations of Lysias*, 32(常常作为Lysias, 34的内容提要而出版)。我在别处业已证明从现有史料不可能对雅典人占有的土地做可靠的计算。见拙著*Land and Credit*, 第56—60页。

6　我不包括希腊化时期和罗马时期埃及的希腊文纸草文书中不可胜数的零散信息, 它反映的是一种不典型的土地制度, 我随后将简要讨论。

7　一般认为最好的关于计算的古代史料是科卢美拉, 现在Jones在其*Economy*的第二章中推翻了这一看法。诸如René Martin, "Pline le Jeune et les ptoblèmes économiques de son temps", *Revue des études anciennes*,

注 释

第69期（1967年），第62—97页以传说的（并且无论如何也是不相关的）每罗马亩（犹格拉）土地平均卖价1000塞斯特斯为基础，将庄园的所值的金额转换成亩数，这样的尝试应该立即予以否定。

8 见D. J. Crawford, *Kerkeosiris*（剑桥，1971年）。
9 C. Préaux, *L'économie royale des Lagides*（布鲁塞尔，1939年），第17—20页。
10 有较充分根据的计算见Jones, *LRE*, 第780—784页。对阿庇翁庄园的基础研究是E. R. Hardy, Jr., *The Large Estates of Byzantine Egypt*（纽约，1931年）；更晚近的研究文献见D. Bonneau, "L'administration de l'irrigation dans les grandes domaines d'Égypte..." 和J. Fkhman, "On the Structure of the Egyptian Large Estate in the Sixth Century", 载*Proceedings of the XIIth International Congress of Papyrology*（多伦多，1970年），第43—60、123—132页。
11 *Syll.* 141. 因为希腊人丈量单位的多变，在本书此处及其他地方我被迫对数据进行限定。本处引用的文本相当明确地说是3"亩"（plethra）的葡萄园，而1"亩"等于100希腊尺乘以100希腊尺。但是希腊尺的长短不是固定的。
12 关于布色洛斯家族的情况，见J. K. Davies, *Athenian Propertied Families 600-300 B.C.*（牛津，1971年），第2921条。有关雅典的其他例子（以及无法超越纯粹个例的情况），见拙著*Land and Credit*, 第56—60页；有关希腊的其他例子，见A. Jardé, *Les céréales dans l'antiquité grecque*（巴黎，1925年），第118—122页。
13 关于其身世，见P. Graindor, *Un milliardaire antique, Hérode Atticus et sa famille*（开罗，1930年；纽约，1979年重印版）。
14 颇能说明问题的是，Rostovtzeff, *RE*, 第149—150页将希罗德斯描述为"集中在城市资产阶级手中的财富"这一情况的代表性例子。
15 相关证据的简要概述可见于John Day, *An Economic History of Athens under Roman Domination*（纽约，1942年），第235—236页。
16 U. Kahrstedt, *Das wirtschaftliche Gesicht Griechenlands in der Kaiserzeit*（伯尔尼，1954年），第47—48页。
17 尽管不可否认，记载下来的人口统计数字是不可靠的，但是我对自己所说还是抱有信心的。最晚近的讨论是Brunt, *Manpower*, 第77—81页。
18 凯撒：《内战记》，3.4.4、1.17。

19　这些数据不得不从美拉尼娅的希腊文和拉丁文传记以及Palladius, *Lausiac History*中综合而来。其希腊文有一个上佳的现代版本,有D. Corce编(巴黎,1962年)。

20　例如见S. Applebaum的讨论,见*The Agrarian History of England and Wales*,第1卷,第2册,H. P. R. Finberg编(剑桥,1972年),第230—231页;G. Fouet, *La villa gallo-romaine de montmaurin*(*Haute-Garonne*)(《高卢》,增刊,第20期[1969年]),第304—312页。

21　J. O. Tjader, *Die nichtliterarischen lateinischen Papyri Italiens aus der Zeit 445-700*(隆德,1955年),第1条。

22　除了东部一些行省外,希腊-罗马异教神庙并非大土地所有者;见第3章注17引用的Broughton和Zawadzki的论文。

23　普鲁塔克:《马略传》,34.1-2。参见西塞罗在为塞克斯图斯·罗斯奇乌斯(Sextus Roscius)所撰的演说中的宣称(20—21),他说苏拉的被释奴克里索歌努斯(Chrysogonus)仅用2000塞斯特斯就购得了罗斯奇乌斯位于第伯河谷的价值600万塞斯特斯的10处地产。

24　见M. Jaczynowska, "The Economic Differentiation of the Roman Nobility at the End of the Republic", *Historia*,第11期(1962年),第486—499页。

25　奢华的私人建筑是个极好的指标,见J. II. D'Arms, *Romans on the Bay of Naples*(马萨诸塞州剑桥,1970年);Axel Boéthius, *The Golden House of Nero*(安娜堡,1960年)。

26　见第2章注10及其所引文献。此后的讨论基于Duncan-Jones的细心计算。

27　他的短诗De herediolo给出了这些数据。对其分析见M. K. Hopkins, "Social Mobility in the Later Roman Empire: the Evidence of Ausonius", *Classical Quarterly*,新第11辑(1961年),第239—249页,见于第240—243页。

28　例如见R. P. Duncan-Jones, "Some Configurations of Landholding in the Roman Empire", 载Finley, *Roman Property*, 第2章; A. H. M. Jones, "Census Records of the Later Roman Empire", *JRS*,第41期(1953年),第49—64页,重刊于其*Roman Economy*,第10章。

29　J. S. Saul和R. Woods文,载Shanin, *Peasants*,第105页。该书主编在导言(第14—15页)以及第240—245页也囊括了"特定传统文化"和"劣势地位"。毫无疑问这些通常是"基本的面相",但是正如同我业已强调的,在这些方面古典希腊罗马的农民十分不同,属于Shanin所谓"分析层面上的边缘群体"。

30　A. Galeski,前引书,第122页。

31　有关更早的退伍老兵安置,见Brunt, *Manpower*,第294—297页。4世纪的两个文本是《提奥多西法典》,7.20.3、8。

32　见I. Biezunska-Malowist, "Die Expositio von Kindern als Quelle der Sklavenbeschaffung im griechisch-römischen Ägypten", *Jahrbuch für Wirtschaftsgeschichte*,第2期(1971年),第129—133页。

33　S. H. Franklin, *The European Peasantry: the Final Phase*(伦敦,1969年),第2章。无论是否说明什么,但注意即便公元前4世纪的一位雅典演说家也将一个14英亩的农庄说成是小的,见Isaeus,5.22。

34　Franklin, *Peasantry*,第1、19页。参见N. Georgescu-Roegen, *Analytical Economics*(马萨诸塞州剑桥,1966年),第371页:"在20世纪30年代,源自几个拥有大量农民的国家的研究揭示了这样一个令人吃惊的事实,即相当一部分人口可能消失,而根本没有减少国民生产值。"

35　见M. Crawford, "Money and Exchange in the Roman World", *JRS*,第60期(1970年),第40—48页,尤见第43—45页。

36　我忽略了像叙利亚北部贫瘠的丘陵地带这样的边缘地区。在罗马帝国时期,这里地位不确定的农民发展起了单一的橄榄种植业。见G. Tchalenko, *Villages antiques de la Syrie du nord*(3卷本,巴黎,1953年)。

37　见D. J. Crawford, *Kerkeosiris*,第129—31页。

38　Brunt, *Manpower*的主题之一便是兵役对农民阶层的毁灭性影响。见其在第130、155页的概括性评论。

39　最有名的例证是意大利南部赫拉克勒斯城(Heraclea)两座神庙拥有的土地。最近的讨论见A. Uguzzoni和F. Ghinatti, *Le tavole greche di Eraclea*(帕维亚大学古代史研究所, *Pubblicazioni*,第7期[1968年])。

40　K. D. White, *Roman Farming*(伦敦,1970年),第452页;见P. A. Brunt在*JRS*,第62期(1972年),第153—158页的书评。参见Jardé, *Céréales*,第194页:"总体上希腊农业,尤其是谷物种植业在历史上几乎没有改变过。一些学者将希腊农学描绘成是不断进步的……这是一个错误观念。"

41　我在"Technical Innovation"一文中试图阐发这一分析。参见H. W. Pleket, "Technology and Society in the Graeco-Roman World", *Acta Historiae Neerlandica*,第2期(1967年),第1—25页;"Technology in the Greco-Roman World: A General Report", *Talanta*, 第5期(1973年),第6—47页。

42 I. Goncharov, *Oblomov*, D. Magerschack英译（企鹅版，1954年），第128—129页。

43 对于会计技巧的不足，见G. Mickwitz, "Economic Rationalism in Greco-Roman Agriculture", *English Historical Review*，第32期（1937年），第577—589页及其"Zum Problem der Betriebsführung in der antiken Wirtschaft", *Vierteljahrschrift für Sozial-und Wirtschaftsgeschichte*，第32期（1939年），第1—25页；G. E. M. de Ste. Croix, "Greek and Roman Accounting", 载*Studies in the History of Accounting*, A. C. Littleton和B. S. Yamey编（伦敦，1956年），第14—74页。

44 亦见Varro, *De re rustica*, 1.22.2; Pliny, *Natural History*, 18.40。

45 *Gromatici veteres*, C. Lachmann编（柏林，1848年），第53页。

46 Fouet, *Villa de Montmaurin*, 第32、43—46、291页。齐拉甘（Chiragan）地方的庄园可能有七到八倍大，其房屋可居住500人；在比利时那缪尔省（Namur）的安忒（Anthée）的庄园包括一座大庄园住宅和20幢其他建筑，都建于约30英亩的圈地内，其中一些明显是用于工业生产的。见Grenier, *Manuel*, 第2卷，第2册，第843—858、888—897页。近来在法国北部索姆河盆地的空中摄影揭示，存在数百个至今无人知晓且未能预料到的人型"庄园住宅"（villa），它们分别相隔2公里或者更远，显然专注于种植小麦和养羊。见R. Agache, *Détection aérienne de vestiges protohistoriques gallo-romains et médiévaux...* (*Bulletin de la Société de Préhistore du Nord*, 第7期特刊[1970年]），第4章及第185—186页插图上的地图。关于不列颠更大的庄园，见Applebaum刊载于*Agrarian History*的论文，第240—244、266—267页。考古学家和历史学家所使用的"庄园住宅"一词丧失了其特定含义（罗马时期业已如此，如Varro, *De re rustica*, 3.2），但在本文的语境中其含义却是无可争议的。

47 见D. Adamesteanu, "Due problemi topografici del retroterra gelese", (Accademia nazionale dei Lincei, *Rendiconti della Classe di scienze morali*, 第8辑第10期[1955年]），第198—210页；P. Orlandini, "Lo scavo del thesmophorion di Bitalemi e il culto della divinità ctonie a Gela", *Kotalos*, 第12期（1966年），第8—35页；Finley, *Ancient Sicily*（伦敦，1979年修订版），第159—161页。

48 关键的段落是*Oration for Aulus Caecina*, 11, 21, 94和*Oration for Sextus Roscius*, 20。西塞罗反复将单一农庄称为*fundus*（例如*On Oratory*,

1.58.249），这是表示剥削单位的一个专有词汇。见A. Steinwenter, *Fundus cum instrumento*（Akad. d. Wissenschaften in Wien, Phil.-hist. Klasse, *Sitzungsberichte* 第221卷，第1期[1942年]），第10—24页。我忍不住要再提一个例子，即也许是4世纪安条克最为富有的家庭散落在广泛地区内的庄园。见Liebeschuetz, *Antioch*，第42页和注2。

49 E. Feder, "Latifundia and Agricultural Labour in Latin America"，载Shanin, *Peasants*，第83—97页，引文见第98页。

50 见A. G. Drachmann, *Ancient Oil Mills and Presses*（哥本哈根，1932年）所收集的证据。

51 我松散地使用*latifundia*一词表示"大庄园"，对此并无犹豫，因为我相信罗马人自己也是这么用的，尽管有学者试图找出该词的专有含义，例如K. D. White, "Latifundia", *Bulletin of the London Institute of Classical Studies*，第14期（1967年），第62—79页；或者René Martin, "Pline le Jeune" 及其*Recherches sur les agronomes latins et leurs conceptions économiques et sociales*（巴黎，1970年），他基于对庄园大小毫无根据的计算反复说明此点（见上文注7）。老普林尼受到过多引用的说法"大庄园毁了意大利"（*Natural History*, 18.35）不过是拟古的说教（参见同时代的Seneca, *On Benefits*, 7.10.5，在此作者碰巧并未使用*latifundia*一词），是对罗马失去自耕农和过去简朴美好日子的哀叹。我在本文中找不到证据，表明存在是选择大规模集约剥削还是选择更为分散的庄园的严肃讨论。和Martin, "Pline le Jeune"，第67页所论不同，我并不认为小普林尼有关让两个庄园冒同样天气风险一事的犹豫是严肃的讨论。

52 贺拉斯位于萨宾地区的庄园是麦凯那斯赠送的，它又分为他自己直接利用的一份，由一名奴隶管事管理的八个奴隶耕种，以及另外五份土地，租给佃农耕种。见Heitland, *Agricola*，第215—216页的简要讨论。这个庄园为贺拉斯提供了足够的收入，使他能够在罗马体面地生活，尽管按当时贵族社会的标准来说，这仍是小康的。他甚至不是个乡绅。Rostovtzeff, *RE*，第59页说贺拉斯"因此和退伍老兵属于同一个土地所有者类别"，是个奇怪的错误。

53 见J. H. Kent, "The Temple Estates of Delos, Rheneia, and Mykonos", *Hesperia*，第17期（1948年），第243—338页。

54 见P. A. David, "The Mechanization of Reaping in the Ante-Bellum Midwest", 载*Industrialization in two systems: Essays... Alexander*

Gerschenkron（纽约，1966年），第3—39页，重刊于B. W. Fogel和S. L. Engerman编，*The Reinterpretation of American Economic History*（纽约，1971年），第214—227页。在我看来，目前有关古代"高卢收割机"的许多争论忽视了临界点看法的意义。见K. D. White, "The Economics of the Gallo-Roman Harvesting Machines", 载*Hommages à Marcel Renard*，第2期（布鲁塞尔，1969年），第804—809页及其*Agricultural Implements of the Roman World*（剑桥，1967年），第10章。

55 Sherwin-White, *Pliny*，第258页。

56 普林尼《书信集》的最好英译本由Betty Radice翻译，同时收入企鹅经典丛书和罗叶布古典丛书，将3.19部分的关键段落翻译如下："的确我几乎全部的资本都在土地上，但我有些投资，并且借钱并不难。我随时可以用我岳母的资金，并能够像我自己的那样任意地使用她的资本。"（可以将我加着重号的词语和我在本书中提出的更为直接的翻译予以对比）。Sherwin-White, *Pliny*，第259页评论说："他能够收回贷款，以支付大部分购地款，并且能够在之后用结余的收入支付他所需借的钱。"这一说法是不现实的和不可理解的。

57 见Mickwitz, "Betriebsfürung",第21—22页。Mickwitz如此恰当地利用了汉萨同盟和文艺复兴时期意大利的相似材料，但却没有注意到美国的材料，并因此而认为，奴隶的存在本身就排除了分期偿还的概念。这令人吃惊。

58 主要的文本是Demosthenes, 27.9—11，但是有必要全面研究第27篇和第28篇演说词，以便理解全部的含义。关于将德谟斯梯尼的记叙转换为可理解的现代生意程序的各种错误尝试，见F. Oertel, "Zur Frage der attischen Grossindustrie", *Rheinishes Museum*，第79期（1930年），第230—252页；J. Korver, "Demosthenes gegen Aphobos", *Mnemosyne*，第3辑第10期（1941/1942年），第8—22页。

59 见Duncan-Jones, *Economy*，第2章以及下文第7章第1节。

60 对于我下面几段论述的基础，我必须十分明确。几乎难以置信，除了对买卖法的研究以外，没有对于古代世界土地买卖的系统研究（并且几乎就没有研究），而买卖法仅有些许意义。因为拙著*Land and Credit*，我只对雅典土地买卖情况的了解完全有信心。对于其他地方，我依靠长期以来对史料的熟悉，并且主要是从否定的方式，依靠我们从下述这类研究中所能瞥见的资料：Frank, *Survey*; Heitland, *Agricola*; G.

Billeter, *Geschichte des Zinsfusses im griechisch-römischen Altertum*（莱比锡,1898年）; E. Ziebarth, *Das griechische Vereineswesen*（莱比锡,1896年）; F. Poland, *Geschichte des griechischen Vereineswesen*（莱比锡,1903年）; J. Waltzing, *Étude historique sur les corporations professionelles chez les Romains*（2卷本,鲁汶,1895—1896年）; Jones, *LRE*。

61 我引用H. Sieveking,"Loans, Personal",载*Encyclopaedia of the Social Sciences*,第9期（1933年）,第561—565页,引文见第561页,以引起对这一关于个人和消费者贷款的经济、社会和历史作用的有价值的简短分析。

62 F. M. Heichelheim, *An Ancient Economic History*, Joyce Stevens英译,第2卷（莱顿,1964年）,第66—67页。

63 Liddell-Scott-Jones编的Lexicon将προπώλης翻译为"从他人处购买者或谈判买卖者、经纪人"。尽管事实上,J. Partsch, *Geschichte Bürgschaftsrecht*（莱比锡和柏林,1909年）以及后来的学者说明这是错误的,但是在1968年的增订中这一错误并未更正过来。正确的翻译应为"担保者"。

64 例如见Brunt, *Manpower*,附录8。

65 Betty Radice英译（企鹅版,1963年）。同样（如同上文注56）我更改了"投资"和"资本"这两个词语,它们不可避免带有现代意味。这次我分别改成了"集中"和"遗产"。因为类似的原因,我把Radice夫人的译文"把更多的带进市场"改为"增加了待售的数量"。

66 例如,这是Heitland, *Agricola*,第274页的解释; Sherwin-White, *Pliny*,第379—380页则予以了正确的解释。马可·奥列略进行了第二次尝试,但是把意大利人的强制份额减少到一名元老全部遗产的四分之一。见*Historia Augusta*, *Marcus*, 11.8。

67 Brunt, *Manpower*,第297页。

68 E. J. Junkers, *Economische en sociale toestanden in het Romeinsche Rijk blijkende uit het Corpus Juris*（瓦赫宁根,1933年）,第1章。

69 最著名的希腊例证出现在Xenophon, *Oikonominos*, 22.20。之所以著名,是因为它如此经常地受到引证,以至于我们会滑向一个错觉,把仅仅一个可能是虚构的雅典绅士的例子看成是希腊普遍的现象。例如见Claude Mossé, *La fin de la démocratie athénienne*（巴黎,1962年）,第35—67页关于公元前4世纪雅典土地投机活动的论述; 克拉苏组织的500名奴隶"救火队"同样特别,并且很有可能同样是虚构的,见B. W. Frier,

Landlords and Tenants in Imperial Rome（普林斯顿，1980年），第32—34页。有关城市财产作为罗马人收入来源的讨论，另见P. Garnsey, "Urban Property Investment"，载Finley, *Roman Property*，第7章。

70 C. Clark和M. Haswell, *The Economics of Subsistence Agriculture*（第4版，伦敦，1970年），第164页。

第5章

1 最为明确的陈述简短出现在4.1.5，但是这一主题较反复出现。见A. N. Sherwin-White, *Racial Prejudice in Imperial Rome*（剑桥，1967年），第1—13页。

2 R. F. Pahl载于R. J. Chorley和P. Haggett编的*Models in Geography*（伦敦，1967年）的论文，第237页；参见H. J. Gans, "Urbanism and Suburbanism as Ways of Life: A Re-evaluation of Definitions"，载A. M. Rose编，*Human Behavior and Social Processes*（伦敦，1962年），第625—648页，尤见第643—634页。总体上见W. Sombart, *Der Moderne Kapitalismus*，第1卷，第1册（第5版，慕尼黑和莱比锡，1922年），第9章。

3 N. J. G. Pounds, "The Urbanization of the Classical World"，*Annals of the Amer. Assn. of Geographers*，第59期（1969年），第135—157页试图划清古代城市和村庄的"功能"区分，并且他正确地强调了大部分情况下前者持续的"农业功能"。然而，他满足于审美-建筑标准，而忽视了政治维度，并且他主要从一些区域——就古典希腊而言，主要从向雅典缴纳的贡金——来估算人口的尝试，在方法论上是无法辩护的。关于希腊城镇的管理和考古情况，最全面和最精细的研究是Roland Martin, *L'Urbanisme dans le Grèce ancienne*（巴黎，1956年）；参见R. E. Wycherley, *How the Greeks Built Cities*（第2版，伦敦，1962年）。

4 M. Weber, "Agrarverhältnisse im Altertum"，载其*Gesammelte Aufsätze zur Social-und Wirtschaftsgeschichte*（图宾根，1924年），第1—288页，引文见第13页（参见第6页）。

5 只要引证柏拉图：《理想国》，370E—371A和亚里士多德：《政治学》，1327a25—31就足矣。

6 见Jones, *LRE*，第841—842页，总体上见第21章；Duncan-Jones, *Economy*，附录17。参见四百多年前Cata, *De agriculture*，22.3对运输和牛拉橄榄油榨坊的成本的记叙。

7 　A. M. Burford, "Heavy Transport in Classical Antiquity", *EcHR*, 第2辑第13期（1960年）, 第1—18页最为全面地概述了史料。

8 　见L. Bonnard, *La navigation intérieure de la Gaule à l'époque gallo-romaine*（巴黎, 1913年）; 参见A. Grenier, *Manuel d'archéologie gallo-romaine*, 第2卷第2册（巴黎, 1934年）, 第12—13章; Y. Burnand, "Un aspect de la géographie des transports dans la Narbonnaise rhodanienne: les nautes des l'Ardèche et de l'Ouvèze", *Revue archéologique de Narbonnaise*, 第4期（1971年）, 第149—158页。

9 　见F. G. Moore, "Three Canal Projects, Roman and Byzantine", *American Journal of Archaeology*, 第54期（1950年）, 第97—111页; Sherwin-White, *Pliny*, 第621—625页（他错误地把该距离说成是18英里）。

10 　见I. Hodder和M. Hassall, "The Non-Random Spacing of Romano-British Walled Towns", *Man*, 第6期（1971年）, 第391—407页, 引文见第404页。这是我所知根据现代中心地点（central-place）理论检视一个古代地区的尝试。有关现代中心地点理论, 见B. J. L. Berry, *The Geography of Market Centers and Retail Distribution*（新泽西恩格尔伍德克利夫斯, 1967年）; Chorley和Haggett, *Models*, 第9章。J. E. Vance, Jr., *The Merchant's World: the Geography of Wholesaling*（新泽西恩格尔伍德克利夫斯, 1970年）对这一理论的重要批评在我看来基本无关古代经济, 他在这一方面的少数外行话说明了这一点。

11 　B. J. Garner载于Chorley和Haggett, *Models*的论文, 第304页。

12 　F. Benoit, "L'usine de meunerie hydraulique de Barbegal (Arles)", *Revue archéologique*, 第6辑第15期（1940年）, 第18—80页。参见利巴尼乌斯对尤利安皇帝恢复莱茵河下游航道的赞扬（*Orations*, 18.83）, 不列颠的粮食经此运达军队。

13 　见R. Meiggs, *Roman Ostia*（第2版, 牛津, 1973年）, 第3章。

14 　Polybius, 1.20—21; 见J. H. Thiel, *A History of Roman Sea-Power before the Second Punic War*（阿姆斯特丹, 1954年）。

15 　L. Friedländer, *Darstellungen aus der Sittengeschichte Roms*, 第10版, G. Wissowa编, 第2卷（艾伦, 1964年重印版）, 第50—76页。

16 　Polybius, 31.7.10—12; 关于其背景, 见F. S. Gruen载于*Classical Quarterly*, 第25期（1975年）, 第58—81页的论文。

17 　Aristotle, *Politics*, 1291b24只是说克俄斯（和埃吉那一道）是商业城

市的例证，但是修昔底德说希腊世界里在斯巴达之外，克俄斯的奴隶最多；而且根据一个至少可回溯到公元前4世纪历史学家特奥旁普斯（Theopompus）——他出生于克俄斯——的奇怪传统，克俄斯人是最早购买奴隶的希腊人（Athenaeus, 6.264C-266F），在我看来，这些说明奴隶贸易是克俄斯商业的关键。

18　见E. Lepore, "Strutture della colonizzazione focea in Occidente", *Parola del Passato*, 第25期（1970年），第19—54页。

19　A. M. Gomme, "Traders and Manufacturers in Greece", 载其*Essays in Greek History and Literature*（牛津，1937年），第42—66页，引文见第45页。

20　普林尼的两段话导致了现代学者这种无聊的经济分析并不切题。例如　见E. H. Warmington, *The Commerce between the Roman Empire and India*（剑桥，1928年），第272—318页。现在见P. Veyne, "Rome devant la prétendue fuite de l'or: Mercantilisme ou politique disciplinaire?" *Annales*, 第34期（1979年），第211—244页。

21　Berry, *Market Centers*, 第3页。作为这一段落其余部分之基础的史料全面呈现于E. Erxleben, "Das Verhältnis des Handels zum Producktionsfacktoren in Attica im 5. und 4. Jahrhundert v.u. Z.", *Klio*, 第57期（1975年），第365—398页。该文的结论令人吃惊地绵软无力。

22　H. Michell, *The Economic of Ancient Greece*（第2版，剑桥，1957年），第285页。

23　*Inscriptiones Graecae*, II^2 1100；其修订的文本和译文见于J. H. Oliver, *The Ruling Power*（*Transactions of the American Philological Society*, 新辑本第43卷[1953年]，第4部分），第960—963页。

24　在文中我在"重要城市区域"下面加了着重号，以强调在当前语境下像西班牙南部的罗马贝提卡（Baetica）行省这样一个葡萄酒产区是无关紧要的。学者们着墨甚多的罗马共和国晚期和帝国时期的意大利葡萄酒贸易在此也大体上无关紧要。意大利出产的大部分葡萄酒都销售到了罗马这个巨大的葡萄酒消费城市，以及其他意大利城市和驻扎在北部例如像帕诺尼亚（Pannonia）地方的罗马军队，直至当地开始生产足够的葡萄酒。因此意大利出产的葡萄酒不是此处讨论的用于平衡进口的出口产品。L. Casson, "The Grain Trade of the Hellenistic World", *Transactions of the American Philological Associations*, 第85期（1954

年),第168—187页收集了有用的资料,但却如此着迷于贸易平衡,以至于留下了明显错误的印象,好像葡萄酒出口辅以诸如蜂蜜、漂白土和奶酪等杂七杂八的产品出口,如果不能全部,也能够大体上平衡谷物的进口。而根据他的估计,谷物的进口在某个时候"动用的有组织舰队……在蒸汽船出现以前无可匹敌"。(参见第7章第7节)

25 在拙文"Technical Innovation"及"Aristotle and Economic Analysis",*Past and Present*,第47期(1970年),第3—25页中,我分析了这段话的此一方面及其对生产的质量而非数量的强调。

26 令人吃惊的是,Pounds,"Urbanization",第144页误读了《居鲁士的教育》(*Cyropaedia*)中的这段话,居然说大型城市具有"和远超出自己领土界线的地区的需求……显然相关的功能"。这并非文本所言,而且在文本的语境中无法理解。Pounds接着引入的埃琉斯·阿里斯提德斯(Aelius Aristides)的那段引文(*To Rome*,61)与本文的主题无关。

27 *Inscriptiones Graecae*,第12卷补遗,第347条。

28 G. E. F. Chilver,*Cisalpine Gaul*(牛津,1941年),第163—167页收集了这一地区养羊的史料;并见Brunt,*Manpower*,第181—182页。

29 整段引文见于第1章注14。

30 若要逐一讨论被这个或那个现代史家提升到国际工业中心地位的古代城市,会白白耗费大量精力,但是也许应该对卡普亚单独加以讨论,因为它成为了史家们津津乐道的例子。它从早期起就是坎帕尼亚最为重要的城市,自然也是该地区土地所有者所需要的工具的主要生产中心(Cato,*De agriculture*,135),但却并非唯一的中心。它也生产精美青铜器用于出口,考古学证实,尤其有相当数量出口到北部边境地区,但也并非惊人,所需的生产规模也不比我在第1章末尾提到的现代学者夸大的例证更大。但是仍有学者宣称其规模更大:"罗马一般的青铜器大部生产于卡普亚,这一点无法真正受到质疑。"见M. W. Frederiksen,"Republican Capua: A Social and Economic Study",*PBSR*,第27期(1959年),第80—130页,引文见第109页。这一说法令人难以置信,因为罗马有自己的青铜器产业,并且Frederiksen的长篇大论中并未提出任何可信的证据。

31 Martin,*Urbanisme*,第34页。

32 Weber,"Agrarverhältnisse",第257页;参见其*Wirtschaftsgeschichte*,S. Hellman和M. Palyi编(慕尼黑和莱比锡,1923年),各章节(经其细

致的目录)，该书有F. H. Knight的英译本，书名为*General Economic History*(科利尔图书公司编，纽约，1961年)。

33 G. Mickwitz, *Die Kartellfunktion der Zinfte...* (Societas Sicentiarum Fennica, *Commentationes Humanarum Litterarum*, 第8卷第3册[1936年])，第5章是根本性的研究。

34 Berry, *Market Centers*, 第93页。有关罗马帝国不同地区的周期性市场，见R. MacMullen, "Market-days in the Roman Empire", *Phoenix*, 第24期(1970年)，第333—341页。

35 对于此点，G. W. Fox, *History in Geographic Perspective*(纽约，1971年)有一些具有提示性的评论，尤其见第3章。

36 Bogaert, *Banques*, 第336、368—370页提供了例证。

37 见拙文"Land, Debt, and the Man of Property in Classical Athens", *Political Science Quarterly*, 第68期(1953年)，第249—268页；参见Bogaert, *Banques*, 第352—355页；Rougé, *Commerce*, 第3部分，第2、7章。

38 B. J. Fogel和S. L. Engerman编, *The Reinterpretation of American Economic History*(纽约，1971年)，第441页。

39 Bogaert, *Banques*, 第356—357页。这两个事例分别见于Demosthenes, 40.52和Lysias, frag. 38.1。后者肯定是可疑的。

40 Bogaet, *Banques*, 第355页；Bogaert, "Banquiers, courtiers et prêts maritimes à Athènes et à Alexandrie", *Chronique d'Égypte*, 第40期(1965年)，第140—156页。仅有一件严重残缺的纸草文书事关一项海事借贷，且罗马时期的直接证据极少，见Rougé, *Commerce*, 第3部分，第2章，进一步的讨论见后文第7章第5节。

41 这是Rougé, 前引书所分析的材料所意味的。我之所以说是"显然的"，是因为Rougé的方法是印象似的，而非量化的。

42 Cicero, *Letters to Atticus*, 7.18.4；9.9.4；10.11.2；10.14.1。所有这些都是公元前49年前半年的情况，即我下文马上要提及的凯撒的危机，见Dio Cassius, 51.21.5(参见Suetonius, *Augustus*, 41.1-2)。

43 C. Nicolet, "Les varioations des prix et la'théorie quantitative de la monnaie' à Rome, de Cicéron à Pline l'Ancien", *Annales*, 第26期(1971年)，第1203—1227页，引文见第1225页。如同Nicolet事实上在我所引的句子里承认的那样，此文标题中的单引号部分以及前半部分的大量讨论倾向于过于将基本常识上升为理论；参见*Annales*本期紧接着的M. H.

Crawford, "La problème des liquidités dans l'antiquité classique"（第1228—1233页）一文中的评论。J. M. Kelly, *Roman Litigation*（牛津，1966年），第3章对钱币短缺的影响进行了有意义的讨论，但易于受到忽视。

44 *Syll*. 364. 其文本、意大利文译文、简要注释及全面的参考文献见于D. Asheri, "Leggi greche sul problema dei debiti", *Studi classici e orientali*, 第18期（1969年），第5—122页，引文见第42—47页和附录II。

45 最全面的论述见于Frederiksen, "Caesar"。

46 见C. Rodewald, *Money in the Age of Tiberius*（曼彻斯特，1976年）及下文第7章第5节对这一危机的论述。

47 M. H. Crawford, "Money and Exchange in the Roman World", *JRS*, 第60期（1970年），第40—48页，引文见第46页。

48 见Crook, *Law*, 第7章开头部分的概要。

49 见Rougé, *Commerce*, 第420—421页（"固定性"一词出于其著作，见第491页）。具有代表性的是，Rougé说存在许多"代理"网络，他只用了一两个例子来证明"代理"这一词。Pseudo-Demosthenes, 56描述亚历山大在埃及的总督克勒奥门内斯（Cleomenes）派驻罗德斯岛代理人的语气暗指这是新的做法，而这是我说"自从公元前4世纪末起"的一个原因。

50 在我看来，Rougé, 前引书，第423—434页用于试图论证相反观点的诡辩证明了这一点。其唯一可能的例证中包括的商人所从事的却是政府经营即皇室供应（annona），他忽视了这一事实的重要性。

51 在此我完全采用拙文"Technical Innovations"中的观点。

52 见O. Davies, *Roman Mines in Europe*（牛津，1935年），第24页。

53 出处见Pliny, *Natural History*, 36.195; Petronius, *Satyricun*, 51; Dio Cassius, 57.21.7。

第6章

1 N. Lewis, "Leitourgia and Related Terms", *Greek, Roman and Byzantine Studies*, 第3期（1960年），第175—184页；第6期（1965年），第226—230页。

2 J. K. Davies, "Demosthenes in Liturgies: A Note", *Journal of Hellenic Studies*, 第87期（1967年），第33—40页。

3 见A. H. M. Jones, "The Caste System in the Later Roman Empire",

Eirene，第 8 期（1970 年），第 79—96 页；S. Dill, *Roman Society in the Last Century of the Western Empire*（第 2 版，伦敦，1921 年），第 248—270 页。

4 例如J. Vogt, *The Decline of Rome*, J. Sondheimer英译（伦敦和纽约，1967 年），第 27—28 页。

5 见Jones, *LRE*, 第 827—829 页。

6 （对于非洲诸行省和意大利）最为细致的分析见Duncan-Jones, *Economy*, 第 3—4 章。

7 见T. Pekáry, *Untersuchungen zu den römishen Reichsstrassen*（波恩，1968 年），第 3 章以及对他的更正，有关共和国时期的更正主要见于T. P. Wiseman载于*PBSR*，第 38 期（1970 年），第 140—152 页的文章；W. Eck, *Die staatliche Organisation Italiens in der hohen Kaiserzeit*（慕尼黑，1979 年），第 69—79 页。

8 见P. Garnsey, "Aspects of the Decline of the Urban Aristocracy in the Empire", 载*Aufstieg und Niedergang der römishen Welt*, H. Temporini 编，第 2 卷，第 1 册（柏林，1974 年），第 229—252 页。

9 引文出自Lukacs；见前文第 2 章注 34。

10 S. Lauffer, "Das Wirtschaftleben im römischen Reich", 载*Jenseits von Resignation und Illusion*, H. J. Heydorn和K. Ringshausen编（法兰克福，1971 年），第 135—153 页，尤其见第 137 页。

11 很久以前J. J. Hatzfeld, *Les trafiquants italiens dans l'Orient hellénistique*（巴黎，1919 年）即已证明了这一点。A. J. N. Wilson, *Emigration from Italy in the Republican Age of Rome*（曼彻斯特和纽约，1966 年）一书花费了两章（第 7—8 章）反驳Hatzfeld的结论，但并不成功。他的观点大体上是假设性的，基于从罗斯托夫采夫那里接受来的关于罗马经济和价值体系的错误观念："就资金而言，罗马公民很可能居于海外贸易的有利地位。"（第 88 页）他根据个人的名字——这是我们判断的唯一根据——重新确定其"国籍"的进一步尝试总体上是诡辩，带有另一个肯定是错误的核心假设："几乎不可能的是，每个（在东部从事贸易的）家庭都须回望的开拓者或者开拓团体不是自由人"（第 107 页）。然而即便是他也同意（第 102 页），罗马政府在将提洛岛设立为自由贸易港的行动中，并没有给予意大利人（"罗马人"）任何特权。

12 Strabo, 14.5.2 是他对这种情况敢做的最直率陈述；参见*Cicero*,

Deimperio Pompeii, 32-33, 54; Plutarch, *Pompey*, 25.1。

13　Justin, 9.1-2, 此处的记载为Orosius, 3.13.1-4所复述, 但很可能是基于和事件同一时代的史家特奥庞普斯的记载; 见A. Momigliano, "Della spedizione scitica di Filippo...", *Athenaeum*, 新第11辑(1933年), 第336—359页。

14　Tenney Frank, *An Economic History of Rome*(第2版, 伦敦, 1927年), 第114—118页很清楚地看到了这一点, 不过他以自己典型的做法, 接着批评了罗马人"对这一经济视角视而不见"(第125页)。

15　E. J. Bickerman在*American Journal of Philology*第74期(1953年), 第96页对H. Bengtson, *Griechische Geschichte*第一版的评论, 后者在这一点上从未予以更正。参见Ed. Will, *Le monde grec et l'Orient*, 第1卷(巴黎, 1972年), 第201—211页。

16　Rougé, *Commerce*, 第465—466页。

17　同上书, 第443—449页。最全面的叙述是S. J. De Laet, *Portorium*, 根特大学出版(布鲁日, 1949年)。

18　A. H. M. Jones文载于第三届国际经济史研讨会《论文集》第3卷: *The Ancient Empires and the Economy*(巴黎和海牙, 1969年), 第97页(重载于其*Roman Economy*, 第6章)。

19　关于皇室供应的基础研究仍然是D. van Berchem, "L'annone militaire dans l'empire romain au IIIe siècle", *Mémoires de la Société nationale des antiquaires de France*, 第8辑第10期(1937年), 第117—202页。

20　有关军队不断退出私营经济的情况, 见R. MacMullen, *Soldier and Civilian in the Later Roman Empire*(麻省剑桥, 1963年), 第2章; Erik Gren, *Kleinasien und der Ostbalkan in der wirtschaftlichen Entwicklung der römischen Kaiserzeit*(*Uppsala Universitets Arsskrift*, 第9期[1941年]), 第4章。也不应忽视在修建道路、桥梁和运河时使用军士的情况。

21　见Salvioli, *Capitalisme*, 第118—125页。

22　有关罗马和迦太基的条约, 见F. W. Walbank, *A Historical Commentary on Polybius*, 第1卷(1957年), 第337—356页以及拙著*Aspects of Antiquity*(企鹅版, 1972年), 第9章。

23　后文的论述大致基于P. Gauthier, *Symbola. Les étrangers et la justice dans les cités grecques* (*Annales de l'Est*, 第42期[1972年])。

24　亚里士多德在《政治学》(1280a38)中称其为"进口协议"。有关这些段

25 主要的证据来自于德谟斯梯尼的第20篇演说词(*Against Leptines*)以及一篇铭文:*Syll*. 206(Tod, *GHI*,第2卷,第167条)。
26 见Gauthier, *Symbola*, 第149—155、198—201页; L. Gernet, "Sur les actions commerciales en droit athénien", *Revue des études grecques*,第51期(1938年),第1—44页,重载于其*Droits et société dans la Grèce ancienne*(巴黎,1964年重印版),第173—200页。
27 在我看来,Gauthier, *Symbola*展示的证据即证实了这个结论,尽管他本人只是稍微提到(第204页注20)。
28 然而请留意对*Poroi*(6.41—42)提议将国有奴隶编入陆军的评论,见Y. Garlan, "Les esclaves grecs en temps de guerre", 载*Actes du Colloque d'histoire sociale*,贝桑松大学,1970年(巴黎,1972年),第29—62页,引文见第49页。这一提议在希腊作家中显然是独一无二的。
29 D. Whitehead, *The Ideology of the Athenian Metic*(《剑桥语言学会增刊》第4卷,1977年)取代了以前的所有论述。
30 我没有注意到对这些记载有任何系统研究。
31 至少就雅典而言,Ps.-Demosthenes,59.27是决定性的记载。
32 证据收集了F. M. Heichelheim, "Monopole", 载*Paulys Real-Enzyklopädie der klassischen Altertumswissenschaft*,第16期(1933年),第147—199页。
33 有关钱币供应,见C. G. Starr, *Athenian Coinage 480-449 B.C.*(牛津,1970年),尤其见第64—70页; Bogaert, *Banques*,第328—329页; Frederiksen, "Caesar", 第132—133页; M. Crawford, "Money and Exchange in the Roman World", *JRS*, 第60期(1970年),第40—48页,引文见第46—47页, 及其"La problème des liquidités dans l'antiquité classique", *Annales*,第26期(1971年),第1228—1233页,引文见第1231—1232页(亦见下文第7章第5节)。
34 J. M. Keynes, *A Treatise on Money*,第1卷(2卷本,伦敦,1930年),第12页。
35 见R. Bogaert, "Le cours du statère de Cyzique au Ve et IVe siècles avant J.-C.", *L'Antiquité classique*, 第32期(1963年),第85—119页的详细计算及其在第34期(1965年),第199—213页的讨论,以及S. K. Eddy在*Museum Notes*第16辑(1970年),第13—22页的讨论。
36 只要注意到T. Reinarch, "L'anarchie monétaire et ses remèdes chez les

anciens Grecs", *Mémoires de l'Acad. des Inscriptions et Belles Lettres*, 第38期(1911年),第351—364页所能收集到的少得可怜的例子就足够了。区域联盟的共同钱币也不例外;如同Reinarch所说(第353页), 这并不十分重要,纯粹是政治现象,不过稍微扩大了"混乱"的区域基础而已。

37 见Bogaert, "Cours du statère",第105、114页的表。

38 色诺芬关于人们青睐雅典钱币的夸耀(*Poroi*, 3.2)出人意料地得到了埃及的史料的证实。公元前4世纪早期,自己并不铸造钱币的埃及人需要稳定的钱币供应,用以支付给希腊雇佣兵,他们通过铸造雅典钱币而满足所需:J. W. Curtis, "Coinage of Pharaonic Egypt", *Journal of Egyptian Archaeology*,第43期(1957年),第71—76页。但是关于这一主题仍有很多我们并不理解,应予进一步探讨。R. S. Stroud在*Hesperia*,第43期(1974年),第157—188页发表的一件长篇铭文记载,雅典国家在公元前375/374年采取的措施惩罚在雅典市场上拒绝接受雅典钱币的商人。铭文并未说明需要制定这一令人惊奇的规则的原因,而且我甚至无法猜测是为了什么。

39 *Syll.* 218;见J. Hasebroek载*Philologische Wochenschrift*,第46期(1926年),第368—372页。

40 见Starr, *Athenian Coinage*,第4章;Finley载*Proceedings... Aix*,第22—25页。对于史料最为详尽的叙述及现代学者的讨论见E. Erxleben, "Das Münzgesetz des delisch-attischen Seebundes", *Archiv für Papyrusforschung*, 第19期(1969年),第91—139页;第20期(1970年),第66—132页;第21期(1971年),第145—162页,但是我认为他有关这一法令是在晚些时候即公元前4世纪20年代后半期的论证并不令人信服,而他未经证实的结论说该法令属于"克里昂的灾难性政策……完全缺乏合理限度",则更不能令人信服。

41 见L. Gernet, "L'approvisionnement d'Athènes en blé au Ve et au Ive siècles", 载*Mélanges d'histoire ancienne*(*Bibliothèque de la Faculté des Lettres*,第25期[巴黎大学,1909年]),第4章。

42 见H. Bolkestein, *Wohltätigkeit und Armenpflege im vorchristlichen Altertum*(乌得勒支,1930年),第251—257、364—378页。

43 Ps.-Demosthenes,34.37-9告诉了我们那时雅典的情况。

44 *Supplementum epigraphicum graecum*, IX 2.

45　彼时对公民身份展开了一场正式肃清,因为有人控告许多没有资格的外邦人冒领了法老赠送的谷物(Plutarch, *Pericles*, 37)。有关赠送给雅典的其他礼物的讨论,见Bolkestein, *Wohltätigkeit*,第260—262页;有关分享共同体物质的原则,见上引书,第269—273页,及K. Latte, "Kollektivsitz und Staatsschatz im Griechenland", *Nachrichten d. Akad. d. Wissenschaften in Göttingen, Phil.-hist. Kl.*(1946/1947年),第64—75页,重印于其*Kleine Schriften*(慕尼黑,1968年),第294—312页。

46　见D. van Berchem, *Les distributions de blé et d'argent à la plèbe romaine sous l'Empire*(日内瓦,1939年)。

47　公元92年图密善颁布的敕令禁止扩大意大利葡萄园的种植面积,并下令销毁行省一半的葡萄园,这明显反映了为了罗马消费者的利益,对谷物生产的关注。同时代(或者接近同时代)的史料诸如Statius, *Silvae*, 4.3.11—12和Suetonius, *Domitian*, 7.2明确陈述了这一点,前者还补充了一条禁止奢侈的说明。一些现代学者坚持援引这一敕令,用以说明它是旨在保护意大利葡萄酒生产,削弱行省竞争的一项措施,但他们忽视了其逻辑以及古代作家的明确说法,并且没有注意到无论如何这是一项孤立的措施,(对他们而言)更糟的是,该措施还被图密善本人撤销了(Suetonius, *Domitian*, 7.2; 14.5)。Rostovtzeff, *RE*,第202页做出相反论证是徒劳无益的,他没有提到斯维托尼乌斯关于撤销敕令的两处陈述。

48　见Liebeschuetz, *Antioch*,第126—132页。

49　Herodotus, 4.153以及*Supplementum Epigraphicum Graecum*, IX 3的铭文有关早期希腊人殖民库列涅的记载,毫无疑问反映了强制的情况;而且至少Cicero, *Oration for Aulus Caecina*, 98也毫无疑问反映了罗马所谓"拉丁殖民地"的强制情况。

50　关于希腊的史料,见Pritchett, *Military Practices*,第1—2章。

51　R. S. Stroud, "Theozotides and the Athenian Orphans", *Hesperia*,第40期(1971年),第280—301页概述了雅典的史料,引文见第288—290页。Stroud发表的新铭文提供了可能是公元前402年颁布的法令,它规定按战争孤儿的标准,抚养在推翻"三十僭主"和恢复民主政治的战斗中牺牲的少数公民的子嗣。法令甚至明确将这一福利限制在公民的合法子嗣范围内。

52　A. H. M. Jones, *Athenian Democracy*(牛津,1957年),第5—10页混淆

了公元前5世纪建立这一成本高昂的民主机制以及它在公元前4世纪得以幸存这两个问题。
53 见Claude Mossé, *La fin de la démocratie athènienne*（巴黎，1962年），第303—312页的简要论述。
54 Larsen载于Frank, *Survey*, IV 341的论述。

第7章

1 Kula, *Theory*, 第95—100页。
2 例如见J. G. D. Clark, "Traffic in Stone Axes and Adze Blades", *EcHR*, 第2辑第18期（1965年），第1—28页。
3 该短语（"eine einheitliche grosse Wirtschaftsraum"）出自Kohns, *GGA*, 第125页。
4 Kohns, *GGA*, 第126页似乎认为这一可能性是现实的。
5 Duncan-Jones, *Economy*, 第63、120页；参见附录8和10，它提供了有关罗马和意大利小麦和奴隶价格少得可怜的记载清单。
6 又见下文第6节。
7 见Karl Polanyi, *The Livelihood of Man*, H. W. Pearson编（纽约，1977年），第240—251页的论述。
8 至于公元前4世纪早期雅典的情形，见Lysias, 22。还有362—363年安条克的情形，因为一场旱灾而恶化，促使尤利安皇帝干预（见上文第33—34页）。我不明白为何Kohns, *GGA*, 第126—127页以及他援引的其他学者一面拒绝接受尤利安的记叙，一面又把他理解成"经济自由主义"的一个教训，将363年的短缺归咎于皇帝本人"判断错误的"补救措施。
9 我在第3章花了相当篇幅讨论我把古代世界某些时间段内的某些地区称为"奴隶社会"的原因，但这显然不同于"奴隶生产方式"的观念。参见Finley, *Slavery*, 以及*Opus*, 第1卷。
10 见Y. Garlan, "Le travail libre en Grèce ancienne", 载Garnsey, *Labour*, 第2章。
11 现在首要见Kreissig, *Seleukidenreich*；参见K. W. Welwei, "Abhängige Landbevölkerungen auf 'Tempelterritorien' im hellenistischen Kleinasien und Syrien", *Ancient Society*, 第10期（1979年），第97—118页；P. Debord, "Populations rurales de l'Anatolie Greco-Romaine", *Atti del Centro ricerche e documentazione sull' antichità classica*, 第8

期(1976—1977年),第43—68页(他有效地事先排除了de Ste. Croix, *Struggle*,第151-157页相反的说法);以及T. V. Blavatskaya等编, *Die Sklaverei im hellenistischen Staaten im 3.-1. Jh. v. Chr.*(威斯巴登,1972年,1969年俄文初版)。这并不要求接受亚细亚生产方式的观念,后者近来在马克思主义文献中受到批判;因此本书第214页注39开列的文献还要加上P. Anderson, *Lineages of the Absolutist State*(伦敦,1974年),第462—549页;S. P. Dunn, *The Fall and Rise of the Asiatic Mode of Production*(伦敦和波士顿,1982年)。马克思和恩格斯关于这一主题的思想发展的长篇论述(共450页),现在见L. Krader, *The Asiatic Mode of Production*(亚森,1975年)。

12 因此我在第112页和第223页注18所述应予收回。尤其见C. R. Wittaker, "Rural Labour in Three Roman Provinces",载Garnsey, *Labour*,第9章,及其"Land and Labour in North Africa", *Klio*,第60期(1978年),第331—362页,附有参考文献;A. Daubigney, "Reconnaissance des formes de la dépendance gauloise", *Dialogues d'histoire ancienne*,第5期(1979年),第145—190页。

13 例如见I. Glodariu, "Die Landwirtschaft im römischen Dakien",载*ANRW*,第2卷第2册(1975年),第950—989页。

14 Marx, *Grundrisse*,第513页。

15 R. Banaji, "Modes of Production in a Materialist Conception of History", *Capital & Class*,第3期(1977年),第1—44页,尤其第30—31页提出的对社会方式这一整个观念的反驳,其基础是美国奴隶制。该文最初以短些的篇幅发表于*Journal of Peasant Studies*,第3期(1976年),第299—320页。J. Martin在此刊物第4期(1977年),第190—193页的回应没有说服力。

16 关于马克思本人对"生产方式"短语的(不同)用法的清晰而简洁陈述,见G. A. Cohen, *Karl Marx's Theory of History*(牛津,1978年),第79—84页。

17 I. Wallerstein, *The Capitalist World-economy*(牛津,1979年),第15页;他在第138页称之为"富有弹性的词语"。

18 见Giardina载于*Opus*,第1期(1982年)的论文末尾(第142—145页)以及Whittaker(第175—176页)的简要论述。

19 见Finley在*Opus*,第1期(1982年),第208—210页的简要论述。C.

Wickham, "The Other Transition: from the Ancient World to Feudalism", *Past and Present*, 第103期（1984年），第3—36页试图用一个我觉得不可理喻的古怪的生产方式概念来绕开这一问题。

20　A. Carandini, "Columella's Vineyards and the Rationality of the Roman Economy", *Opus*, 第2期（1983年），第177—204页；参见E. Fentress, Opus, 第2期（1983年），第161—175页；M. Corbier载于Giardina/Schiavone, 第1期（1981年），第427—444页的文章。

21　我阅读的仅仅是从库拉著作原初的波兰文本（1962年）的意大利文译本转译的英译本，因而不能确定我所引用的是库拉确切的原意。无论如何，如同Momigliano在*Rivista storica italiana*（第87期，1975年，第168页）所注意到的，库拉从未对古代世界感兴趣。其模式明确基于W. A. Lewis, "Economic Development with Unlimited Supplies of Labour", *Manchester School...*, 第22期（1954年），第139—191页的模式，而只要不怕麻烦阅读后者，即可立即察觉Carandini的努力毫无意义。

22　见G. E. M. de Ste. Croix, "Greek and Roman Accounting", 载*Studies in the History of Accounting*, A. C. Littleton和B. S. Yamey编（伦敦，1956年），第14—74页。

23　Kula, *Theory*, 第36—37页；参见第174—175页及注10。M. E. Levett在讨论中世纪英格兰庄园的记账时，注意到"在领主地租沉重的地方，表明总额的大笔结存有可能较容易弥补领地的净亏"。见其"The Financial Organization of the Manor", *EcHR*, 第1期（1927年），第65—86页，引文见第69页。参见M. Confino, *Domaines et seineurs en Russie vers la fin du XVIIIe siècle*（巴黎，1963年），第170—176页。

24　尤其见Andreau, "Banque"；参见A. Carandini, *L'anatomia della scimmia*（都灵，1979年），第209—215页。

25　当然，需要先期确定的一点是，一个文本是否表明其作者的误解或者导致今日史家之误解。例如，普林尼《博物志》中两个著名的简短段落（6.26.101；12.41.84）通常被认为表明罗马帝国的黄金大量"出血"到东方，但是现在见P. Veyne, "Rome devant la prétendue fuite de l'or...", *Annales*, 第34期（1979年），第211—244页对于此两段话的解析。

26　*Socio-Economic Models in Geography*, R. J. Chorley和P. Haggett编（平装缩写版，伦敦，1968年），第22页；参见Kula, *Theory*, 第2章。

27　M. Weber, *Gesammelte Aufsätze zur Wissenschaftslehre*, J. Winckelmann

编(第5版,图宾根,1982年),第191页。
28　Hopkins在三个场合以不同形式呈现过他的模式,在细节上有些不同。最全面的是在"Taxes in the Roman Empire（200 B.C.—A.D. 400）", *JRS*,第70期（1980年）,第101—125页,但是亦见其"Economic Growth and Towns in Classical Antiquity",载*Towns in Societies*, P. Abrams和E. A. Wrigley编（剑桥,1978年）,第35—77页,及其为Garnsey, *Trade*一书所写的导言。
29　T. Pekáry, "Zur Bedeutung des Handels in der Antike",载*Aspekte der historischen Forschung in Frankreich und Deuschland*, G. A. Ritter和R. Vierhaus编（哥廷根,1981年）,第30—39页。他在*Les "dévaluations" à Rome*,第2辑,罗马法兰西考古学院出版（1980年）,第103—120页业已花大量篇幅说明了钱币短缺这一点。该文集是一次学术研讨会（格但斯克,1978年）的论文。如同Lévêque注意到的（第119页）,他在会上受到几位与会者的挑战,他们误解了他的核心观点。
30　C. R. Whittaker所言,见于*Europa*,第5期（1982年）,第75—90页对于本书的"多重评论",引文见第87页。
31　J. F. Oates,出处见前引,第77页。
32　类似的讨论见H. Kreissig, "Versuch einer Konzeption der hellenistischen Epoche", *Jahrbuch für Wirtschaftsgeschichte*,第1期（1982年）,第153—160页。
33　Oates在评论拙著第2章时（见上注31所引）说,"对米南德《愤世者》（*Dyscolus*）所表达的社会政治思想的分析会严重削弱芬利的概念的普遍适用性"。他没有明确予以解释,但是我想他指的是该剧的最后两个场景。在第一个场景中愤世嫉俗的农民克内蒙（Cnemon）以为自己死之将至,突然改变脾性,收养了自己女儿的同母异父哥哥高尔吉亚,将自己的所有财产赠与他,要求他将其中的一半留作妹妹的嫁妆;在第二个场景中,一位城里的富人动了怜悯之心,同意其子娶这位农民的女儿为妻,并给予丰厚聘礼。这里的文本充斥着这类情结如"父亲,只要你拥有钱财,就应该慷慨大方,让大家使用,尽可能使更多人致富"（第805—808行,英译文引自Philip Vellacott企鹅版的散漫译文）。但是有关财产及其使用的少数派伦理观念早在品达诗歌、旧喜剧和欧里庇得斯的悲剧（在E. W. Handley编订的该剧版本中予以了细致阐释,伦敦,1965年）中就已存在。没有理由认为米南德剧作中这种思想的出现反映了新的经济思想。至于政治思想,我却找寻不到任何踪迹。

34 过去十二或十五年出版的研究多至无法穷尽,尤其是在奴隶制方面。要了解足够的情况,可见拙作 *Slavery*,其第1章包括这一主题的"意识形态历史"的长篇综述;*Opus*,第1卷第1期(1982年),它收录了1981年在罗马举行的关于该书的专题讨论会的论文;以及Y. Garlan, *Les esclaves en Grèce ancienne*(巴黎,1982年)。亦见M. Morabita, *Les réalitiés d'esclavage d'après le Digeste*(*Annales Besançon*,第254期,1981年),它基本上是电脑打印的。

35 我本人在 *Politics in the Ancient World*(剑桥,1983年)一书中是如此做的,并且解释了(第10—12页)为什么此一做法和我在本书中提出的阶级不作为古代经济分析的有用范畴并不矛盾。

36 T. E. Bottomore, "Class",载 *A Dictionary of Marxist Thought*, Bottomore 等编(牛津,1983年),第74—77页。De Ste. Croix, *Struggle*,第61页采取了另一种方法。马克思所做的所有陈述中,他只要认为不符合自己认定的唯一正确解释,就一概斥为"微不足道的孤立评论"。这使他宣称我上文引用的《雾月十八日》第二版前言中的那段话表明,马克思"可能忘却了他在临近该书末尾所提出的对立",从而使自己置身于一个令人尴尬的处境。

37 Kreissig, *Seleukidenreich*,第8—9页简短但却尖锐地论述了这一点。De Ste. Croix对这一点一笔带过做了妥协,他坚持说,它在根本上并不重要(第44—45页),但是在此以及在后来对Vidal-Naquet无可指责的论证的批评中(第63—65页),他忽视了Kreissig的观点。Vidal-Naquet证实的是希腊罗马奴隶并不构成马克思主义意义上的阶级(出处见上文第218页注32)。

38 这位坚定的马克思主义者对我"蛮不讲理的"态度所表现出来的愤慨有点滑稽可笑,因为他说我拒绝接受农奴制的"受到国际认可的定义"(他所指的是1926年的国际联盟奴隶制公约)。见de Ste. Croix, *Struggle*,第137—138页。

39 Finley, *Slavery*,第77—78页。

40 见Garnsey, *Labour*,第6章(Garnsey)和第8章(Skydsgaard)。

41 现在首先见P. A. Brunt, "Free Labour and Public Works at Rome", *JRS*,第70期(1980年),第81—100页,不过他为了说明自己的论点而用力太过;参见G. Rickman, *Roman Granaries and Store Buildings*(剑桥,

1971年),第8—11页有关奥斯提亚和罗马的粮仓的粮食搬运要求。

42 例如M. Corbier, "Salaires et salariat sous le Haut-Empire", 载*Les "dévaluations" à Rome*, 第2辑(注29所引), 第61—101页。

43 A. Giardina, "Lavoro e storia sociale: antagonismi e alleanze dell' ellenismo al tardoantico", *Opus*, 第1期(1982年), 第115—146页。

44 最近G. Nenci, "Il problema della concorenza fra mandopera libera e servile nelle Grecia classica", *Index*, 第8期(1978/1979年), 第121—131页论证了相反的观点, 但值得注意的是, 其论证完全是抽象和假设性的, 目的是试图克服古代史料的沉默, 但我宁愿将这种沉默解释为现实的准确反映。

45 见Finley, *Slavery*, 第102—103页及其提供的参考文献。

46 对于所有这一切, 见Finley, *Slavery*, 第103—117页。

47 见Ausbüttel, *Vereine*, 第40—42页。从希腊时期开始, 帝国东部似乎就没有变化。见F. Poland, *Geschichte der griechischen Vereinawesen*(莱比锡, 1909年), 第328—329页。

48 P. Dockès, *Medieval Slavery and Liberation*, A. Goldhammer英译(伦敦, 1982年), 第4章。然而, Dockès不能提出任何证据, 仅仅从恐惧和对逃亡者之类采取的严厉措施推测出他所谓的"阶级斗争的内在辩证法", 首先是奴隶反对奴隶主的阶级斗争。

49 T. Mommsen, "Bürgerliches und peregrinisches Freiheitsschutz im römischen Staat", 载其*Juristische Schriften*, 第3期(柏林, 1907年), 第1—20页(最初发表于1885年)。

50 见Finley, *Slavery*, 第128—129页的简要论述, 现在则见W. V. Harris, "Towards a Study of the Roman Slave Trade", 载*The Seaborne Commerce of Ancient Rome*, J. H. D'Arms和E. C. Kopff编(*Memoirs of the American Academy in Rome*, 第36期, 1980年), 第117—140页。

51 见W. W. Buckland, *The Roman Law of Slavery*(剑桥, 1908年), 第18章。

52 *Corpus Scriptorum Ecclesiasticorum Latinorum*, 第88辑(维也纳, 1981年)。H. Chadwick在*Journal of Theological Studies*, 第34期(1983年), 第425—452页提供了这些信件的有用概要, 而且还有评注以及相关的奥古斯丁参考文献。

53 见M. Humbert, "Enfants à louer ou à vendre: Augustin et l'autorité parentale", 载Etudes Augustiniennes出版的一次关于这些书信的研讨会的文集(巴黎, 1983年), 第189—204页。

54　见P. A. Février在前引书第101—115页沿着这一方向提出的重要申明（反对的是一个日益发展的趋势，它谈及4世纪"奴隶制的再现"。）
55　Whittaker载于Garnsey, *Trade*中的论文,第173页。所提及的罗马立法是《提奥多西法典》,13.1.13。
56　见B. D. Shaw, "Rural Markets in North Africa and the Political Economy of the Roman Empire", *Antiquités africaines*,第17期（1981年）,第37—83页,它是之前以相似标题发表在*Research in Economic Anthropology*,第2期（1979年）,第91—117页的一篇论文的大幅扩充版。
57　对于晚期罗马帝国时期的情况,尤其见Whittaker的载于Garnsey, *Trade*,第13章的论文。
58　A. H. M. Jones, *The Roman Economy*, P. A. Brunt编（牛津,1974年）,第2章（初版于1955年）仍是基本的研究。
59　尤其见T. Helen, *Organization of Roman Brick Production in the First and Second Centuries A.D.*（赫尔辛基,1975年）；参见P. Setälä, *Private Domini in Roman Brick Stamps of the Empire*（赫尔辛基,1977年）。我不明白J. Andreau在*Annales*,第37期（1982年）,第923—925页评论Helen的著作时,为何一面承认她开启了这一此前几乎未受到关注的行业的经济讨论,一面又向她的分析泼如此多的冷水。试比较D. P. S. Peacock, *Pottery in the Roman World*（伦敦和纽约,1982年）,第133—135页对这一著作的肯定性接受。
60　Y. Garlan, "Greek Amphorae and Trade",载Garnsey, *Trade*,第34—35页；D. Manacorda, "Produzione agricola, produzione ceramica e proprietari nell' ager Cosanus nel I a.C.",载Giardina/Schiavone,第2卷,第3—54页,尤见第47—49页。
61　C. Delplace, "Les potiers dans la société et l'économie de l'Italie et de la Gaule au Ire siècle av. et au Ire siècle ap. J.-C.", *Ktema*,第3期（1978年）,第55—76页,引文见第73—76页,该文明确反对上文第52页和注42批评的Wiseman的观点。
62　D. P. S. Peacock, "Recent Discoveries of Roman Amphora Kilns in Italy", *Antiquaries Journal*,第57期（1977年）,第262—269页,附参考文献；参见A. Hesnard和C. Lemoine, "Les amphores du Cécube et du Falcone", *MEFRA*,第93期（1981年）,第243—295页。
63　H. Cockle, "Pottery Manufacture in Roman Egypt: a New Papyrus",

JRS,第71期(1981年),第87—95页。严格地说,仅有一件纸草文献业已出版;另两件则仅在该文讨论不同情况时提及。尚未发表的两件纸草文献分别是陶器作坊三分之一份和四分之一份的租契。我们可以像其校订者那样假设,陶器作坊剩余的份额也租出,但租契未能保存下来。我对数据做了相应的调整。

64 我省略了一些细节以及可能存在的进一步的复杂情况。令人不安的是,尽管我们从好几份埃及陶器作坊的租契中早就知道这一做法,尽管并非如此细致,但是它一直受到忽视。6世纪的两份租契租用的仅仅是一个陶器作坊的一小部分,其中一份是十四分之一份和十三分之一份,租期分别是十年及承租人的有生之年。见P. Lond., III 994(第259页)和P. Cairo Masp., I 67110。

65 本节大体上基于拙文"The Ancient City: From Fustel de Coulanges to Max Weber and Beyond", *Comparative Studies in Society and History*,第19期(1977年),第305—327页,收入Finley, *E & S*,第1章。P. Leveau, "La ville antique et l'organization de l'espace rurale", *Annales*, 第38期(1983年),第920—942页认为"消费者城市"概念太过"晦涩",但是我认为他的取向和我的并不矛盾。

66 引自企业版译文(Ben Fowkes英译),第472页。在《德意志意识形态》中,我们读到的是城乡之间的"利益冲突",而非"对立"。

67 K. Bücher, *Die Entstehung des Volkswirtschafts*(第5版,图宾根,1906年),第371页。

68 W. Sombart, *Der moderne Kapitalismus*(第2版,慕尼黑和莱比锡,1916年),第1卷,第142页。

69 见C. Goudineau, "Marseilles, Rome and Gaul from the Third to the First Century B.C.",载 Garnsey, *Trade*,第76—86页。

70 J.-P. Morel, "La laine de Tarente", *Ktema*, 第3期(1978年),第93—110页。

71 W. E. Thompson, "Entrepreneur",第54页。

72 J. H. D'Arms, "M. I. Rostovtzeff and M. I. Finley: The Status of Traders in the Roman World",载 *Ancient and Modern: Essays in Honor of G. E. Else*(安娜堡,1977年),第159—179页,两处引文出自第163页和第179页。该文大部分收入D'Arms, *Commerce and Social Standing in Ancient Rome*(马萨诸塞州剑桥,1981年),第1章。见P. Garnsey在*Classical Philology*,

73 W. O. Moeller, *The Wool Trade in Ancient Pompeii*（莱顿，1976年）。有关欧马基亚建筑的引文出自第162页。我的批评出自W. S. Jongman即将出版的著作*The Economy and Society of Pompeii*中摧毁性的分析。他热心地先期向我提供了相关部分的内容。

74 我在古代晚期奴隶制的衰落这一主题下讨论出此一变化，见拙著*Slavery*，第139—141页。此后C. R. Whittaker在两个场合讨论过这一可能性。按照我的理解，他的迟疑是出于衰落的程度和影响的不确定（考虑到研究尚不深入的情况），而非出于否定存在衰落。见Whittaker载于Garnsey, *Trade*的论文，第174—177页，及其具有根本意义的论文"Inflation"，第9—12页。

75 Ausbütel, *Vereine*，尤其是第3章。令人遗憾的是，Ausbütel提到太多现代学者的主张和猜测而未予评论，无论多么没有根据，也无论他本人多么不受影响，例如他对Moeller的"主张"的简要标记，后者说庞贝城的行政官员保护了漂洗工协会成员的用水权，但这并没有根据。

76 公元62年的地震之后，"欧马基亚建筑"再未重建。见H. Escherbach, *Pompeji*（莱比锡，1978年），第293页。Escherbash毫无保留地接受Moeller的论述，而且对这座所谓"行会"会所和布匹交易所在十七年里没有重建显得泰然自若。M. Frederiksen在*JRS*，第65期（1975年）为本书写的书评中提出奥斯提亚的"行会广场"是一座交易所（第170页），并见R. Meiggs, *Ostia*（牛津，1973年第2版），第283—288页关于理解其废墟的困难的讨论。

77 尤其见Whittaker, "Inflation"。

78 Lo Cascio, "Coinage"，第76页（对钱币供应的讨论在第82—86页）；参见其在意大利钱币学会之*Annali*，第25期（1978年），第241—261页对C. Rodewald, *Money in the Age of Tiberius*（曼彻斯特，1976年）一书的长篇书评。

79 见上注所引的Rodewald及Lo Cascio的书评。

80 Andreau, "Banque"；Thompson, "Entrepreneur"及其早先的"A View of Athenian Banking", *Museum Helveticum*，第36期（1979年），第224—241页。Thompson似乎没有注意到Andreau的论文。

81 "Entrepreneur"，第58页。我忍不住举出反映其经济思想素养的一例："……但是这假定[雅典的钱庄主]行为保守。然而我们知道他们中的一些破了产。"("Banking",第235页注69。)

82. P. Millett, "Maritime Loans and the Structure of Credit in Fourth-Century Athens",载Garnsey, *Trade*,第36—52页,引文见第43页。Millett正在撰写的著作将呈现这些证据。我业已提出(第141页),海事借贷在这一方面的独特特征及其所涉及的极高的利率,可以用一种形式的借贷的保险特征来解释。Millett对此表示怀疑(第44页),不过我认为他的理由并不令人信服。

83. Lo Cascio, "Coinage",第77页注3同样正确而简短地否定了它。

84. Garnsey, *Trade*,第118页。

85. E. Tengström, *Bread for the People*(瑞典驻罗马考古研究所编, *Skrifter*,第12期,1974年,第7、93页)。尽管标题如此,但此书是关于4世纪罗马城的,基于对《提奥多西法典》相关部分细致的文本分析。Carandini会宣称说,2—7世纪的北非陶器是另一个例子,见其"Pottery and the African Economy",载Garnsey, *Trade*,第145—162页。然而,这一贸易并非必不可少的,而若没有每年数量巨大的谷物进口,罗马会发生饥荒。

86. 所有这些数字都取自于P. Pomey和A. Tchernia, "Le tonnage maximum des navires de commerce Romains", *Archaeonautica*,第2期(1978年),第233—251页,尤其是第237—243页。

87. 现在史料收集最全的是G. Rickman, *The Corn Supply of Ancient Rome*(牛津,1980年)。

88. 现在见H. Pavis d'Escurac, *La préfecture de l'annone*(*Bibl. des Écoles fr. d'Athènes et de Rome*, 226, 1976年)。

89. Garnsay, *Trade*,第128页。

90. 最近的研究见P. Gauthier, "De Lysias à Aristote(Ath. Pol., 51, 4)…", *Revue historique de droit français*,第59期(1981年),第5—28页。

91. Carrié, "Distribution",第1070—1100页。

92. 见J. Andreau, "Fondations privées et rapports sociaux en Italie romaine(Ire—IIIe siècles)", *Ktema*,第2期(1977年),第157—209页。2世纪中期吕基亚一位名叫欧普拉莫阿斯(Opramoas)的富有捐助者的经历,提供了一个施惠范围的极好例证。对他的记载仅见于铭文,见Balland, *Xanthos*,第7章。我很感激Peter Garusey引导我注意该书以及下一个注释中引用的铭文。

93. 见C. Naour在*Zeitschrift für Papyrologie und Epigraphik*,第24期(1977

年），第265—290页发表的一组铭文的第1条。
94 见E. Patlagean, *Pauvreté économique et pauvreté sociale à Byzance 4e-7e siècles*（巴黎和海牙，1977年），第181—196页以"De la générosité antique à la charité chrétienne"为标题之部分的总体概述。
95 见H. Schneider, *Wirtschaft und Politik*（埃尔朗根，1974年），第361—391页。
96 关于克劳狄，见W. Nippel的重要论文"Die plebs urbana und die Rolle der Gewalt in der späten römischen Republik"，载 *Vom Elend der Handarbeit*, H. Mommsen及E. Schulze编（斯图加特，1981年），第70—92页，尤其是第81—90页。正像Paul Veyne在其"Alimenta"，第166页所表述的："实际上针对的是穷人……；只有他们从土地法中受益，并领取行省作为贡赋提供的小麦……然而，直至基督教时代，其语言一直将穷人这一社会范畴融进法律上的全体公民之中。"
97 见Duncan-Jones, *Economy*, 附录5。关于行政管理的方方面面，亦见W. Eck, *Die staatliche Organisation Italiens in der hohen Kaiserzeit*（慕尼黑，1979年），第5章。
98 见P. Veyne, *Le pain et le cirque*（巴黎，1976年），第647—658页，及其"Alimenta"。
99 E. Lo Cascio, "Gli alimenta, l'agricoltura italica e l'approvigionamento di Roma", *Rendiconti...Lincei*, 第8辑第33期（1978年），第311—354页。
100 尤其见Garnsey，第216页注10所引及Veyne, "Alimenta"。
101 J. R. Rea编, *The Oxyrhynchus Papyri*, 第40卷，第8页。
102 最热心的支持来自E. G. Turner, "Oxyrhynchus and Rome", *Harvard Studies in Classical Philology*, 第79期（1979年），第1—24页，引文见第16—24页；亦见Balland, *Xanthos*, 第215—221页，以及出人意料的Carrié, "Distributions"。后者的讨论总体上忽略了Rea建立的不可靠的基础。关于其机制，现在见C. Nicolet, "Tessères frumentaires et tessères de vote", 载*Mélanges...Heurgon*, 第2期（法兰西驻罗马考古研究所，1976年），第694—716页。
103 R. J. Rowland, Jr., "The 'Very Poor' and the Grain Dole at Rome and Oxyrhynchus", *Zeitschrift für Papyrologie und Epigraphik*, 第21期（1976年），第60—72页。
104 Carrié, "Distribution", 第1096页。

105 此后在"Colonies—an attempt at Typology", *Transactions of the Royal Historical Society*, 第5辑 第26期（1976年）, 第167—188页; "Empire in the Greco-Roman World", *Greece and Rome*, 第2辑 第25期（1978年）, 第1—15页（重印于*Review*, 第2期 [1978年], 第55—68页）中, 我更为全面地发展了这一概念分析。
106 我采纳A. Tchernia, "Italian Wine in Gaul at the End of the Republic", 载Garnsey, *Trade*, 第87—104页的看法。
107 Tchernia, 前引书; A. Daubigney, "Relations marchandes méditerranéennes et procès des rapports de dépendance (*magu-* et ambactes) en Gaule protohistorique", 载Cortone研讨会论文集（1981年）, 由法兰西驻罗马考古研究所以*Modes de contact et processus de transformation dans les sociétés anciennes*为名出版（1983年）。
108 在此我依据拙文"Soziale Modelle zur antiken Geschichte. II. Krieg und Herrschaft", *Historische Zeitschrift*, 第259期（1984年）, 第286—308页。
109 关于希腊, 见M. Amit, *Great and Small Poleis*（布鲁塞尔, 1973年）。
110 这是拙著*Politics in the Ancient World*（剑桥, 1983年）的一个核心主题。
111 Whittaker, "Inflation", 第7—15页。
112 见拙文"The Fifth-Century Athenian Empire: A Balance Sheet", 载*Imperialism in the Ancient World*, P. D. A. Garnsey和C. R. Whittaker编（剑桥, 1978年）, 第5章, 收入Finley, *E. & S.*, 第3章。

索 引

（索引中的页码为原书页码，即本书边码。）

A

Accounting 会计，见 bookkeeping 记账

Aegina 埃吉那，131，136，238 页注 17

Africa, North (Roman) 非洲北部（罗马治下的非洲），33，37，71，87—88，90，102，112，124，178—179，188，191，199，223 页注 18，224 页注 28，229 页注 93，252 页注 85

ager publicus 公有地，101，102—103，119，121，129

agriculture 农业，31—32，58，73，106—107，110—111，123，131—133；政府对农业的规范，136，148，244 页注 47；农业收益，83—84，98，102，103，108，114，117；希腊农业中的奴隶制，18，70，114；罗马农业中的奴隶制，32，64，70—71，76，80，85，86，92，101，102，103，112，117，129，156，234 页注 52；农业与社会地位，17—18，44—45，50，58，76，78，96—97，122。又见 agronomy 农学；peasants 农民；tenant-farmers 佃农

agronomy 农学，18，112，148，223 页注 18，233 页注 40

Ahenobarbus, L. Domitius 多米提乌斯·阿厄诺巴尔布斯，70，101，111，121

Alexandria 亚历山大里亚，30，31，77，97，130，148，154，171，179，186，200

alimenta 食品补贴，40，104，201

Andreau, J. 安德罗，197，250 页注 59

annona 粮食供应，159，240 页注 50

Antioch 安条克，30，33—34，40，79，94，97，127，131，171，179，230 页注 3，234 页注 48，245 页注 8

Apuleius, wealth of 阿普莱尤斯的财富，37，41

Archimedes 阿基米德，146，147，167

architecture, as occupation 建筑行业，42，50，75，80，145—146

aristocracy, local, in Roman Empire

罗马帝国中的地方贵族, 59, 77, 88, 104, 153, 158, 224页注28, 230页注3; 罗马贵族, 46—47, 52—57, 129—130, 153, 156, 194, 220页注56

Aristonicus阿里斯托尼科斯, 227注60

Aristophanes阿里斯托芬, 41, 107, 144注, 173

Aristotle亚里士多德, 54, 152, 162; 论雅典, 67, 111, 169—170, 172—173; 论经济, 21, 122, 125, 136, 146, 211页注2; 论自由和奴隶制, 40—41, 65, 76, 81—82, 156—157

Aristotle, pseudo-, *Oikonomikos* of 伪亚里士多德之《家政论》, 20—21, 122

Arles阿尔勒, 59, 128, 144

Army军队, 75, 79, 87, 88, 108, 132注, 163, 174—175; 军力, 30, 80, 101, 103, 148—149, 151, 172, 176; 雇佣兵, 55; 军官, 43, 55—56, 84—85; 军队供应, 74, 90—91, 93, 107, 127—128, 140, 153, 154, 159, 160, 165, 229页注87, 237页注12, 238页注24, 240页注50; 军队中的非自由人, 64, 83, 84页注, 101, 243页注28。又见booty战利品; veterans退伍老兵

Arretium (Arezzo) 阿雷提乌姆(阿雷佐), 34, 52, 59, 74, 82, 137, 191, 193

Asia Minor小亚细亚, 32, 100, 127, 183, 226页注59; 其劳动力, 71, 184, 222页注17, 226页注57, 227页注60

associations协会, 59, 81, 138, 153, 187, 195, 224页注33, 226页注57

Athens雅典, 30, 37, 74, 77, 97, 100, 108, 145, 150—152, 175, 186, 244页注51; 雅典钱币, 167—169, 243页注38; 雅典帝国, 126, 157, 168—169, 171—173, 206, 207, 雅典粮食供应, 60, 129, 133, 160, 162, 169—170, 178, 198, 200; 雅典的等级, 48—49, 51; 雅典银矿, 72—73, 133—134, 135; 雅典贸易, 33, 131—135, 137, 162—164, 169

Atticus阿提库斯, 52

Augustine奥古斯丁, 188

Augustus奥古斯都, 35, 55, 80, 120—121, 139, 148, 201, 202

Ausonius, estate of奥索纽斯的田产, 104

B

Bacaudae巴高代, 89, 92

banking钱庄业, 52, 62, 116, 118—119, 141—142, 198, 220页注56。又见moneylending借贷

benefactions恩惠, 见charity慈善

Berry, B. J. L.伯里, 34及页注53

Bickerman, E. J. 比克尔曼, 158及页注15

Bithynia比提尼亚, 118, 127, 139
bookkeeping记账, 110—111, 116—117, 142, 181
booty战利品, 30, 55—56, 136, 157, 170, 175
bottomry船舶抵押借贷, 见moneylending, maritime海事借贷
"bread and circuses" "面包和马戏", 75, 81, 158, 225页注34
Britain不列颠, 59, 91, 102, 127, 157, 207, 229页注87, 237页注10、12
Brutus布鲁图斯, 52, 54, 220页注55
Bücher, K. 比歇尔, 192
Buckland, W. W. 巴克兰, 63
bureaucracy官僚制度, 28—29, 90, 140, 213注27
business practice商业做法, 57—58, 110—111, 116—117, 141—145, 196—198。又见management管理; peculium授产

C

Caesar, Julius朱利乌斯·凯撒, 在高卢, 72, 85, 126, 157; 采取的措施, 80—81, 105, 139, 143, 219页注47; 个人事务, 53—54, 219页注50
Campania坎帕尼亚, 131, 239页注30
canals运河, 127, 159
capital, -ism资本, 资本主义, 23, 26, 49—50, 58, 110, 116, 120, 140, 144—145, 147—148, 158, 179, 184, 235页注56, 236页注65, 241页注11
Capua卡普亚, 239页注30
Caracalla卡拉卡拉, 39, 51
Carandini, A. 卡兰蒂尼, 180—181
Carthage迦太基, 30, 71, 87—88, 91, 97, 130, 161, 200, 223页注18; 同罗马的战争, 56, 129, 158
caste等级, 217页注20
Catiline喀提林, 51
Cato加图, 59, 76, 107, 109—111, 122, 181, 185, 218—219页注42, 239页注30
census人口统计, 26; 罗马人口统计, 47, 97, 101, 212页注21
central-place theory中心地点理论, 34, 237页注10
Cephalus克法洛斯, 48, 72, 137
Ceylon锡兰, 178
charity, public公共慈善, 34, 38—40, 53, 78, 100, 152—154, 159—160, 164, 170—171, 202—203。又见state, and social welfare国家之国家和社会福利
China中国, 27, 28, 34, 178, 213页注36
Chios克俄斯, 131, 136, 238页注17
Christianity基督教, 与贫穷, 37, 38, 85, 101—102; 与奴隶制, 85, 88—89
Cicero西塞罗, 143, 157, 207, 219注47; 论职业(《论义务》) 41—44, 50—58, 65, 68, 72, 73, 76, 130, 136, 218页注42; 个人事务, 53—54, 55, 57, 112, 142,

219页注50,220页注56

Cimon客蒙,111

cities城市,47,123—141;对城市的态度,96,107,123—124;城市定义,123—124;城市经济,22,23,58—60,76—79,81,93—94,124—141,161,191—196;希腊化城市,70,96,123,164;中世纪城市,137—138,140—141,192;城市规模,30,97,124,139—140。又见house property房产

citizenship公民权,59—60,67—68,80;希腊公民权,48,63,145,170—171,172—173,244页注45、51;荣誉公民权,162;公民权与土地所有权,48,50,51,80—81,95—97,142,156,163;罗马公民权,40,47,51,63,87—88,103,145,154,158,171。又见freedmen被释奴;metics外邦人

civil service公务人员,见bureaucracy官僚制度;government政府

class阶级,44,48—50,77,183—188;阶级斗争,64,67,68,80,82—83,89,92,108,227页注60、62

Claudius克劳狄,199

Cleomenes克勒奥美内斯,178

Cleon克勒昂,168,244页注40

clientage庇护制,39,66,108,111

climate气候,31—32

clothing, trade in布匹贸易,33,135,136—137,193—195

coinage钱币,56,107,136,141,143,166—169,182,196—197,226页注59,247页注29。又见mint铸币

*collegia*协会,见associations协会

colonization殖民运动,希腊,108,155,171—172,175;罗马,见veteran退伍老兵

*colonus*隶农,见tenant farmers, tied依附佃农

Columella科卢美拉,86,115,117,230页注7

commerce商业,见trade贸易

Commodus康茂德,87—88,89

Constantinople君士坦丁堡,30,40,99,171,198,200,204

consumption消费,135,139,140,160,192,238页注24;炫耀性消费,44—45,50,53,56,90,94,103,120,130,138,232页注25;消费限制,119—120,132,139,244页注47

Corinth科林斯,101,134,136,137,160,170

corn谷物,见grain谷物

craftsmen手工业者,42,54页注,65,73,74,82,93—94,116,135,136—139,140,186,190—191,193,194,224页注33

Crassus克拉苏,53,54,121

credit信贷,53,141—144,166,196—198。又见debt债务;moneylending借贷

Crook, J. A. 克鲁克, 57页及注60

curiales 库里亚成员, 见aristocracy, local地方贵族

Cyrene库列涅, 30, 33, 131, 136, 170, 244页注49

Cyzicus库兹科斯, 167, 168

D

D'Arms, J. H. 达尔姆斯, 193

Davenant, C. 达弗南特, 25

debt债务, 143; 债务奴隶制, 40, 46, 66, 67, 69—70, 223页注17; 债务废除, 80, 143, 173; 债务法, 40, 108, 219页注47。又见moneylending借贷

Déléage, A. 德雷阿吉, 32

Delos提洛岛, 114—115, 130, 155, 174, 186, 242页注11

democracy民主政治, 见government政府

Demosthenes, inheritance of德谟斯梯尼的遗产, 74, 116, 167

Diocletian戴克里先, 32, 92, 126, 148, 160

Dionysus狄奥尼索斯, 82

Domitian图密善, 100, 101, 203, 244注47

Dumont, L. 杜蒙, 43—44页及注18, 217页注20

E

economy, -ics经济, 经济学, 古代经济分析的缺乏 20—22, 25—26, 110—111, 115, 132, 143, 155, 164—165, 191—192; 古代经济的模式和选择, 26—27, 33—34, 41—61, 75—77, 110—118, 144—145, 155—156, 158—159, 177—183, 184—185; 经济的含义, 17—27; 经济规模, 111—115, 234注51

Egypt埃及, 法老时期, 27, 29, 166, 170, 243页注38, 托勒密时期98—99, 107, 142, 148, 154, 177, 183, 199, 213页注27, 230页注6, 240页注49; 罗马统治下的埃及, 31, 33, 71, 97, 99, 101, 102, 107, 154, 159, 230页注6

emperors, Roman罗马皇帝, 罗马皇帝的经济与社会政策, 43, 75, 77, 87—88, 92, 120, 159—161, 171, 174—175; 皇帝的庇护, 56, 88, 201, 202; 皇帝的财富, 35, 87—88, 89, 102, 120

empire帝国, 95—96, 130, 132, 139, 140, 156—159, 171, 204—207。又见Athens雅典; Rome罗马

engineering工程, 见technology技术

Ephesus以弗所, 143, 146, 220页注56, 226页注57

*equites*骑士, 46, 49—50, 52, 55, 56, 58, 60, 77, 153

exports出口, 111, 129, 132—139, 160, 164, 168, 194; 隐形出口, 132, 134, 139, 140

F

faeneratores 借贷者,见 moneylending 借贷

family 家庭,17—19,40,43,47,56,66,100—101,108,115,119,211 页注 2。又见 peasants 农民

famine 饥荒,33—34,40,127,169—170,175,245 页注 8

Feudalism 封建主义,180—181,184—185

Fogel, R. 佛格尔,24—25,84 页及注 69

food supply 粮食供应,133,139,175;军队粮食供应,91,93,107,153,154,159,160,198—204,229 页注 87,237 页注 12,240 页注 50;国家与粮食供应,40,60,128—129,156,159,162,164,169—171

Frank, T. 弗兰克,58 页及注 66,224 页注 33,242 页注 14

Frederiksen, M. W. 弗雷德里克森,52 页及注 43,239 页注 30

freedmen 被释奴,50—51,57,58,59,60,63,64,72,76—78,104,144,224 页注 33,231 页注 23;帝国时期的被释奴,18,62,73,78。又见 Trimalchio 特里马尔乔

freedom, concept of 自由的概念,28,40—41,64—69,76,96,154—155

Frontinus 弗朗提努斯,75,112

fundus 大庄园,112,234 页注 48

Fustel de Coulanges, N. D. 弗斯特勒·德·古朗热,69—70,229 页注 91

G

Gaul 高卢,89,92,128,148,179,199,205,223 页注 18;凯撒在高卢,72,85,126,157;高卢的田产,92,104,112;高卢的河流,32,59,127,237 页注 12;高卢的贸易和工业,33,58—59,74,82,137,224 页注 30

Georgescu-Roegen, N. 齐奥格斯库-罗伊根,212 页注 24,213 页注 34,232 页注 34

Germans 日耳曼人,59,84—85,86,90,148

Gibbon, E. 吉本,30,87,148

gladiators 角斗士,39,130,224 页注 33

gold 黄金,132,167,168,247 页注 25。又见 coinage 钱币

Gomme, A. W. 戈麦,132—134,136

Goths 哥特人,见 Germans 日耳曼人

government 政府,民主政府,37,47—48,87,152;君主制政府,39,56,86—87,123,152—154,165—166;政府官员,45,56,75,78,153—154;政府支出和私人从政府谋利,53—56,93,108,157—158,172—174。又见 bureancracy 官僚制度;empire 帝国;emperors 皇帝;state 国家

Gracchi格拉古兄弟,40,80,101,121
grain谷物,谷物的国家分配,40,170—171,200—204;谷物贸易,33—34,58,59,60,126,128—129,162,177—178,198—200,238页注24。又见agriculture农业;food supply粮食供应
Graufesenque, La拉格罗菲桑克,137,224页注30
guilds行会,中世纪行会,137—138。又见association协会

H

harbours港口,59,73,77,127,129—130,134,159—160,163;港口税,41,130—131,155,159—160,162,164,165,175
Hasebroek, J. 哈斯布鲁克,26
Heitland, W. E. 海特兰,96
Hellenistic economy希腊化时代的经济,183
helots黑劳士,63—64,65,66,68,69,70,185,221页注5,238页注17
Hephaestus赫菲斯托斯,82,226注59
Herodes Atticus希罗德斯·阿提库斯,58,100—101,112,121
Hesiod赫西俄德,39,82,106
Hicks, John约翰·希克斯,26
hierarchy, social社会等级,43—44,87。又见class阶级; orders等级; status地位
Hill, H. 希尔,49
hoarding积蓄,115—116,118,121,127,141,142,166,174
Homeric poems "荷马史诗",29页注,35,36,52,66,125—126
*honestiores*上等人,87,140,154
Hopkins, K. 霍普金斯,182
Horace贺拉斯,63,114,234页注52
household户,见family家庭; oikonomia家政; paterfamilias家长; peasants农民; slaves, domestic家庭奴隶;以及manufacture制造业
house property房产,53,54,56,101,103,116,121,142,163,236页注69
Hume, David大卫·休谟,21—22,137
Hutcheson, F. 哈切森,17—18,20

I

imports进口,42,60,131—133,139,160,164,168。又见food supply粮食供应; slaves, supply of奴隶供应
India印度,27,33,34,44,132
industry工业,见mannfacture制造业
insurance保险,23,142
interest利息,23,53—54,92,116,118,142—143,155,219页注50
investment投资,23,26,60—61,116—118,120—122,158,235页注56,236页注65。又见capital资本
irrigation灌溉,31,109,120,148
Italy意大利,其土地与农业,32,40,

80,91,96,101—104,111,112,113,120,126,176页注,238页注24,244页注47；其河流,32,129,130；罗马和意大利,40,47,81—82,95,119—120,154,161；意大利的奴隶与被释奴,68,77,79,80,102,180—191

J

John Chrysostom金口约翰,92
Jones, A. H. M. 琼斯,59,160页及注18
Jones, Richard理查德·琼斯,26
Judaea犹得亚,90页注,222页注17
Julian尤利安,33—34,40,91,237页注12

K

Keynes, J. M. 凯恩斯,166页及注34
Kula, W. 库拉,180—181,247页注23

L

labor劳动力,40—42,49,65,79—82,103,113,158,185—186,223页注28,226页注57；强制劳动力,65—71,91,93,123,153,179,227页注60；劳动力分工,34,135；工钱,41,42,65—69,73—76,79—80,93,107—108,186,212页注19,224页注30。又见craftsmen工匠；debt债务；bondage for奴役；helots黑劳士；peasants农民；slaves奴隶；tenant farmers佃农；以及mines矿场

land土地,24,95—122,188—191；对土地的态度,42,52—53,58,78,96—97,116,117,120—122,156；土地和公民权,48,50,51,80—81,95—97,142,156,163；没收土地,55,56,90,100—101,102,119,120；家庭耕种的土地,参见peasants农民；奴隶耕种的土地,参见agriculture；佃农耕种的土地,参见tenants佃农；土地分配,35,80—81,85,101,102,105,120,158,172；大土地占有,36,98—103,108—116,121—122,128,158,223页注28；中等规模土地占有,103—104,114—115,234页注52；罗马皇帝的土地,87—88,89,102,114,115,120；小土地占有,见peasants农民；土地和流动资金,48,53,56,143,166；土地管理,44—45,75—76,78,108—117,121,190,225页注45；土地买卖,100,113,114,118—121,142—143,236页注69；土地税,32,81,90—91,95—96,99,103,105,126,153,165,171,175—176,202；土地所有制,29,32—33,70,179

latifundia大庄园,83,103,114,180,234页注51。又见land, holdings of土地占有

Lauffer, S., 劳费尔, 241页注10
law, international 国际法, 161—163; 法律作为职业, 44, 57, 78。又见 debt 债务; slaves 奴隶
Lezoux 勒祖, 82, 137, 191
Libanius 利巴尼乌斯, 79, 94, 228页注73
liquidity 流动资金, 48, 53, 56, 143, 166
liturgies 公益资助, 150—154, 165, 175, 176
loans 贷款, 见 moneylending 借贷
Lo Cascio 罗·卡斯齐奥, 196
Lucian 琉善, 76
Lukács, G. 卢卡奇, 50, 155页及注9
Lycia 吕西亚, 200
Lyons 里昂, 59

M

management, estate 田庄管理, 44—45, 75—76, 78, 108—117, 121, 224页注45（又见 oikonomia 家政）; 奴隶参与管理, 44, 58, 64, 73, 75—77, 78, 94, 112, 234注52
manufacture 制造业, 22, 23, 28—29, 48, 50, 58—60, 73—74, 81, 93—94, 116, 123, 130—131, 134—140, 141; 砖块制造, 58, 189; 家庭制造业, 34, 73, 93, 138, 161; 陶器制造业, 33, 34, 49, 52, 59, 74, 82, 134, 137, 189—191; 制造业中的奴隶, 64—65, 72, 73, 74, 82, 93, 116, 137; 制造业和国家, 137, 147—148, 164—166。又见 craftsmen 工匠; public works 公共工程
manumission 解放, 见 freedmen 被释奴; 以及 slave 奴隶
marble 大理石, 127, 133
Marcus Aurelius 马可·奥列略, 77, 90
market 市场, 22, 26, 33—34, 44, 48, 107, 111, 127, 128, 138, 158—160, 163, 175, 177—178; 劳动力市场, 23, 70, 212页注19; 货币市场, 23; 财产市场, 118—121; 城镇市场, 20, 107, 115, 132, 135—136, 138, 161。又见 trade 贸易
Marseilles 马赛, 131, 171, 193
Marshall, A. 马歇尔, 21, 23
Marxism 马克思主义, 49—50, 179, 183—184, 192, 214页注39, 245页注11, 248页注38
massa 庄园, 112
medicine, as occupation 医学职业, 42, 57
Mediterranean 地中海, 30—32, 128, 130
Melania 美拉尼娅, 85, 101—102
Menander 米南德, 248页注33
merchants 商人, 33, 42, 48, 57—60, 144—145, 155—156, 160—164, 169。又见 associations 协会; shopkeepers 店主; trade 贸易
metals 金属, 30, 34, 131, 133, 135, 139。又见 coinage 钱币; gold 黄金;

mines矿场; silver白银
metics外邦人, 48, 60, 78, 79—80, 134, 144, 145, 162—164, 200, 223页注25
Meyer, E. 迈耶, 192
Mickwitz, G. 米克维兹, 181
mines矿场, 83, 147, 228页注68; 矿场劳动力, 62, 66, 72—73, 83, 223页注24、27
mint铸币, 74, 166, 169
models模式, 182—183, 192, 194
Moeller, W. O. 摩勒尔, 194
Mommsen, T. 蒙森, 187
monarchy君主, 见government政府词条
money货币, 141, 174; 钱币兑换商, 167, 168, 169; 金钱积蓄, 115—116, 118, 141, 142, 166, 174。又见banking钱庄业; coinage钱币; liquidity流动资金
moneylending借贷, 41, 53—57, 115—119, 121, 141—143, 144—145, 158, 197—198, 219页注50; 海事借贷, 23, 116, 141, 197, 252页注82; 政治借贷, 53—55, 57, 142; 借贷和地位, 48, 49—50, 52, 73, 78。又见interest利息
monopoly垄断, 34, 59, 165—166
Montmaurin蒙特莫涵, 112
moralists, ancient古代道德论者, 36—37, 38, 41—43, 60, 88, 132, 136。又见Aristotle亚里士多德; Cicero西塞罗; Plato柏拉图

mortgage抵押, 117, 142, 143
Mossé, Cl. 莫塞, 236注69
Mun, Thomas托马斯·孟, 23, 42页注, 165

N

Naples那不勒斯, 103, 130
*navicularii*船主团体, 144, 153
navy海军, 73页注, 80, 108, 129, 136, 150, 151, 160, 172, 173; 海军中的奴隶, 70
Near East古代近东, 27—29, 31, 70—71, 166, 214页注39
Nero尼禄, 56, 62, 148, 159
*nexus*债务奴隶制, 46, 70
Nicias尼基阿斯, 72
Nicolet, Cl. 尼科莱, 142页及注43, 217注26
nobility贵族, 见aristocracy贵族

O

*obaerati*欠债者, 70
Oblomov《奥勃洛莫夫》, 78, 109—110
Odysseus奥德修斯, 见Homeric poems荷马史诗
*oikonomia, -ikos*家政论, 17—21, 26, 152
Olbia奥尔比亚, 168
olives橄榄, 31, 111, 115, 120, 139, 205, 232页注36; 橄榄贸易, 30, 132—133
orders等级, 45, 154, 217页注26; 希腊的等级, 47—49, 217页注26,

218页注28；罗马历史上的等级,45—47,49—52,87
Ostia奥斯提亚,59,77,129—130,195,199
oxen公牛,105,116,126
Oxyrhynchus奥克西林科斯,191,203—204

P

Palladius（Bishop）帕拉狄乌斯（主教）,85
Palmyra帕尔米拉,59
Parthia帕提亚,见Persia波斯
pasturage放牧业,31,35,110,111,120
Patavium（Padua）帕塔维乌姆（帕多瓦）,137,193
paterfamilias家长,19,109,110
patricians贵族等级,早期罗马贵族等级,45—46,49
patronage庇护,艺术和文学庇护,76,100,234页注52；地主的庇护,92,108,110,189。又见emperors皇帝词条
Pausanias宝桑尼阿斯,124,137—138
peasants农民,34,70,73,85,91—93,104—108,127,128,138,172,179,185,186,228页注73,232页注36；农民的境况,87—88,91—93,98,107—108,119,138；农户,19,69,105—106,114,115；农民的政治权利,80,87—88,95—96,103,140；农民反抗,80,89,92,108；农民拥有土地的面积,80—81,98,105—106,114；农民的税收负担,32—33,81,91—92,103,171。又见tenant farmers佃农
peculium授产,64—65,76,221页注3
Pedanius Secundus, L. 佩达尼乌斯·塞孔杜斯,72,187
Pekáry, T. 佩卡里,182—183
Pericles伯里克利,37,44—45,51,58,111,168
Persia波斯,27,29,90,148,158,167页注,168
philanthropia仁爱,38—39
piracy海盗,72,156
Piraeus庇里乌斯,58,129,134,160,163
Plato柏拉图,30,36,38,42,60,82,109,125
plebeians平民等级,早期罗马平民等级,45—46
plebs平民,罗马城的平民,73,75,186,225页注34；平民和帝国,55,126,158,171；补助平民金钱和粮食,34,40,170—171。又见bread and circuses面包和马戏
Pliny the Elder老普林尼,106,132,234页注51,247页注25
Pliny the Younger小普林尼,在比提尼亚,118,127,139；个人事务,39,70,76,100,113—115,117,119—120,142,220页注56,234页注51
Polanyi, Karl卡尔·波兰尼,26

polis城邦，见State国家词条
Pompeii庞贝，51，78，104，131，139，194—196
Pompey庞培，53，101，111，156，220注56
population人口，人口分布，30—31，48，131；人口政策，40，106，171—172，202；人口规模，30—31，47，97，128，237页注3
pottery陶器，见manufature制造业词条
poverty贫穷，73，79；对贫穷的态度，36—41，51，75，80，170—172
prices价格，22，34，85，113，119—121，126，142，170，177—178，215页注52
Pritchett, W. K. 普里切特，220页注57
provinces行省，见Rome, empire of 罗马帝国
Ptolemies托勒密王朝，见Egypt埃及词条
Publicans公共项目承接人，见moneylending借贷；public works公共工程；taxes, collection of 收税
public finance公共财政，见taxes税收；以及state国家词条
public works公共工程，49，74—75，79—80，82，126，171，175，224页注33
Puteoli布特奥利，130，148，191，199

Q

Quesnay, F. 魁奈，20

R

rent租金，见tenant farmers佃农
Rhodes罗德斯，130—131，155，170，240页注49
rivers河流，31，32，59，127—128，129，130，137，237页注12
roads道路，90，126—128，154，241页注7
Roll, E. 罗尔，22，34
Rome罗马，罗马城，30，33，74，77，124—125，129—130，139，140，148，156，159，160，165，170—171，186，194，198—200，238页注24（又见plebs平民）；罗马的征服，28，55—56，70—71，85—86，95，102—103，129—130，155—156，157，161，170，176，206；罗马帝国，29—30，32—34，46—47，49—50，53—56，89—99，120，152—154，157—161，170—171，173—176，183，206，215页注45；（晚期）罗马，51，74，84—94，103，138注，148—149，152—153，160—161，176；罗马和意大利，40，47，81—82，95，119—120，154，161；罗马的等级，45—47，49—52。又见emperors皇帝
Rostovtzeff, M. I. 罗斯托夫采夫，33，58—59，78，88，145，193，226页注57，231页注14，234页注52，241页注11，244页注47

Rougé, J. 鲁热, 220页注63, 159, 240页注49、50

S

Salin, E. 萨林, 22
Salvian 萨尔维安, 92
Sardinia 撒丁岛, 198
Schumpeter, J. 熊彼特, 20, 132, 143
Self-sufficiency 自给自足, 34, 36, 50, 109—110, 125, 128, 133, 138, 161
senate 元老院, 见 aristocracy 贵族
Seneca 塞内卡, 56
serfs 农奴, 65, 67, 83, 179, 180, 185, 221页注3、5, 226页注57
Shanin, T. 夏宁, 232页注29, 234页及注49
ships and shipping 船只与航运, 129—131, 144, 146, 147, 153, 162, 163, 199, 219页注44, 238页注24
shopkeepers 店主, 42, 64, 73, 74, 136, 193
Sicily 西西里, 32, 33, 36, 68, 69, 102, 112, 156, 160, 172, 198
silver 白银, 139, 141, 157, 167; 白银出口, 132, 135, 164; 雅典银矿, 72—73, 133—134, 135。又见 coinage 钱币
sin 罪恶, 39—40, 81—82
Sirmium 西尔米乌姆, 131
sitonai 购粮官, 170
sitophylakes 监粮官, 169
slaves 奴隶, 18—19, 41, 49, 62—94, 107, 109, 138, 144, 156—157, 179—181, 184—187; 农业奴隶, 18, 32, 64, 70—71, 76, 80, 85, 86, 92, 101, 102, 103, 112, 114, 117, 129, 156, 234页注52; 奴隶繁育, 62, 63, 74, 76, 86, 116; 奴隶制的衰落, 84—94, 187; 家庭奴隶, 64, 72—73, 94, 223页注25; 奴隶的效率和可获利性, 83—84, 115; 奴隶逃亡, 24, 62, 72; 关于奴隶的法律, 62—65, 89, 106, 188; 从事管理的奴隶, 44, 58, 64, 73, 75—77, 78, 94, 112, 234页注52; 制造业奴隶, 64—65, 72, 73, 74, 82, 93, 116, 137; 解放奴隶, 63, 64, 76, 77, 85, 171(又见 freedmen 被释奴); 服兵役, 64, 70, 83, 84页注, 101, 243页注28; 奴隶数量, 24, 71—72, 75, 84—85, 137, 212页注21, 223页注24, 238页注17; 奴隶心理, 82—83, 222页注11; 奴隶反抗, 24, 64, 67, 68, 82, 83, 84, 89, 187, 227页注60、62; 奴隶供应, 30, 34, 63, 70, 72, 84—86, 133, 139, 156, 157, 187—188, 207; 奴隶贸易, 33, 84—85, 131, 188, 238页注17。又见 debt 债务; helots 黑劳士; *peculium* 特许财产
Smith, Adam 亚当·斯密, 18, 20, 191
Solon 梭伦, 38, 48—49, 70, 132, 139, 186页注28
Sombart, W. 松巴特, 192, 194—195

Spain西班牙, 33, 62, 83, 102, 123, 179, 199, 223页注18、24, 228页注68, 238页注24

Sparta斯巴达, 29, 30, 44, 50, 70, 95, 97。又见helots黑劳士

state国家, 国家和农业, 136, 148, 244页注47; 国家档案, 25—26, 28, 213页注27（又见census人口调查）; 城邦, 87, 95—96, 124, 150—152, 161—163, 165, 169, 174—175; 国家和经济, 154—176, 196; 财政, 89—94, 130—131, 150—155, 163—164, 174—176; 国家和粮食供应, 40, 60, 128—129, 156, 159, 162, 164, 169—171; 国家和制造业, 136, 147—149, 164—166; 国家和社会福利, 40, 74—75, 79, 135, 170—174, 201—204; 国家和贸易, 155—165, 169—170, 195。又见bureaucracy官僚制度; emperors皇帝; public works公共工程; taxes税收

status地位, 地位和经济活动, 17—18, 44—45, 48—52, 54—55, 58, 60—61, 73, 76, 78, 96—97, 122, 139, 144—145

Stoics斯多葛派, 斯多葛派和奴隶制, 88

Strabo斯特拉波, 123—124, 136, 185, 227页注60, 242页注12

Sulla苏拉, 55, 80, 103, 139, 231注23

*summae honorariae*荣誉性捐款, 153

sumptuary laws禁奢法, 见consumption, restrictions on消费词条之消费限制

*symbola*协约, 161—162

Synesius叙内修斯, 33, 136

Syracuse叙拉古, 30, 118—119, 167

Syria叙利亚, 29, 59, 71, 85, 90页注, 183

T

Tarentum塔伦图姆, 193

Tarsus塔尔苏斯, 136, 137, 193

taxes税收, 26, 163—164, 175—176; 税收负担, 89—94, 95—96, 103, 149, 152—154, 157—161, 175—176; 征税, 41, 49, 60, 90, 144, 158; 税收豁免, 32, 39, 81, 91, 95—96, 99, 105, 126, 164, 165, 171; 港口税, 41, 130—131, 155, 159, 162, 164, 165, 175, 200; 土地税, 32, 81, 90—91, 95—96, 99, 103, 105, 126, 153, 165, 171, 175—176; 罗马帝国税收, 32, 49—50, 55, 89—97, 103, 152—154, 165, 175—176, 206, 215页注45。又见liturgies公益捐助

teaching教书, 教书职业, 42, 50, 79, 94, 104

technology技术, 75, 83—84, 106, 109, 113—114, 145—148, 165—166, 169, 175, 234页注54

temples神庙, 28, 66, 70, 108, 114—115, 121, 174, 186, 222页注17, 231

页注22。又见public works公共工程

tenant farmers佃农, 69—70, 73, 87—88, 91—93, 105, 106, 114—115, 117, 234页注52; 依附佃农, 65, 66, 83, 92—93, 108, 153

*terra sigillata*赤陶, 见Arretium阿雷提乌姆

textiles纺织品, 见clothing布匹

Thasos塔索斯, 136, 190

Thessaly帖撒利, 69, 170

Thompson, W. E. 汤普逊, 197

Tiberius提比略, 90, 143, 147

timber木材, 59, 104, 127, 133, 169

trade贸易, 22, 26, 28—29, 33—34, 42, 48, 50, 59—60, 122, 123, 126, 129—139, 141, 144—145, 158—163, 177—178, 182—183, 191—196; 贸易平衡, 132—139, 164, 238页注24; 贸易周期, 22, 23, 142; 奴隶贸易, 33, 84—85, 131, 238页注17。又见selfsufficiency自给自足; shopkeepers店主

Trajan图拉真, 29, 40, 104, 118, 119, 139, 158, 159, 176, 201, 203

transport运输, 111页注, 126—128, 138, 148, 154; 陆运, 32, 108, 126—127, 182; 河运, 31—32, 127—128, 130, 137, 237页注12; 海运, 30, 31, 128—131, 137

treaties条约, 161—163, 167

Treggiari, S. 特里吉阿里, 218页注41

Trimalchio特里马尔乔, 36, 38, 50—51, 61, 78, 83, 109, 113, 115—116, 121

tyranny僭主制, 希腊僭主制, 26, 95, 155

V

Varro瓦罗, 20, 98, 107, 128

Veblen, T. 凡勃伦, 225页注34

Vernant, J.-P. 韦尔南, 226页注58

Verri, Pietro皮埃特罗·维里, 22

Vespasian维斯巴芗, 75, 90

veterans退伍老兵, 35, 80—81, 105, 120, 158, 172, 234页注52

Veyne, P. 维恩, 217注19, 202

vineyard葡萄园, 见Wine葡萄酒

Virgil维吉尔, 96, 223页注28

Vitruvius维特鲁威乌斯, 145—146

W

wages工钱, 23, 41—42, 79—80, 104, 212页注19

Walbank, F. W. 沃尔班克, 33

Wallerstein, I. 沃勒斯坦, 180

war战争, 54, 56, 119, 122, 129, 156—157, 171; 内战, 55, 56, 80, 101, 103, 108, 119, 165, 204—207; 商战, 158—159, 204; 战争支出, 95, 164, 175—176, 206—207; 战争和奴隶制, 34, 72, 84—86。又见army军队; booty战利品; veterans退伍老兵

wealth财富, 对财富的态度, 35—41, 52—53, 56—58, 248页注33; 个

人财富,35—36,41,53,55,56,72,99—102,104,115—116,150—151,220页注56。又见consumption消费;land土地;poverty贫穷;以及emperors皇帝

Weber, Max 马克斯·韦伯,26,117,122,125,138—139,182,192,229页注91

welfare福利,见charity慈善;state国家

White, K. D. 怀特,233页注40

Whittaker C. R. 维特塔克,189,251页注74

wine葡萄酒,139,238页注24;葡萄酒生产,31,36,99,104,111,117,120,133,136,181,203,205,244页注47;葡萄酒贸易,36,59,132—133,136,205

Wiseman, T. P. 威兹曼,218页注42,217页注22、23

X

Xenophon色诺芬,《居鲁士的教育》,135,146;《家政论》,17—18,19,45,76,236页注69;《论收入》,72,73,134,135,163—164,234页注28、38

Xenophon, pseudo 伪色诺芬,152

Y

Young, Arthur阿瑟·扬,80,181

译后记

自博士生阶段的学习起,译者就深受芬利的启发。因此有机会翻译其代表作,于译者而言是一份莫大的荣誉。然而尽管译者自诩还算是熟读芬利诸多种著述的,翻译起来却殊非易事。这不仅在于本书内容专深,覆盖面广,作者旁征博引;还在于芬利的文风虽然具有力量和感染力,但时而复杂难懂,时而又简练到令人难以捉摸其确切含义的地步。

译者在翻译过程中得到刘津瑜、金寿福、李剑鸣三位教授的指点,特此致谢。还要感谢商务印书馆两位资深编辑王明毅和郑殿华先生促成译者翻译本书;尤其要感谢本书编辑杜廷广先生,他不仅以巨大的耐心忍受译者的拖延,而且以非常专业的建议,使译者免于诸多错误。当然,自不待言,本译稿仍然存在的错误,均为译者本人的责任。

本书的翻译工作,为译者利用节假日断断续续完成,自不免牺牲了陪伴小女希言和希文的机会,也令妻子张洁不得不承担大量家庭工作,特借此机会向她们表达歉意和感谢。

黄洋
2019年国庆假日

本版付梓之际，译者订正了译文中尚存的错误，对一些表述不准确之处也进行了修改。晏绍祥教授指出了译文的几处错误，特此致谢。

2020年6月24日又及

图书在版编目（CIP）数据

古代经济 /（英）M.I. 芬利著；黄洋译. —北京：商务印书馆，2021（2023.6 重印）
（汉译世界学术名著丛书）
ISBN 978-7-100-19845-5

Ⅰ.①古… Ⅱ.①M…②黄 Ⅲ.①经济史—古希腊②经济史—古罗马 Ⅳ.①F119.2

中国版本图书馆 CIP 数据核字（2021）第 066349 号

权利保留，侵权必究。

汉译世界学术名著丛书
古代经济
〔英〕M.I. 芬利 著
黄洋 译

商 务 印 书 馆 出 版
（北京王府井大街36号 邮政编码100710）
商 务 印 书 馆 发 行
北京艺辉伊航图文有限公司印刷
ISBN 978 - 7 - 100 - 19845 - 5

| 2021 年 10 月第 1 版 | 开本 850×1168 1/32 |
| 2023 年 6 月北京第 2 次印刷 | 印张 11⅜ 插页 1 |

定价：52.00 元